Hungarian

Phrasebook & Dictionary

Acknowledgments
Associate Product Directors Catherine Naghten, Angela Tinson
Product Editor Alison Ridgway
Book Designer Wibowo Rusli
Language Writer Christina Mayer
Cover Image Researcher Naomi Parker

Thanks
James Hardy, Juan Winata

Published by Lonely Planet Global Limited
CRN 554153
4th Edition – July 2025
ISBN 978 1 78868 034 9
Text © Lonely Planet 2025
Cover Image Keszthely, Lake Balaton. Reinhard Schmid/4Corners ©
Printed in China   10 9 8 7 6 5 4 3 2 1

Contact lonelyplanet.com/contact

All rights reserved. No part of this publication may be reproduced, stored in a retrieval system or transmitted in any form by any means, electronic, mechanical, photocopying, recording or otherwise, except brief extracts for the purpose of review, without the written permission of the publisher. Lonely Planet and the Lonely Planet logo are trade marks of Lonely Planet and are registered in the U.S. Patent and Trademark Office and in other countries. Lonely Planet does not allow its name or logo to be appropriated by commercial establishments, such as retailers, restaurants or hotels. Please let us know of any misuses: www.lonelyplanet.com/ip

Although the authors and Lonely Planet try to make the information as accurate as possible, we accept no responsibility for any loss, injury or inconvenience sustained by anyone using this book.

Paper in this book is certified against the Forest Stewardship Council™ standards. FSC™ promotes environmentally responsible, socially beneficial and economically viable management of the world's forests.

acknowledgments

Christina Mayer, who provided the Hungarian translations and pronunciation guides as well as many cultural insights for this book, has completed degrees in Arabic, Turkish, Russian, Applied Linguistics as well as Arabic & Islamic Studies in Hungary and Australia, and spent 15 years as a teacher of Arabic language at the University of Melbourne. She has also worked as a translator and interpreter.

make the most of this phrasebook ...

Anyone can speak another language! It's all about confidence. Don't worry if you can't remember your school language lessons or if you've never learnt a language before. Even if you learn the very basics (on the inside covers of this book), your travel experience will be the better for it. You have nothing to lose and everything to gain when the locals hear you making an effort.

finding things in this book

For easy navigation, this book is in sections. The Basics chapters are the ones you'll thumb through time and again. The Practical section covers basic travel situations like catching transport and finding a bed. The Social section gives you conversational phrases, pick-up lines, the ability to express opinions – so you can get to know people. Food has a section all of its own: gourmets and vegetarians are covered and local dishes feature. Safe Travel equips you with health and police phrases, just in case. Remember the colours of each section and you'll find everything easily; or use the comprehensive Index. Otherwise, check the two-way traveller's Dictionary for the word you need.

being understood

Throughout this book you'll see coloured phrases on each page. They're phonetic guides to help you pronounce the language. You don't even need to look at the language itself, but you'll get used to the way we've represented particular sounds. The pronunciation chapter in Basics will explain more, but you can feel confident that if you read the coloured phrase slowly, you'll be understood.

communication tips

Body language, ways of doing things, sense of humour – all have a role to play in every culture. 'Local talk' boxes show you common ways of saying things, or everyday language to drop into conversation. 'Listen for ...' boxes supply the phrases you may hear. They start with the phonetic guide (because you'll hear it before you know what's being said) and then lead in to the language and the English translation.

about hungarian 8

map .... 8 introduction 9

basics 11

pronunciation 11
- vowel sounds 11
- consonant sounds 12
- reading & writing 13
- syllables & word stress 13
- plunge in! 14

a–z phrasebuilder 15
- a/an & the 15
- adjectives .... see *describing things*
- articles .... see *a/an & the*
- be 16
- case .... see *me, myself & I*
- comparing things 17
- describing things 18
- doing things 18
- have 21
- me, myself & I 22
- more than one 22
- my & your 23
- negative 24
- nouns .... see *me, myself & I* and *more than one*
- personal pronouns 24
- plural .... see *more than one*
- pointing things out .... see *this & that*
- possession .... see *have* and *my & your*
- prepositions .... see *case* and *talking about location*
- questions 25
- talking about location 25
- the .... see *a/an & the*
- this & that 26
- word order 26

language difficulties 27

numbers & amounts 29
- cardinal numbers 29
- ordinal numbers 30
- fractions 31
- decimals 31
- useful amounts 32

time & dates 33
- telling the time 33
- the calendar 34
- present 35
- past 35
- future 36
- during the day 36

money 37

practical 39

transport 39
- getting around 39
- tickets 40
- luggage 42
- plane 43
- bus & coach 44
- train 46
- boat 47
- taxi 47
- car & motorbike 48
- bicycle 52

border crossing 53
- border crossing 53
- at customs 54

CONTENTS

5

directions 55	books & reading 71
accommodation 57	music 72
finding accommodation 57	photography 73
booking ahead &	**communications** 75
checking in 58	post office 75
requests & queries 59	phone 77
complaints 62	mobile phone/cellphone 79
checking out 62	the internet 80
camping 64	**banking** 81
renting 65	**sightseeing** 85
staying with locals 65	getting in 86
shopping 67	tours 87
looking for 67	**business** 89
making a purchase 67	**senior & disabled**
bargaining 69	**travellers** 91
clothes 69	**children** 93
repairs 70	travelling with children 93
hairdressing 70	talking with children 95

social 97

meeting people 97	**going out** 123
basics 97	where to go 123
greetings & goodbyes 97	invitations 125
titles & addressing people ... 99	responding to invitations ... 126
making conversation 100	arranging to meet 127
nationalities 103	drugs 128
age 103	**romance** 129
occupations & studies 104	asking someone out 129
family 105	pick-up lines 129
farewells 107	rejections 131
interests 109	getting closer 132
common interests 109	sex 133
music 110	love 134
cinema & theatre 112	problems 135
feelings & opinions 115	leaving 136
feelings 115	**beliefs & cultural**
opinions 116	**differences** 137
politics & social issues 118	religion 137
the environment 121	cultural differences 138

art	**139**	football	149
sport	**141**	soccer	149
sporting interests	141	tennis	151
going to a game	142	water sports	152
playing sport	143	**outdoors**	**153**
extreme sports	145	hiking	153
fishing	146	beach	155
horse riding	147	weather	155
ice-skating	148	flora & fauna	156

food 157

eating out	**157**	nonalcoholic drinks	166
key language	157	alcoholic drinks	166
finding a place to eat	157	drinking up	168
at the restaurant	159	**self-catering**	**169**
at the table	163	**vegetarian & special meals**	**171**
talking food	164	ordering food	171
methods of preparation	164	special diets & allergies	173
in the bar	165	**menu decoder**	**175**

safe travel 183

essentials	**183**	women's health	193
emergencies	183	allergies	194
police	184	parts of the body	195
health	**187**	alternative treatments	196
doctor	187	pharmacist	196
symptoms & conditions	189	dentist	197

dictionaries 199

english–hungarian dictionary	199	hungarian–engl sh dictionary	229

index 251

CONTENTS

7

hungarian

■ **official language** ■ **minority language**

Areas delineated as Hungarian minority language areas are approximate only. For more details, see the **introduction**.

ABOUT HUNGARIAN
bevezetés

Hungarian is a unique language. Though distantly related to Finnish, it has no significant similarities to any other language in the world. If you have some background in European languages you'll be surprised at just how different Hungarian is. English actually has more in common with Russian and Sinhala (from Sri Lanka) than it does with Hungarian.

So how did such an unusual language end up in the heart of the European continent? The answer lies somewhere beyond the Ural mountains in western Siberia, where the nomadic ancestors of today's Hungarian speakers began a slow migration west about 2000 years ago. At some point in the journey the group began to split. One group turned towards Finland while the other continued towards the Carpathian Basin, arriving in the late 9th century. Calling themselves Magyars (derived from the Finno-Ugric words for 'speak' and 'man') they cultivated and developed the occupied lands. By 1000AD the Kingdom of Hungary was officially established. Along the way Hungarian acquired words from other languages like Latin, Persian, Turkish and Bulgarian, yet today the language has changed remarkably little.

Hungarian is also spoken as a minority language in certain parts of Eastern Europe, such as Slovakia and much of Croatia, the region of Serbia and Montenegro known as Voivodina, and parts of Austria, Romania and the Ukraine. This is a

at a glance ...

language name:
Hungarian

name in language:
magyar mo·dyor

language family:
Finno-Ugric

approximate number of speakers: more than 14.5 million worldwide

close relatives:
Finnish

donations to English:
goulash, paprika, vampire

introduction

legacy of WWI. After their victory, the Allies redivided parts of Europe and formed new nations, with Hungary losing a third of its territory. A great deal of the fierce national pride felt by Hungarians can be traced back to this event.

Hungarian is a language rich with complexities of grammar and expression. These characteristics can be both alluring and intimidating to those who experience it. 'The Hungarian language is at one and the same time our softest cradle and our most solid coffin', lamented modern poet Gyula Illyés. Indeed, some have suggested that the flexibility of the tongue, combined with Hungary's linguistic isolation, has encouraged the culture's strong tradition of poetry and literature. Word order in Hungarian is fairly free, and it has been argued that this stimulates creative or experimental thinking. For this same reason, however, the language is resistant to translation and much of the nation's literary heritage is still unavailable to English speakers. Another theory holds that Hungary's extraordinary number of great scientists is also attributable to the language's versatile nature.

Whatever the case, Hungarian needn't be intimidating for visitors. This book gives you all the practical phrases you need to get by, as well as all the fun, spontaneous phrases that lead to a better understanding of Hungary and its people. Once you've got the hang of how to pronounce Hungarian words, the rest is just a matter of confidence. You won't need to look very far to discover the beauty of the language and you may even find yourself unlocking the poet or scientist within. Local knowledge, new relationships and a sense of satisfaction are on the tip of your tongue. So don't just stand there, say something!

abbreviations used in this book

a	adjective	n	noun
f	feminine	pl	plural
inf	informal	pol	polite
lit	literal translation	sg	singular
m	masculine	v	verb

BASICS > pronunciation
kiejtés

The Hungarian language may look daunting with its long words and unusual-looking accents, but it is surprisingly easy to pronounce. Like in English, Hungarian isn't always written the way it's pronounced, but just stick to the coloured phonetic guides that accompany each phrase or word and you can't go wrong.

vowel sounds

Hungarian vowels sounds are similar to those found in the English words listed in the table below. The symbol ¯ over a vowel, like ā, means you say it as a long vowel sound. The letter y is always pronounced as in 'yes' (see **consonant sounds**).

symbol	english equivalent	hungarian example(s)	transliteration
aa	father	h*áti*zsák	*haa*·ti·zhaak
ay	tray (similar to **ai** in main)	*én*	ayn
e	bed	zs*e*bkés	zh*e*b·kaysh
ee	meet	c*í*m	ts*ee*m
eu	her or French neuf	z*ö*ld	z*eu*ld
i	hit	r*i*zs	r*i*zh
o	hot	g*a*zda	g*o*z·do
oy	boy	megf*oj*t, kom*oly*	meg·f*oy*t, kaw·m*oy*
aw	law but short	k*o*r	k*aw*r
u	pull	*u*tas	*u*·tosh
ew	like **i** but with rounded lips, like **u** in French *tu*	cs*ü*törtök	ch*ew*·teur·teuk

consonant sounds

Remember, always pronounce y like the 'y' in 'yes', but without a vowel sound. We've also used the ' symbol to show this y sound when it's attached to n, d, and t and at the end of a syllable. You'll also see double consonants like bb, dd or tt – draw them out a little longer than you would in English.

symbol	english equivalent	hungarian example(s)	transliteration
b	box	**b**ajusz	**b**o·yus
ch	cheese	**cs**alád	**ch**o·laad
d	dog	**d**ervis	**d**er·vish
d'	dune (British)	po**ggy**ász	pawd'·dyaas
f	fox	**f**arok	**f**o·rawk
g	go	**g**allér, i**g**en	**g**ol·layr, i·**g**en
dy	dune (British)	ma**gy**ar	mo·**dy**or
h	hat	**h**át	**h**aat
j	joke	**dzs**em, ho**gy**	**j**em, haw**j**
k	king	**k**acsa	**k**o·cho
l	let	**l**akat	**l**o·kot
m	magic	**m**ost	**m**awsht
n	no	**n**em	**n**em
n'	canyon	há**ny**, me**nny**i	haan', men'·nyi
p	pig	**p**amut	**p**o·mut
r	run (but rolled)	**p**iros	pi·rawsh
s	sit	kolbá**sz**	kawl·baas
sh	ship	tojá**st**	taw·yaa**sh**t
t	tin	**t**ag	**t**og
t'	tube (British)	bá**ty**	baat'
ts	rats	koncer**t**	kawn·**ts**ert
ty	tube (British)	kár**ty**a	kaar·**ty**o
v	vent	**v**ajon	**v**o·yawn
y	yes	ha**j**ó, me**ly**ik	ho·yāw, me·yik
z	zero	**z**ab	**z**ob
zh	pleasure	**zs**emle	**zh**em·le

reading & writing

The Hungarian alphabet has 44 letters and is based on the Latin alphabet. It includes accented letters and consonant combinations. For spelling purposes (like when you spell your name to book into a hotel), the pronunciation of each letter is provided.

alphabet						
A a o	**Á á** aa	**B b** bay	**C c** tsay	**Cs cs** chay	**D d** day	**Dz dz** dzay	**Dzs dzs** jay
E e e	**É é** ay	**F f** ef	**G g** gay	**Gy gy** dyay	**H h** haa	**I i** i	**Í í** ee
J j yay	**K k** kaa	**L l** el	**Ly ly** ay	**M m** em	**N n** en	**Ny ny** en'	**O o** aw
Ó ó âw	**Ö ö** eu	**Ő ő** êû	**P p** pay	**Q q** ku	**R r** er	**S s** esh	**Sz sz** es
T t tay	**Ty ty** tyay	**U u** u	**Ú ú** û	**Ü ü** ew	**Ű ű** êw	**V v** vay	
W w *du*·plo·vay	**X x** iks	**Y y** *ip*·sil·awn	**Z z** zay	**Zs zs** zhay			

All vowels can take an acute accent (´), and both 'o' and 'u' can be written with an umlaut (¨) or a double acute (˝). The letters ö and ő, and ü and ű, are listed as separate pairs of letters in dictionaries (following *o, ó* and *u, ú* respectively). Consonant combinations like *cs* and *ny* also have separate entries. This order has been used in the **menu decoder** and **hungarian–english dictionary**.

syllables & word stress

In this book, the syllables are separated by a dot (eg *kawn*·tsert) so you'll have no problem isolating each unit of sound. Accents don't influence word stress which always falls on the first syllable of the word. We've used italics to show stress.

plunge in!

Don't worry if Hungarian seems difficult to pronounce at first. The trick is to stick to the coloured phonetic guides that accompany each phrase and have another go. If you're having trouble making yourself understood, simply point to the Hungarian phrase and show it to the person you're talking to. The most important thing is to laugh at your mistakes and keep on trying. Remember that communicating in a foreign language is, above all, great fun.

vowel harmony

Word endings in Hungarian need to 'rhyme' with the vowels in the word they're attached to. This is called vowel harmony. In the examples below, both the endings *-on* on and *-en* en mean 'at'. The reason they have different forms is because they need to harmonise with the vowel sounds in the root words (in this case, Visegrád and Budapest). The rules of vowel harmony are quite complex, but with the endings we've given you, you'll be understood just fine.

I'd like to get off at Visegrád.
Visegrádon   vi·she·graad·on
szeretnék leszállni.   se·ret·nayk le·saall·ni
(lit: Visegrád-on like-would-I off-get-to)

I'd like to get off at Budapest.
Budapesten   bu·do·pesht·en
szeretnék leszállni.   se·ret·nayk le·saall·ni
(lit: Budapest-on like-would-I off-get-to)

a–z phrasebuilder
mondatszerkesztés

This chapter is arranged alphabetically and is designed to help you create your own sentences. If you can't find the exact phrase you need in this book, try to combine the rules we give you here with the vocabulary in the **dictionary**. Hungarian grammar can be challenging for an outsider to master, but with a few gestures and a couple of well-chosen words, you'll generally get the message across. If you're really enthusiastic, get hold of a comprehensive grammar and take the plunge.

a/an & the

The word for 'a/an' in Hungarian is *egy*. This is also the word for 'one', so *egy óra* ej *āw*·ro can mean both 'a watch' and 'one watch'.

I'd like a cup of coffee.
Kérek egy kávét.   kay·rek ej kaa·vayt
(lit: request-I a coffee)

The word for 'the' is *a* o before words beginning with a consonant, and *az* oz before words beginning with a vowel. So 'the hotel' is *a szálloda* o saal·law·do, while 'the office' is *az iroda* oz i·raw·do.

Where is the bus stop?
Hol a buszmegálló?   hawl o bus·meg·aal·lāw
(lit: where the bus-stop)

adjectives see describing things

articles see a/an & the

be

The verb *lenni* (be) changes depending on who or what is the subject (doer) of the sentence.

present tense					
I	am	én	vagyok	ayn	*vo*·dyawk
you sg inf	are	te	vagy	te	voj
you sg pol	are	ön	van	eun	von
he/she	is	ő	van	ēū	von
it	is	az	van	oz	von
we	are	mi	vagyunk	mi	*vo*·dyunk
you pl inf	are	ti	vagytok	ti	*voj*·tawk
you pl pol	are	önök	vannak	*eu*·neuk	*von*·nok
they (people)	are	ők	vannak	ēūk	*von*·nok
they (things)	are	azok	vannak	*o*·zawk	*von*·nok

Note that personal pronouns (like 'I' and 'you') are not usually used in Hungarian. See **personal pronouns** for more details.

Are you thirsty? sg inf
   Szomjas vagy?   *sawm*·yosh voj
   (lit: thirsty are-you)

BASICS

16

When you want to say that 'he/she/it', 'they', or 'you' (singular and plural, but only in the polite form) is a type of thing, or has a certain characteristic, you don't need the verb 'be' as you do in English. Instead, you only need the subject (doer) and the description, as in the next example:

The children are hungry.
A gyerekek éhesek.   o *dye*·re·kek *ay*·he·shek
(lit: the children hungry)

The present tense form of 'be' is only used in these cases if the subject is followed by an adverb of some sort:

Zsuzsa is sick.
Zsuzsa rosszul van.   *zhu*·zho *raws*·sul von
(lit: Zsuzsa badly is)

case see me, myself & I

comparing things

The simplest way to compare things in Hungarian is with the construction … *olyan* …, *mint* … which more or less corresponds to the English construction '… is as … as …'.

The shirt is as expensive as the pants.
Az ing olyan drága,   oz ing *aw*·yon *draa*·go
mint a nadrág.   mint o *nod*·raag
(lit: the shirt so expensive as the pants)

To say '… is bigger, faster, better (and so on) than …', you need to say … *nagyobb, gyorsabb, jobb* (etc), *mint* …

The train is faster than the bus.
A vonat gyorsabb,   o *vaw*·not *dyawr*·shobb
mint a busz.   mint o bus
(lit: the train faster than the bus)

describing things

Adjectives can change their form depending on where they are in relation to the noun. The adjective normally appears before the noun, and in that case stays in the singular form (as in the first three examples). It changes to the plural form only if it follows the noun, like in the last example. Note that when the adjective follows the noun in the present tense of the verb 'be', in the singular and plural of the second person polite form and third person, the words 'is' and 'are' aren't used in Hungarian.

a short journey
egy rövid út   ej *reu*·vid ūt
(lit: a short journey)

The journey is short.
Az út rövid.   oz ūt *reu*·vid
(lit: the journey short)

the short journeys
a rövid utak   o *reu*·vid *u*·tok
(lit: the short journeys)

The journeys are short.
Az utak rövidek.   oz *u*·tok *reu*·vi·dek
(lit: the journeys short)

See also **be**, and take a look at the boxes in **interests**, page 111 and **feelings & opinions**, page 121.

doing things

Learning the basic patterns of Hungarian verbs is not difficult. The challenge is trying to learn all of the patterns plus all of the exceptions. For the present tense of most verbs, use the next table to help you. The dictionary form of the verb will be the same as the 'he/she/it' form below. To make the different forms, simply add the endings to the dictionary form as they are shown.

		the vowel in the word's last syllable is ...		
pronoun		*a, á, i, í, o, ó, u, ú* (eg *vár* 'wait')	*e, é* (eg *fizet* 'pay')	*ö, ő, ü, ű* (eg *ül* 'sit')
I	én	-ok *várok*	-ek *fizetek*	-ök *ülök*
you sg inf	te	-sz *vársz*	-sz *fizetsz*	-sz *ülsz*
you sg pol	ön	(no ending) *vár*	(no ending) *fizet*	(no ending) *ül*
he/she	ő	(no ending) *vár*	(no ending) *fizet*	(no ending) *ül*
it	az	(no ending) *vár*	(no ending) *fizet*	(no ending) *ül*
we	mi	-unk *várunk*	-ünk *fizetünk*	-ünk *ülünk*
you pl inf	ti	-tok *vártok*	-tek *fizettek*	-tök *ültök*
you pl pol	önök	-nak *várnak*	-nek *fizetnek*	-nek *ülnek*
they (people)	ők	-nak *várnak*	-nek *fizetnek*	-nek *ülnek*
they (things)	ők	-nak *várnak*	-nek *fizetnek*	-nek *ülnek*

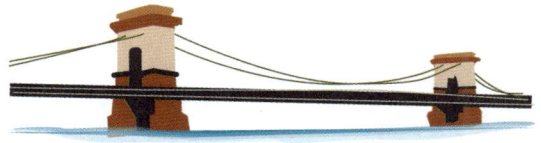

Some common verbs don't follow these rules. The verbs *jönni* (come), *menni* (go), *enni* (eat) and *inni* (drink) are laid out in the next table. For other irregular verb forms, check out a comprehensive grammar or text book.

present tense

I	come go eat drink	én	jövök megyek eszem iszom	ayn	*yeu*·veuk *me*·dyek *e*·sem *i*·sawm
you sg inf	come go eat drink	te	jössz mész eszel iszol	te	yeuss mays *e*·sel *i*·sawl
you sg pol	come go eat drink	ön	jön megy eszik iszik	eun	yeun mej *e*·sik *i*·sik
he/she	comes goes eats drinks	ő	jön megy eszik iszik	ēū	yeun mej *e*·sik *i*·sik
it	comes goes eats drinks	az	jön megy eszik iszik	oz	yeun mej *e*·sik *i*·sik
we	come go eat drink	mi	jövünk megyünk eszünk iszunk	m	*yeu*·vewnk *me*·dyewnk *e*·sewnk *i*·sunk
you pl inf	come go eat drink	ti	jöttök mentek esztek isztok	ti	*yeut*·teuk *men*·tek *es*·tek *is*·tawk
you pl pol	come go eat drink	önök	jönnek mennek esznek isznak	*eu*·neuk	*yeun*·nek *men*·nek *es*·nek *is*·nok
they (people)	come go eat drink	ők	jönnek mennek esznek isznak	ēūk	*yeun*·nek *men*·nek *es*·nek *is*·nok
they (things)	come go eat drink	azok	jönnek mennek esznek isznak	*o*·zawk	*yeun*·nek *men*·nek *es*·nek *is*·nok

See also **be** and **have**.

The easiest way to talk about the future is to use the present tense of the verb and a word referring to a future time:

Tomorrow we are going to the cinema.
Holnap moziba megyünk.   *hawl*·nop *maw*·zi·bo *me*·dyewnk
(lit: tomorrow cinema-to go-we)

I'm leaving on Saturday.
Szombaton elutazom.   *sawm*·bo·tawn *el*·u·to·zawm
(lit: Saturday-on away-travel-I)

To describe the way you do things (adverbs), see the box in **feelings & opinions**, page 121.

have

There is no direct equivalent to the English verb 'have' in Hungarian. Possession is expressed with the word *van* (is) or *vannak* (are), followed by the name of the thing owned plus a possessive ending (my, your, his, her etc). For example:

I have bags.
Vannak táskáim.   *von*·nok *taash*·kaa·im
(lit: there-are bags-my)

If you drop the *vannak* part, the remaining word will just mean 'my bags'.

To express 'don't have', substitute the words *nincs* (there isn't) or *nincsenek* (there aren't) for *van* and *vannak* respectively:

I don't have a ticket.
Nincs jegyem.   ninch *ye*·dyem
(lit: there-isn't ticket-my)

For a list of possessive endings see **my & your** and also take a look at **vowel harmony**, page 14.

me, myself & I

In Hungarian, the endings of words may change depending on their 'case'. The case of a word conveys grammatical information such as number, possession, location and the relationship between the noun and other parts of the sentence. It's formed by adding word endings (suffixes) to the nouns.

There are 22 cases in Hungarian, most of which have equivalents in English prepositions such as 'with', 'by', 'from', 'into', 'in', 'to' and so on. The *inessive* case, for example, is used to express the concept of 'in'. By adding *-ban* (in) to the end of the word *mozi* 'cinema', you get the prepositional phrase *moziban* 'in a cinema' (lit: cinema-in).

Hungarian cases and their endings are too numerous to list here, so if you'd like to know more you can refer to a comprehensive grammar guide. Don't worry about it too much, though – in this book we've already chosen the appropriate case for the nouns in each phrase.

more than one

Make something plural by adding *-k* to the end of the word. If the word already ends in a consonant you need to put a vowel before the *-k* first. The vowel that goes before it should 'harmonise' with the noun (see **vowel harmony**, page 14). For example:

| **the ticket** | *a jegy* | o yej |
| **the tickets** | *a jegyek* | o ye·dyek |

Note that the plural form is never needed after numbers or words of quantity:

200 forints	*kétszáz forint*	kayt·saaz faw·rint
	(lit: 200 forint)	
some flowers	*néhány virág*	nay·haan' ... vi·raag
	(lit: some flower)	

See also **describing things** and **me, myself & I**, as well as the chapter **numbers & amounts**, page 29.

my & your

There are no separate words for 'my', 'your', 'her' and so on in Hungarian. To show belonging you need to add a word ending (suffix) to the thing that is owned.

a book	egy könyv	(lit: a book)	ej keun'v
Béla's book	Béla könyve	(lit: Béla book-his)	bay·lo keun'·ve
his book	a könyve	(lit: the book-his)	o keun'·ve
	az ő könyve	(lit: the he book-his)	oz ēū keun'·ve

As the last example shows, if the owner's name is not mentioned the word will be preceded by 'the': *a* or *az*. For special emphasis, the pronoun (in this case 'he') can be inserted between *a/az* and the noun. The simplest way to express belonging is to say *a/az*, then the noun plus the correct ending from the table below.

	many nouns with the vowels ... in their last syllable		nouns ending with *a* or *e* (*a* becomes *á*, *e* becomes *é*) (eg *táska* 'bag')
	a, á, i, o, ó, u, ú (eg *vonat* 'train')	*e, é, i, ö, ü* (eg *könyv* 'book')	
my	-om vonatom	-em könyvem	-m táskám
your sg inf	-od vonatod	-ed könyved	-d táskád
your sg pol	-ja vonatja	-e könyve	-ja táskája
his/her/its	-ja vonatja	-e könyve	-ja táskája
our	-unk vonatunk	-ünk könyvünk	-nk táskánk
your pl inf	-otok vonatotok	-etek könyvetek	-tok táskátok
your pl pol	-ja vonatja	-e könyve	-ja táskája
their	-juk vonatjuk	-vük könyvük	-juk táskájuk

See also **a/an & the**, **have** and **vowel harmony**, on page 14.

negative

To convey the sense of 'not', place the word *nem* just before the part of the sentence you want to negate and you'll make yourself understood.

The ticket isn't expensive.
A jegy nem drága.   o yed' nem *draa*·go
(lit: the ticket not expensive)

I don't like fish.
Nem szeretem a halat.   nem *se*·re·tem o *ho*·lot
(lit: not like-I the fish)

nouns see me, myself & I and more than one

personal pronouns

Hungarian pronouns always vary according to their case (see **me, myself, & I**).

I	*én*	ayn	we	*mi*	mi
you sg inf	*te*	te	you pl inf	*ti*	ti
you sg pol	*ön*	eun	you pl pol	*önök*	*eu*·neuk
he/she	*ő*	ēū	they (people)	*ők*	ēūk
it	*az*	oz	they (things)	*azok*	*o*·zawk

Note that in sentences containing a verb, a separate word for 'I', 'he' or 'she' isn't needed, as in the example below. This is because the verb form already indicates the subject (doer). The personal pronoun is only used to put special emphasis on the subject.

They're standing there.
Ott állnak.   awtt *aall*·nok
(lit: there stand-they)

See also **me, myself & I** and **my & your**, and take a look at the box on formality in **feelings & opinions**, page 117.

plural see **more than one**

pointing things out see **this & that**

possession see **have** and **my & your**

prepositions see **case** and **talking about location**

questions

Form questions by using a question word:

How many?	Hány?	haan'
How much?	Mennyi?	*men'*·nyi
What?	Mi?	mi
What kind?	Milyen?	*mi*·yen
Where?	Hol?	hawl
When?	Mikor?	*mi*·kawr
Which?	Melyik?	*me*·yik
Who?	Ki?	ki
Why?	Miért?	*mi*·ayrt

talking about location

Indicating the location of something in Hungarian is usually done by adding endings (suffixes) to words. These equate to prepositions like 'in', 'at' or 'on' in English. For more details, see **me, myself & I**. Postpositions can also be used to describe location. As you can see in this example, a postposition is a separate word following the noun, instead of being attached to it.

in front of the cinema
a mozi előtt o *maw*·zi e·leütt
(lit: the cinema in-front-of)

For other location words, see the **dictionary**.

a–z phrasebuilder

25

the see a, an & the

this & that

To point something out in Hungarian, use one of the words below:

this	ez	ez
that	az	oz
these	ezek	e·zek
those	azok	o·zawk

You'll need to use a word from this table, plus *a/az* (depending on whether the noun starts with a consonant or a vowel) and then the noun itself. For example:

This dish is very good!
Ez az étel nagyon jó!   ez oz *ay*·tel *no*·dyawn yāw
(lit: this the dish very good)

That man has stolen my bag.
Az az ember ellopta   oz oz *em*·ber *el*·lawp·to
a táskámat.   o *taash*·kaa·mot
(lit: that the man stole the bag-my)

word order

In Hungarian, the order of words in a sentence is more flexible than in English, but it's not entirely arbitrary. English emphasises words by putting stress on them in pronunciation, while Hungarian emphasises words by bringing them forward to the beginning of the sentence:

I buy *apples* in the shop, not bananas.
Almát veszek a közértben   *ol*·maat *ve*·sek o *keu*·zayrt·ben
nem banánt.   nem *bo*·naant
(lit: apple buy-I the shop-in not banana)

language difficulties
nyelvi nehézségek

Do you speak (English)?
   Beszél (angolul)? pol   be·sayl (on·gaw·lul)
   Beszélsz (angolul)? inf   be·sayls (on·gaw·lul)

Does anyone speak (English)?
   Beszél valaki (angolul)?   be·sayl vo·lo·ki (on·gaw·lul)

Do you understand?
   Érti? pol   ayr·ti
   Érted? inf   ayr·ted

Yes, I understand.
   Igen, értem.   i·gen ayr·tem

No, I don't understand.
   Nem, nem értem.   nem nem ayr·tem

I (don't) understand.
   (Nem) Értem.   (nem) ayr·tem

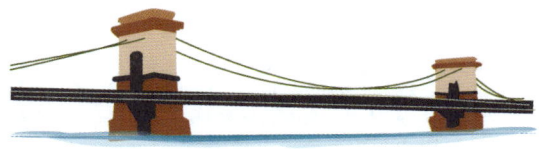

I speak (English).
   Beszélek (angolul).   be·say·lek (on·gaw·lul)

I don't speak (Hungarian).
   Nem beszélek (magyarul).   nem be·say·lek (mo·dyo·rul)

I speak a little.
   Egy kicsit beszélek.   ej ki·chit be·say·lek

What does 'lángos' mean?
   Mit jelent az, hogy 'lángos'?   mit ye·lent oz hawj laan·gawsh

How do you …?	*Hogyan …?*	*haw·dyon …*
pronounce this	*mondja ki ezt*	*mawnd·yo ki ezt*
write *'útlevél'*	*írja azt, hogy 'útlevél'*	*eer·yo ozt hawj ūt·le·vayl*
Could you please …?	*…, kérem.*	*… kay·rem*
repeat that	*Megismételné ezt*	*meg·ish·may·tel·nay ezt*
speak more slowly	*Tudna lassabban beszélni*	*tud·no losh·shob·bon be·sayl·ni*
write it down	*Leírná*	*le·eer·naa*

tongue in cheek

So you've got the hang of Hungarian, huh? Then take the tongue twister challenge!
Start off easy:
fiaiéi
fi·o·i·ay·i
More things of her more sons.

You're still feeling confident? What about …
Mit sütsz, kis szűcs? Sós húst sütsz, kis szűcs?
mit shewts kish sēwch shāwsh hūsht shewts kish sēwch
What are you grilling, little furrier? Are you grilling salty meat, little furrier?

Or this one, which is a bit of a doozie even in English …
A tarka szarka farka tarka. De nem minden szarka farka tarka csak a tarka szarka farka tarka.
o *tor*·ko *sor*·ko *for*·ko *tor*·ko de nem *min*·den *sor*·ko *for*·ko *tor*·ko chok o *tor*·ko *sor*·ko *for*·ko *tor*·ko
The multicoloured mockingbird's tail is multicoloured. But not every mockingbird's tail is multicoloured, only the multicoloured mockingbird's tail is multicoloured.

BASICS

numbers & amounts
számok és mennyiségek

cardinal numbers

tőszámnevek

0	nulla	nul·lo
1	egy	ej
2	kettő	ket·tēū
3	három	haa·rawm
4	négy	nayj
5	öt	eut
6	hat	hot
7	hét	hayt
8	nyolc	nyawlts
9	kilenc	ki·lents
10	tíz	teez
11	tizenegy	ti·zen·ej
12	tizenkettő	ti·zen·ket·tēū
13	tizenhárom	ti·zen·haa·rawm
14	tizennégy	ti·zen·nayj
15	tizenöt	ti·zen·eut
16	tizenhat	ti·zen·hot
17	tizenhét	ti·zen·hayt
18	tizennyolc	ti·zen·nyawlts
19	tizenkilenc	ti·zen·ki·lents
20	húsz	hūs
21	huszonegy	hu·sawn·ej
22	huszonkettő	hu·sawn·ket·tēū
30	harminc	hor·mints
31	harmincegy	hor·mints·ej
32	harminckettő	hor·mints·ket·tēū
40	negyven	nej·ven
41	negyvenegy	nej·ven·ej
42	negyvenkettő	nej·ven·ket·tēū
50	ötven	eut·ven

60	hatvan	hot·von
70	hetven	het·ven
80	nyolcvan	nyawlts·von
90	kilencven	ki·lents·ven
100	száz	saaz
200	kétszáz	kayt·saaz
1,000	ezer	e·zer
1,000,000	millió	mil·li·āw

ordinal numbers

sorszámnevek

1st	első	el·shēū
2nd	második	maa·shaw·dik
3rd	harmadik	hor·mo·dik
4th	negyedik	ne·dye·dik
5th	ötödik	eu·teu·dik

two's company

Hungarian has two ways of expressing the number 'two'. The word *kettő* ket·tēū is used when the number is given on its own, or when the object is not mentioned. For example, the answer to the question *Hány forintod van?* haan' faw·rin·tawd von (How many forints do you have?) would be *Kettő.* – Two. The word *két* kayt, on the other hand, is used when 'two' is followed by the counted noun, as in *két forint* kayt faw·rint (two forints).

Both *kettő* and *két* appear in all numerals containing 'two'. So 12 is *tizenkettő* ti·zen·ket·tēū or *tizenkét* ti·zen·kayt, 22 is *huszonkettő* hu·sawn·ket·tēū or *huszonkét* hu·sawn·kayt, and so on.

It's easy to mistake *két* kayt (two) for *hét* hayt (seven). Be sure to pronounce the k as distinctly as you can so you don't end up getting seven pancakes instead of two!

fractions

törtek

a quarter	*egynegyed*	*ej*·ne·dyed
a third	*egyharmad*	*ej*·hor·mod
a half	*fél*	fayl
three-quarters	*háromnegyed*	*haa*·rawm·ne·dyed
all	*mind*	mind
none	*egyik sem*	*e*·dyik shem

decimals

tizedesek

Egész e·gays means 'whole' not 'point', and the numbers after it aren't said one by one. In the first example, you literally say 'three-whole-fourteen', not 'three-point-one-four'.

3.14	*három egész tizennégy*	*haa*·rawm *e*·gays *ti*·zen·nayj
4.2	*négy egész kettő*	nayj *e*·gays *ket*·tēū
5.1	*öt egész egy*	eut *e*·gays ej

numbers with dots & commas

Numbers in Hungarian use the opposite punctuation to English, so make sure you get it right when it counts.

3.456 = three thousand, four hundred and fifty-six
3,456 = three point four five six

useful amounts

hasznos mennyiségek

Quantities are calculated in decagrams as opposed to grams or kilograms. A decagram is equivalent to ten grams.

How much?	*Mennyi?*	men'·nyi
How many?	*Hány?*	haan'
Please give me …	*Kérem, adjon nekem …*	kay·rem od·yawn ne·kem …
(10) decagrams	*(tíz) deka*	(teez) de·ko
half a dozen	*fél tucat*	fayl tu·tsot
a dozen	*egy tucat*	ej tu·tsot
half a kilo	*fél kiló*	fayl ki·lāw
a kilo	*egy kiló*	ej ki·lāw
a bottle/jar	*egy üveg*	ej ew·veg
a packet	*egy csomag*	ej chaw·mog
a slice	*egy szelet*	ej se·let
a tin	*egy doboz*	ej daw·bawz
a few	*egy kevés*	ej ke·vaysh
less	*kevesebb*	ke·ve·shebb
(just) a little	*(csak) egy kicsi*	(chok) ej ki·chi
a lot/many	*sok*	shawk
more	*több*	teubb
some	*néhány*	nay·haan'

thumbs up

To show the number one, Hungarians hold up their thumb instead of their index finger. For two, you need to show both thumb and index finger, and so on. If you want one item and you only hold up your index finger (your 'number two' finger), you may end up with twice what you asked for …

BASICS

time & dates
idő és dátum

telling the time

hogyan mondjuk meg, mennyi az idő

Hungarians are forward thinkers. To express the time 10.15 they say *negyed tizenegy* ne·dyed ti·zen·ej, which means 'a quarter of eleven'. Likewise, 10.30 is *fél tizenegy* fayl ti·zen·ej or 'half of eleven'. This isn't the case when stating times that aren't 'a quarter' or 'a half' past the hour in English. For example, 10.05 is simply *öt perccel múlt tíz* eut perts·tsel mült teez or 'five minutes past ten'. Don't get too confused by this. For the most part, telling the time in Hungarian is very straightforward. The phrases below will point you in the right direction.

What time is it?	*Hány óra?*	haan' āw·ra
It's (one) o'clock.	*(Egy) óra van.*	(ej) āw·ra von
It's (ten) o'clock.	*(Tíz) óra van.*	(teez) āw·ra von
Five past (ten).	*Öt perccel múlt (tíz).*	eut perts·tsel mült (teez)
Quarter past (ten).	*Negyed (tizenegy).*	ne·dyed (ti·zen·ej)
Half past (ten).	*Fél (tizenegy).*	fayl (ti·zen·ej)
Twenty to (eleven).	*Húsz perc múlva (tizenegy).*	hūs perts mül·vo (ti·zen·ej)
Quarter to (eleven).	*Háromnegyed (tizenegy).*	haa·rawm·ne·dyed (ti·zen·ej)

night & day

Hungarians don't think of time in 'am' and 'pm'. They use two words to refer to the morning: *reggel* reg·gel shows times before 9am, and *délelőtt* dayl·e·lēütt indicates 9am–12pm. After midday, you use *délután* dayl·u·taan for 12–6pm, *este* esh·te for 6–10pm, and *éjjel* ay·yel for times after 10pm.

all day long

In Hungary, time is written in the 24-hour clock. Six o'clock in the morning will be written as 6.00, 06.00 or 6:00. You'll see 6pm as 18.00 or 18:00.

At what time ...?
Hány órakor ...?   haan' *āw*·ro·kawr ...

At (ten).
(Tíz)kor.   (teez)·kawr

At 7.57pm.
Este hét óra   esh·te hayt *āw*·ro
ötvenhét perckor.   eut·ven·hayt perts·kawr
(lit: evening seven o'clock fifty-seven minutes-at)

the calendar

a naptár

days

Monday	hétfő	hayt·feū
Tuesday	kedd	kedd
Wednesday	szerda	ser·do
Thursday	csütörtök	chew·teur·teuk
Friday	péntek	payn·tek
Saturday	szombat	sawm·bot
Sunday	vasárnap	vo·shaar·nop

months

January	január	yo·nu·aar
February	február	feb·ru·aar
March	március	maar·tsi·ush
April	április	aap·ri·lish
May	május	maa·yush
June	június	yū·ni·ush
July	július	yū·li·ush
August	augusztus	o·u·gus·tush
September	szeptember	sep·tem·ber
October	október	awk·tāw·ber
November	november	naw·vem·ber
December	december	de·tsem·ber

BASICS

dates

What date is it today?
   Hányadika van ma?   haa·nyo·di·ko von mo

It's (18 October).
   (Október   (awk·tāw·ber
   tizennyolcadika) van.   ti·zen·nyawl·tso·di·ko) von

seasons

spring	*tavasz*	to·vos
summer	*nyár*	nyaar
autumn/fall	*ősz*	ēūs
winter	*tél*	tayl

present

jelen

this …		
morning	*ma reggel*	mo reg·gel
afternoon	*ma délután*	mo dayl·u·taan
week	*ezen a héten*	e·zen o hay·ten
month	*ebben a hónapban*	eb·ben o hāw·nop·bon
year	*ebben az évben*	eb·ben oz ayv·ben
now	*most*	mawsht
today	*ma*	mo
tonight	*ma este*	mo esh·te

past

múlt

last night	*tegnap éjjel*	teg·nop ay·yel
yesterday	*tegnap*	teg·nop
day before yesterday	*tegnapelőtt*	teg·nop·e·lēūtt
(three days) ago	*(három nappal) ezelőtt*	(haa·rawm nop·pol) ez·e·lēūtt
since (May)	*(május) óta*	(maa·yush) āw·to

time & dates

35

last ...	a múlt ...	o mūlt ...
week	héten	*hay*·ten
month	hónapban	*hāw*·nop·bon
year	évben	*ayv*·ben
yesterday ...	tegnap ...	*teg*·nop ...
morning	reggel	*reg*·gel
afternoon	délután	*dayl*·u·taan
evening	este	*esh*·te

future

jövő

tomorrow	holnap	*hawl*·nop
day after tomorrow	holnapután	*hawl*·nop·u·taan
in (six) days	(hat) nap múlva	(hot) nop *mūl*·vo
until (June)	(június)ig	(yū·ni·ush)·ig
next ...	a jövő ...	o *yeu*·vēū ...
week	héten	*hay*·ten
month	hónapban	*hāw*·nop·bon
year	évben	*ayv*·ben
tomorrow ...	holnap ...	*hawl*·nop ...
morning	reggel	*reg*·gel
afternoon	délután	*dayl*·u·taan
evening	este	*esh*·te

during the day

napközben

afternoon	délután	*dayl*·u·taan
dawn	hajnal	*hoy*·nol
day	nappal	*nop*·pol
evening	este	*esh*·te
midday	dél	dayl
midnight	éjfél	*ay*·fayl
morning	reggel	*reg*·gel
night	éjszaka	*ay*·so·ko
sunrise	napkelte	*nop*·kel·te
sunset	napnyugta	*nop*·nyug·to

money
pénz

Hungary became a member of the European Union in 2004, and is aiming to convert its currency to the euro, however there is no current target date for conversion. Most of the examples in this phrasebook are in forints, but we've also included euros in the dictionary and in this chapter.

How much is it/this?
   Mennyibe kerül?   men'·nyi·be *ke*·rewl

It's free.
   Ingyen van.   *in*·dyen von

It's (500) forints.
   (Ötszáz) forint.   (*eut*·saaz) *faw*·rint

It's (300) euros.
   (Háromszáz) euró.   (*haa*·rawm·saaz) *e*·u·raw

Could you write down the price?
   Le tudná írni az árat?   le *tud*·naa *eer*·ni oz *aa*·rot

Do you change money here?
   Váltanak itt pénzt?   *vaal*·to·nok itt paynzt

Do you accept ...?	Elfogadnak ...?	*el*·faw·god·nok ...
credit cards	hitelkártyát	*hi*·tel·kaar·tyaat
debit cards	bankkártyát	*bonk*·kaar·tyaat
travellers cheques	utazási csekket	*u*·to·zaa·shi *chek*·ket

I'd like to ...	Szeretnék ...	*se*·ret·nayk ...
cash a cheque	beváltani egy csekket	*be*·vaal·to·ni ej *chek*·ket
change a travellers cheque	beváltani egy utazási csekket	*be*·vaal·to·ni ej *u*·to·zaa·shi *chek*·ket
change money	pénzt váltani	paynzt *vaal*·to·ni
withdraw money	pénzt kivenni	paynzt *ki*·ven·ni

What's the …?	Mennyi …?	men'·nyi …
charge	a díj	o dee·y
buying rate	a vételi árfolyam	o vay·te·li aar·faw·yom
exchange rate	a valutaárfolyam	o vo·lu·to·aar·faw·yom
selling rate	az eladási árfolyam	oz el·o·daa·shi aar·faw·yom

Do I need to pay upfront?
Előre kell fizetnem? — e·lēū·re kell fi·zet·nem

Could I have a receipt, please?
Kaphatnék egy nyugtát, kérem? — kop·hot·nayk ej nyug·taat kay·rem

Could I have my change, please?
Megkaphatnám a visszajáró pénzt? — meg·kop·hot·naam o vis·so·yaa·rāw paynzt

I'd like a refund, please.
Vissza szeretném kapni a pénzemet, kérem. — vis·so se·ret·naym kop·ni o payn·ze·met kay·rem

I've already paid for this.
Már kifizettem. — maar ki·fi·zet·tem

There's a mistake in the bill.
Valami nem stimmel a számlával. — vo·lo·mi nem shtim·mel o saam·laa·vol

I don't want to pay the full price.
Nem akarom kifizetni a teljes árat. — nem o·ko·rawm ki·fi·zet·ni o tel·yesh aa·rot

Where's the nearest automated teller machine?
Hol van a legközelebbi bankautomata? — hawl von o leg·keu·ze·leb·bi bonk·o·u·taw·mo·to

PRACTICAL > transport
közlekedés

getting around

utazgatás

Which … goes to (Budapest)?	Melyik … megy (Budapest)re?	me·yik … mej (bu·do·pesht)·re
boat	hajó	ho·yāw
bus	busz	bus
train	vonat	vaw·not

Which … goes to (the parliament)?	Melyik … megy (a Parlament)hez?	me·yik … mej (o por·lo·ment)·hez
bus	busz	bus
tram	villamos	vil·lo·mawsh
trolleybus	troli	traw·li
metro line	metró	met·rāw

When's the … (bus)?	Mikor megy … (busz)?	mi·kawr mej … (bus)
first	az első	oz el·shēū
last	az utolsó	oz u·tawl·shāw
next	a következő	o keu·vet·ke·zēū

What time does it leave?
Mikor indul?   *mi·kawr in·dul*

What time does it get to (Eger)?
Mikor ér (Eger)be?   *mi·kawr ayr (e·ger)·be*

How long will it be delayed?
Mennyit késik?   *men'·nyit kay·shik*

transport

Is this seat free?
Szabad ez a hely? so·bod ez o he·y

That's my seat.
Az az én helyem. oz oz ayn he·yem

Please tell me when we get to (Eger).
Kérem, szóljon, amikor kay·rem sāwl·yawn o·mi·kawr
(Eger)be érünk. (e·ger)·be ay·rewnk

Please stop here.
Kérem, álljon meg itt. kay·rem aall·yawn meg itt

How long do we stop here?
Mennyi ideig állunk itt? men'·nyi i·de·ig aal·lunk itt

I'd like to	Le szeretnék	le se·ret·nayk
get off ...	szállni ...	saall·ni ...
at the next stop	a következőnél	o keu·vet·ke·zēū·nayl
here	itt	itt

tickets

jegyek

Where do I buy a ticket?
Hol kapok jegyet? hawl ko·pawk ye·dyet

Where's the ...	Hol a ...	hawl o ...
ticket office?	jegypénztár?	yej·paynz·taar
domestic	belföldi	bel·feul·di
international	nemzetközi	nem·zet·keu·zi

A ... ticket	Egy ... jegy	ej ... yej
to (Eger).	(Eger)be.	(e·ger)·be
1st-class	első osztályú	el·shēū aws·taa·yū
2nd-class	másodosztályú	maa·shawd·aws·taa·yū
one-way	csak oda	chok aw·do
return	oda-vissza	aw·do·vis·so

A ... ticket	Egy ... (Eger)be.	ej ... (e·ger)·be
to (Eger).		
child's	gyerekjegy	dye·rek·yej
student	diákjegy	di·aak·yej

I'd like a/an ... seat.	... helyet szeretnék.	... he·yet se·ret·nayk
aisle	Folyosó felőli	faw·yaw·shāw fe·lēū·li
nonsmoking	Nemdohányzó	nem·daw·haan'·zāw
smoking	Dohányzó	daw·haan'·zāw
window	Ablak melletti	ob·lok mel·let·ti

I need a ...	... kérek.	... kay·rek
30-day pass	Harmincnapos bérletet	hor·mints·no·pawsh bayr·le·tet
block of 10 single tickets	Tízdarabos gyűjtőjegyet	teez·do·ro·bawsh dyēw·y·tēū·ye·dyet
block of 20 single tickets	Húszdarabos gyűjtőjegyet	hūs·do·ro·bawsh dyēw·y·tēū·ye·dyet
daily ticket	Napijegyet	no·pi·ye·dyet
fortnightly pass	Kétheti bérletet	kayt·he·ti bayr·le·tet
monthly pass	Havibérletet	ho·vi·bayr·le·tet
single ticket	Vonaljegyet	vaw·nol·ye·dyet
three-day tourist ticket	Háromnapos turistajegyet	haa·rawm·no·pawsh tu·rish·to·ye·dyet
weekly ticket	Hetijegyet	he·ti·ye·dyet

listen for ...

ez	ez	this one
kay·shik	késik	delayed
me·net·rend	menetrend	timetable
nem in·dul	nem indul	not running
oz	az	that one
straa·yk	sztrájk	strike
te·le von	tele van	full
teu·reul·ve	törölve	cancelled
u·to·zaa·shi ewj·neuk	utazási ügynök	travel agent
u·to·zaa·shi i·raw·do	utazási iroda	travel agency
vaa·gaan'	vágány	platform
yej·paynz·taar	jegypénztár	ticket window

transport

Is there (a) …?	*Van …?*	von …
air-conditioning	*lég-kondicionálás*	*layg-*kawn·di·tsi·aw·naa·laash
blanket	*takaró*	*to·*ko·rāw
sick bag	*hányózacskó*	*haa·*nyāw·zoch·kāw
toilet	*vécé*	*vay·*tsay

Do I need to book?
Kell helyjegyet váltanom? kell *he·*ye·dyet *vaal·*ta·nawm

How much is it?
Mennyibe kerül? men'·nyi·be *ke·*rewl

How long does the trip take?
Mennyi ideig tart az út? men'·nyi *i·*de·ig tort oz ūt

Is it a direct route?
Ez közvetlen járat? ez *keuz·*vet·len *yaa·*rot

Can I get a stand-by ticket?
Kaphatok egy készenléti jegyet? *kop·*ho·tawk ej *kay·*sen·lay·ti *ye·*dyet

Can I get a sleeping berth?
Kaphatok egy fekvőhelyet? *kop·*ho·tawk ej *fek·*vēū·he·yet

What time should I check in?
Mikor kell bejelentkeznem? *mi·*kawr kell*be·*ye·lent·kez·nem

I'd like to … my ticket, please.	*Szeretném … a jegyemet.*	*se·*ret·naym … o *ye·*dye·met
cancel	*törölni*	*teu·*reul·ni
change	*megváltoztatni*	*meg·*vaal·tawz·tot·ni
confirm	*megerősíteni*	*meg·*e·rēū·shee·te·ni

luggage

poggyász

My luggage has been stolen.
Ellopták a poggyászomat. *el·*lawp·taak o *pawd'·*dyaa·saw·mot

That's (not) mine.
Az (nem) az enyém. oz (nem) oz *e·*nyaym

42

listen for ...

kay·zi· pawd'·dyaas	kézipoggyász	**carry-on baggage**
pawd'·dyaas·tūl·shū·y	poggyásztúlsúly	**excess baggage**

Where can I find the ...?	*Hol találom ...?*	hawl *to*·laa·lawm ...
baggage claim	*a poggyász-kiadót*	o *pawd'*·dyaas·ki·o·dāwt
left-luggage office	*a poggyász-megőrzőt*	o *pawd'*·dyaas·meg·ēūr·zēūt
Where can I find a ...?	*Hol találok egy ...?*	hawl *to*·laa·lawk ej ...
luggage locker	*poggyász-megőrző automatát*	*pawd'*·dyaas·meg·ēūr·zēū o·u·taw·mo·taat
trolley	*poggyász-kocsit*	*pawd'*·dyaas·kaw·chit
My luggage has been ...	*A poggyászom ...*	o *pawd'*·dyaa·sawm ...
damaged	*megsérült*	*meg*·shay·rewlt
lost	*elveszett*	*el*·ve·sett
Can I have some ...?	*Kaphatok néhány ...?*	*kop*·ho·tawk *nay*·haan' ...
coins	*pénzérmét*	*paynz*·ayr·mayt
20-forint coins	*húszforintost*	*hūs*·faw·rin·tawsht
100-forint coins	*százforintost*	*saaz*·faw·rin·tawsht

plane

repülőgép

At which gate does flight (BA15) arrive?
Hova érkezik a (BA tizenötös) számú járat?
haw·vo *ayr*·ke·zik a (bay o ti·zen·eu·teush) *saa*·mū *yaa*·rot

At which gate does flight (BA26) depart?
Honnan indul a (BA huszonhatos) számú járat?
hawn·non *in*·dul a (bay o *hu*·sawn·ho·tawsh) *saa*·mū *yaa*·rot

transport

listen for ...

aat·saal·laash	*átszállás*	**transfer**
be·saal·lāw·kaar·tyo	*beszállókártya*	**boarding pass**
tron·zit	*tranzit*	**transit**
üt·le·vayl	*útlevél*	**passport**

Where's (the) …?	*Hol van …?*	hawl von …
airport shuttle	*a repülőtéri busz*	o *re*·pew·lēū·tay·ri bus
arrivals hall	*az érkezési csarnok*	oz *ayr*·ke·zay·shi *chor*·nawk
departures hall	*az indulási csarnok*	oz *in*·du·laa·shi *chor*·nawk
duty-free shop	*a vámmentes üzlet*	o *vaam*·men·tesh *ewz*·let
gate (5)	*az (ötös) kapu*	oz (*eu*·teush) *ko*·pu

bus & coach

busz

How often do buses come?
Milyen gyakran jönnek a buszok?
mi·yen *dyok*·ron *yeun*·nek o *bu*·sawk

Does it stop at (Visegrád)?
Megáll (Visegrád)on?
meg·aall (*vi*·she·graad)·on

What's the next stop?
Mi a következő megálló?
mi o *keu*·vet·ke·zēū *meg*·aal·lāw

I'd like to get off at (Visegrád).
(Visegrád)on szeretnék leszállni.
(*vi*·she·graad)·on *se*·ret·nayk *le*·saall·ni

transport etiquette

On public transport children, young people and men are supposed to vacate seats for old, disabled or sick people, pregnant women and women with small children. Public displays of affection between lovers are very common in Hungary and you'll notice that people often hug and kiss in the street or in the bus.

city a	*város*	*vaa·rawsh*
departure bay	*állás*	*aal·laash*
inter-city a	*városközi*	*vaa·rawsh·keu·zi*
local a	*helyi*	*he·yi*
local bus station	*helyi buszállamás*	*he·yi bus·aal·law·maash*
long-distance bus station	*távolsági autóbusz-államás*	*taa·vawl·shaa·gi o·u·tāw·bus aal·law·maash*
timetable display	*menetrend*	*me·net·rend*

train

vonat

All trains are speedy in Hungary, though some are speedier than others… From fastest to slowest they are *expressz* (express), *gyorsvonat* (fast) and *sebesvonat* (swift).

What station is this?
　Ez milyen állomás?　　　　ez *mi*·yen *aal*·law·maash

What's the next station?
　Mi a következő　　　　　　mi o *keu*·vet·ke·zēū
　állomás?　　　　　　　　　*aal*·law·maash

Do I need to change?
　Át kell szállnom?　　　　　aat kell *saall*·nawm

Is it …?	*Ez … járat?*	ez … *yaa*·rot
direct	közvetlen	*keuz*·vet·len
express	expressz	*eks*·press
Which carriage is (for) …?	*Melyik kocsi …?*	*me*·yik *kaw*·chi …
(Eger)	megy (Eger)be?	mej (*e*·ger)·be
1st class	első osztályú	*el*·shēū *aws*·taa·yū

Which carriage is for dining?
　Melyik az étkezőkocsi?　　*me*·yik oz *ayt*·ke·zēū·*kaw*·chi

signs

Érkező vonatok	*ayr*·ke·zēū *vaw*·no·tawk	**Arrivals**
Gőzmozdony	*gēūz*·mawz·dawn'	**Steam Train**
Gyorsvonat	*dyorsh*·vaw·not	**Fast Train**
Induló vonatok	*in*·du·lāw *vaw*·no·tawk	**Departures**
InterCity Expressz	*in*·ter·si·ti *eks*·press	**Intercity Express**
InterCity Gyors	*in*·ter·si·ti *dyorsh*	**Intercity Rapid**
Keskeny	*kesh*·ken'	**Narrow-gauge**
nyomtávú	*nyawm*·taa·vū	
Sebesvonat	*she*·besh·vaw·not	**Swift Train**
Személyvonat	*se*·may·vaw·not	**Passenger Train**
Vágány	*vaa*·gaan'	**Platform**

boat

hajó

What's the lake like today?
   Milyen ma a tó?   *mi*·yen mo o tāw

Are there life jackets?
   Vannak mentőmellények?   *von*·nok *men*·tēū·mel·lay·nyek

I feel seasick.
   Tengeribeteg vagyok.   *ten*·ge·ri·be·teg *vo*·dyawk

taxi

taxi

I'd like	*Szeretnék egy*	*se*·ret·nayk ej
a taxi …	*taxit …*	*tok*·sit …
at (9am)	*(reggel kilenc)re*	(*reg*·gel *ki*·lents)·re
now	*most*	mawsht
tomorrow	*holnapra*	*hawl*·nop·ro

Where's the taxi rank?
   Hol a taxiállomás?   hawl o *tok*·si·aal·law·maash

Is this taxi available?
   Szabad ez a taxi?   *so*·bod ez o *tok*·si

Please put the meter on.
   Kérem, kapcsolja be   *kay*·rem *kop*·chawl·yo be
   az órát.   oz *āw*·raat

How much is it to …?
   Mennyibe kerül …ba?   *men'*·nyi·be *ke*·rewl …·bo

How much is the flag fall/hiring charge?
   Mennyi az alapdíj?   *men'*·nyi oz *o*·lop·dee·y

Please take me to (this address).
   Kérem, vigyen el   *kay*·rem *vi*·dyen el
   (erre a címre).   (*er*·re o *tseem*·re)

How much is it?
   Mennyit fizetek?   *men'*·nyit *fi*·ze·tek

transport

That's too much.
Ez túl sok.   ez tūl shawk

I'll only give you (500) forints.
Csak (ötszáz) forintot   chok (eut·saaz) faw·rin·tawt
adok.   o·dawk

Please …	Kérem, …	kay·rem …
slow down	*lassítson*	losh·sheet·shawn
stop here	*álljon meg itt*	aall·yawn meg itt
wait here	*várjon itt*	vaar·yawn itt

car & motorbike

autó és motor

car & motorbike hire

I'd like to hire a/an …	Szeretnék egy … bérelni.	se·ret·nayk ej … bay·rel·ni
4WD	*négykerék-meghajtású autót*	nayj·ke·rayk- meg·hoy·taa·shū o·u·tāwt
automatic	*automata sebességváltós autót*	o·u·taw·mo·to she·besh·shayg·vaal·tāwsh o·u·tāwt
manual	*kézi sebességváltós autót*	kay·zi she·besh·shayg·vaal·tāwsh o·u·tāwt
motorbike	*motort*	maw·tawrt

listen for …		
in·dyen	ingyen	**free**
ki·law·may·ter	kilométer	**kilometres**
o·u·tāw·paa·yo· *mot*·ri·tso	autópálya- matrica	**motorway pass**
por·kaw·lāw·āw·ro	parkolóóra	**parking meter**
yaw·gaw·sheet·vaan'	jogosítvány	**drivers licence**

PRACTICAL

48

with air-conditioning	lég-kondicionálóval	layg-kawn·di·tsi·aw·naa·lāw·vol
with a driver	sofőrrel	shaw·feūr·rel

How much for ... hire?	Mennyibe kerül a kölcsönzés ...?	men'·nyi·be ke·rewl o keul·cheun·zaysh ...
daily	egy napra	ej nop·ro
weekly	egy hétre	ej hayt·re

Does that include insurance/mileage?
Ebben benne van a biztosítás/kilométerdíj?
eb·ben ben·ne von o biz·taw·shee·taash/ ki·law·may·ter·dee·y

Do you have a road map?
Van autóstérképük?
von o·u·tāwsh·tayr·kay·pewk

signs

Autópálya kijárat	o·u·tāw·paa·yo ki·yaa·rot	Exit Freeway
Autópályadíj	o·u·tāw·paa·yo·dee·y	Toll
Behajtani tilos	be·ho·y·to·ni ti·lawsh	No Entry
Bejárat	be·yaa·rot	Entrance
Egyirányú	ej·i·raa·nyū	One-way
Elsőbbségadás kötelező	el·shēūbb·shayg·o·daash keu·te·le·zēū	Give Way
Fizető autópálya	fi·ze·tēū o·u·tāw·paa·yo	Toll Road
Körforgalom	keur·fawr·go·lawm	Roundabout
Megállni tilos	meg·aall·ni ti·lawsh	No Standing
Stop	shtawp	Stop
Terelőút	te·re·lēū·ūt	Detour
Útépítés	ūt·ay·pee·taysh	Road Work Ahead
Várakozni tilos	vaa·ro·kawz·ni ti·lawsh	No Parking
Vasúti átjáró	vosh·ū·ti aat·yaa·rāw	Railway Crossing

on the road

Petrol in Hungary isn't usually categorised into 'leaded' and 'unleaded'. Both kinds are available, but normally you'll see *normál benzin* nawr·maal ben·zin (86-octane), *szuper* su·per (92-octane) and *extra* ek·stro (98-octane).

What's the speed limit?
Mennyi a megengedett sebesség?
men'·nyi o meg·en·ge·dett she·besh·shayg

Is this the road to (Sopron)?
Ez az út vezet (Sopron)ba?
ez oz ūt ve·zet (shawp·rawn)·bo

Where's a petrol station?
Hol van egy benzinkút?
hawl von ej ben·zin·kūt

Please fill it up.
Kérem, töltse tele.
kay·rem teult·she te·le

I'd like ... litres.
... litert kérek.
... li·tert kay·rek

diesel	*dízel*	dee·zel
leaded	*ólmozott*	āwl·maw·zawtt
LPG	*folyékony*	faw·yay·kawn'
	autógáz	o·u·tāw·gaaz
regular	*normál*	nawr·maal
premium	*ólommentes*	āw·lawm·men·tesh
unleaded	*szuper*	su·per
unleaded	*ólommentes*	āw·lawm·men·tesh

Can you check the ...?	*Ellenőrizné ...?*	el·len·ēū·riz·nay ...
oil	*az olajat*	oz aw·lo·yot
tyre pressure	*a guminyomást*	o gu·mi·nyo·maasht
water	*a vizet*	o vi·zet

(How long) Can I park here?
(Meddig) Parkolhatok itt?
(med·dig) por·kawl·ho·tawk itt

Do I have to pay?
Kell érte fizetni?
kell ayr·te fi·zet·ni

PRACTICAL

problems

I need a mechanic.
  Szükségem van egy
  autószerelőre.
  sewk-shay-gem von ej
  o-u-tāw-se-re-leü-re

I've had an accident.
  Balesetem volt.
  bol-e-she-tem vawlt

The car/motorbike has broken down (at Sopron).
  Az autó/motor
  elromlott (Sopronnál).
  oz *o*-u-tāw/*maw*-tawr
  el-rawm-lawtt (*shawp*-rawn-naal)

The car/motorbike won't start.
  Az autó/motor nem indul.
  oz *o*-u-tāw/*maw*-tawr nem *in*-dul

I have a flat tyre.
  Defektem van.
  de-fek-tem von

I've lost my car keys.
  Elvesztettem az
  autókulcsaimat.
  el-ves-tet-tem oz
  o-u-tāw-kul-cho-i-mot

I've locked the keys inside.
  Bezártam a kulcsokat
  az autóba.
  be-zaar-tom o *kul*-chaw-kot
  oz *o*-u-tāw-bo

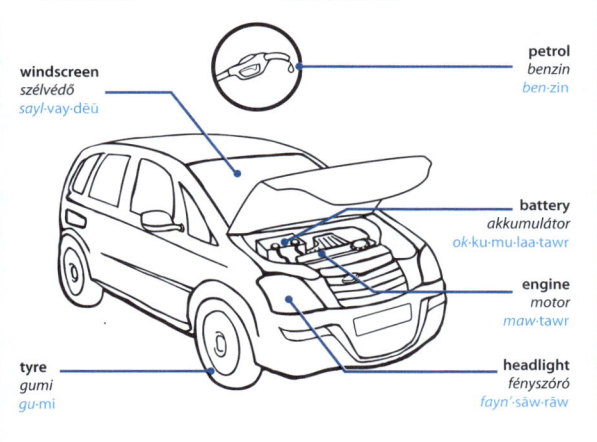

petrol
benzin
ben-zin

windscreen
szélvédő
sayl-vay-dëü

battery
akkumulátor
ok-ku-mu-laa-tawr

engine
motor
maw-tawr

tyre
gumi
gu-mi

headlight
fényszóró
fayn'-sāw-rāw

transport

I've run out of petrol.
Kifogyott a benzinem. — ki·faw·dyawtt o ben·zi·nem

Can you fix it (today)?
Meg tudja csinálni (ma)? — meg tud·yo chi·naal·ni (mo)

How long will it take?
Mennyi ideig tart? — men'·nyi i·de·ig tort

bicycle

bicikli

I'd like to ...	Szeretnék ...	se·ret·nayk ...
buy a bicycle	venni egy biciklit	ven·ni ej bi·tsik·lit
hire a bicycle	biciklit bérelni	bi·tsik·lit bay·rel·ni

I'd like a ... bike.	... szeretnék.	... se·ret·nayk
mountain	Hegyikerékpárt	he·dyi·ke·rayk·paart
racing	Versenybiciklit	ver·shen'·bi·tsik·lit
second-hand	Használt biciklit	hos·naalt bi·tsik·lit

How much is it per ...?	Mennyibe kerül egy ...?	men'·nyi·be ke·rewl ej ...
day	napra	nop·ro
hour	órára	āw·raa·ro

Do I need a helmet?
Kell bukósisak? — kell bu·kāw·shi·shok

Are there bicycle paths?
Vannak bicikliutak? — von·nok bi·tsik·li·u·tok

Is there a bicycle-path map?
Van kerékpárút-térkép? — von ke·rayk·paar·ūt·tayr·kayp

I have a puncture.
Kilukadt a gumim. — ki·lu·kott o gu·mim

I'd like my bicycle repaired.
Szeretném megjavíttatni a biciklimet. — se·ret·naym meg·yo·veet·tot·ni o bi·tsik·li·met

52

border crossing
határátlépés

border crossing

határátlépés

I'm ...	... vagyok.	... *vo*·dyawk
in transit	Átutazóban	*aat*·u·to·zāw·bon
on business	Üzleti úton	*ewz*·le·ti ū·tawn
on holiday	Szabadságon	*so*·bod·shaa·gawn
I'm here for ...	... vagyok itt.	... *vo*·dyawk itt
(10) days	(Tíz) napig	(teez) *no*·pig
(two) months	(Két) hónapig	(kayt) *hāw*·no·pig
(three) weeks	(Három) hétig	(haa·rawm) *hay*·tig
I'd like	... belépésre szóló	... *be*·lay·paysh·re *sāw*·lāw
a ... visa.	vízumot szeretnék.	*vee*·zu·mawt *se*·ret·nayk
single-entry	Egyszeri	*ej*·se·ri
double-entry	Kétszeri	*kayt*·se·ri
multiple-entry	Többszöri	*teubb*·seu·ri

I'm going to (Szeged).
(Szeged)re megyek.   (*se*·ged)·re *me*·dyek

I'm staying at (the Gellért Hotel).
A (Gellért)ben fogok lakni.   o (*gel*·layrt)·ben *faw*·gawk *lok*·ni

The children are on this passport.
A gyerekek ebben az   o *dye*·re·kek *eb*·ben oz
útlevélben vannak.   *ūt*·le·vayl·ben *von*·nok

listen for ...

chaw·pawrt	csoport	group
cho·laad	család	family
e·dye·dewl	egyedül	alone
ūt·le·vayl	útlevél	passport
vee·zum	vízum	visa

at customs

a vámnál

I have nothing to declare.
 Nincs elvámolnivalóm.
 ninch *el*·vaa·mawl·ni·vo·lāwm

I have something to declare.
 Van valami
 elvámolnivalóm.
 von *vo*·lo·mi
 el·vaa·mawl·ni·vo·lāwm

Do I have to declare this?
 Ezt be kell jelentenem?
 ezt be kell *ye*·len·te·nem

That's (not) mine.
 Az (nem) az enyém.
 oz (nem) oz e·nyaym

I didn't know I had to declare it.
 Nem tudtam, hogy be
 kell jelenteni.
 nem *tud*·tom hawj be
 kell *ye*·len·te·ni

signs

Bevándorlás	*be*·vaan·dawr·laash	**Immigration**
Karantén	*ko*·ron·tayn	**Quarantine**
Útlevélvizsgálat	*üt*·le·vayl·vizh·gaa·lot	**Passport Control**
Vám	vaam	**Customs**
Vámmentes	*vaam*·men·tesh	**Duty-free**

PRACTICAL

directions
tájékozódás

Where's (the market)?
  Hol van (a piac)? — hawl von (o *pi*·ots)
What's the address?
  Mi a cím? — mi o tseem
How do I get there?
  Hogyan jutok oda? — *haw*·dyon *yu*·tawk *aw*·do
How far is it?
  Milyen messze van? — *mi*·yen *mes*·se von
Can you show me (on the map)?
  Meg tudja mutatni nekem — meg *tud*·yo *mu*·tot·ni *ne*·kem
  (a térképen)? — (o *tayr*·kay·pen)

Turn ...	Forduljon ...	*fawr*·dul·yawn ...
at the corner	be a saroknál	be o *sho*·rawk·naal
at the traffic lights	be a közlekedési lámpánál	be o *keuz*·le·ke·day·shi *laam*·paa·naal
left/right	balra/jobbra	*bol*·ro/*yawbb*·ro

It's ...	... van.	... von
behind ...	... mögött	... *meu*·geutt
here	itt	itt
in front of ...	... előtt	... e·lēutt
near ...	... közelében	... *keu*·ze·lay·ben
next to ...	... mellett	... *mel*·lett
on the corner	a sarkon	o *shor*·kawn
opposite ...	...val szemben	...vol *sem*·ben
straight ahead	egyenesen előttünk	e·dye·ne·shen e·lēut·tewnk
there	ott	ott

listen for ...

... *ki*·law·may·ter	... kilométer	... **kilometres**
... *may*·ter	... méter	... **metres**
... perts	... perc	... **minutes**

north	*észak*	*ay·sok*
south	*dél*	*dayl*
east	*kelet*	*ke·let*
west	*nyugat*	*nyu·got*
by ...		
bus	*busszal*	*bus·sol*
foot	*gyalog*	*dyo·lawg*
metro	*metróval*	*met·rāw·vol*
taxi	*taxival*	*tok·si·vol*
tram	*villamossal*	*vil·lo·mawsh·shol*
train	*vonattal*	*vaw·not·tol*
What ... is this?	*Milyen ... ez?*	*mi·yen ... ez*
avenue	*fasor*	*fo·shawr*
lane	*köz*	*keuz*
road	*út*	*ūt*
square	*tér*	*tayr*
street	*utca*	*ut·tso*
village	*falu*	*fo·lu*

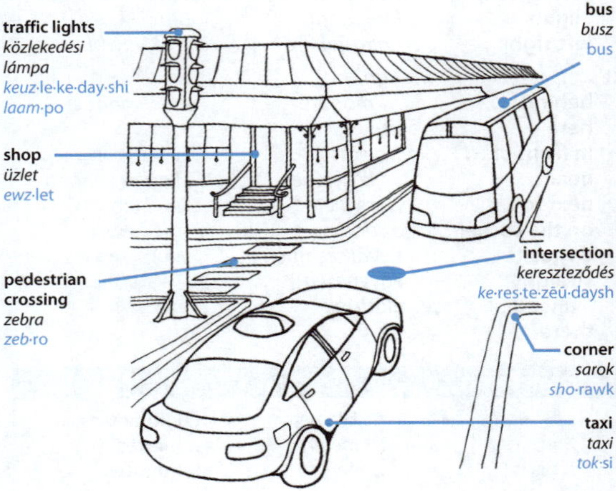

traffic lights
közlekedési lámpa
keuz·le·ke·day·shi laam·po

shop
üzlet
ewz·let

pedestrian crossing
zebra
zeb·ro

bus
busz
bus

intersection
kereszteződés
ke·res·te·zēū·daysh

corner
sarok
sho·rawk

taxi
taxi
tok·si

accommodation
szállás

finding accommodation

szálláskeresés

Where's a …?	Hol van egy …?	hawl von ej …
camping ground	kemping	*kem*·ping
guesthouse	panzió	*pon*·zi·āw
hotel	szálloda	*saal*·law·do
room in a private home	fizetővendég-szoba	*fi*·ze·tēū·ven·dayg·saw·bo
university dormitory	egyetemi kollégium	*e*·dye·te·mi *kawl*·lay·gi·um
youth hostel	ifjúsági szálló	*if*·yū·shaa·gi *saal*·lāw

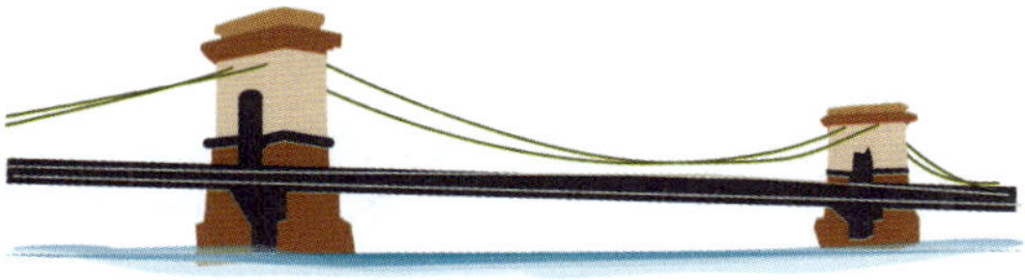

Can you recommend somewhere …?	Tud ajánlani egy … helyet?	tud *o*·yaan·lo·ni ej … *he*·yet
cheap	olcsó	*awl*·chāw
good	jó	yāw
luxurious	luxus	*luk*·sush
nearby	közeli	*keu*·ze·li
romantic	romantikus	*raw*·mon·ti·kush

| What's the address? | Mi a cím? | mi o tseem |

For responses, see **directions**, page 55.

booking ahead & checking in

előzetes szobafoglalás és bejelentkezés

I'd like to book a ... room, please.	Szeretnék egy ... szobát foglalni.	se·ret·nayk ej ... saw·baat fawg·lol·ni
single	egyágyas	ej·aa·dyosh
double	duplaágyas	dup·lo·aa·dyosh
twin	kétágyas	kayt·aa·dyosh
triple	háromágyas	haa·rawm·aa·dyosh

How much is it per ...?	Mennyibe kerül egy ...?	men'·nyi·be ke·rewl ej ...
night	éjszakára	ay·so·kaa·ro
person	főre	feü·re
week	hétre	hayt·re

I have a reservation.
Van foglalásom. — von fawg·lo·laa·shawm

My name's ...
A nevem ... — o ne·vem ...

For (three) nights/weeks.
(Három) éjszakára/hétre. — (haa·rawm) ay·so·kaa·ro/hayt·re

From (July 2) to (July 6).
(Július kettő)től (július hat)ig. — (yū·li·ush ket·tēū)·tēūl (yū·li·ush hot)·ig

Can I see it?
Megnézhetem? — meg·nayz·he·tem

I'll take it.
Kiveszem. — ki·ve·sem

Do I need to pay upfront?
Előre kell fizetnem? — e·lēū·re kell fi·zet·nem

listen for ...

haan' ay·so·kaa·ro	Hány éjszakára?	How many nights?
kulch	kulcs	key
te·le	tele	full
ūt·le·vayl	útlevél	passport

Can I pay by …?	Fizethetek …?	fi·zet·he·tek …
credit card	hitelkártyával	hi·tel·kaar·tyaa·vol
travellers cheque	utazási csekkel	u·to·zaa·shi chek·kel

For other methods of payment, see **shopping**, page 68.

requests & queries

kérések és kérdések

When/Where is breakfast served?
Mikor/Hol van a reggeli?   mi·kawr/hawl von o reg·ge·li

Please wake me at (seven).
Kérem, ébresszen fel   kay·rem ayb·res·sen fel
(hét)kor.   (hayt)·kawr

Can I use the …?	Használhatom a …?	hos·naal·ho·tawm o …
kitchen	konyhát	kawn'·haat
laundry	mosodát	maw·shaw·daat
telephone	telefont	te·le·fawnt
washing machine	mosógépet	maw·shāw·gay·pet

Do you have a/an …?	Van Önöknél …?	von eu·neuk·nayl …
elevator	lift	lift
message board	hirdetőtábla	hir·de·tēū·taab·lo
safe	széf	sayf
swimming pool	uszoda	u·saw·do

signs

Fürdőszoba	fewr·dēū·saw·bo	Bathroom
Minden szoba foglalt.	min·den saw·bo fawg·lolt	No Vacancy
Szoba kiadó.	saw·bo ki·o·dāw	Private Room
Van üres szoba.	von ew·resh saw·bo	Vacancy

accommodation

Do you ... here?	*Önök ...?*	*eu*·neuk ...
arrange tours	*szerveznek itt túrákat*	*ser*·vez·nek itt tū·raa·kot
change money	*váltanak itt pénzt*	*vaal*·to·nok itt paynzt
Could I have a/an ..., please?	*Kaphatnék egy ..., kérem?*	*kop*·hot·nayk ej ... *kay*·rem
mosquito net	*szúnyoghálót*	*sū*·nyawg·haa·lāwt
receipt	*nyugtát*	*nyug*·taat
official receipt with VAT	*ÁFÁ-s számlát*	*aa*·faash *saam*·laat

Do you have a laundry service?
Lehet Önöknél mosatni?
le·het *eu*·neuk·nayl *maw*·shot·ni

Can I get another (blanket)?
Kaphatok egy másik (takaró)t?
kop·ho·tawk ej *maa*·shik (*to*·ko·rāw)t

Could I have my key, please?
Megkaphatnám a kulcsomat, kérem?
meg·kop·hot·naam o *kul*·chaw·mot *kay*·rem

Is there a message for me?
Van számomra valami üzenet?
von *saa*·mawm·ro *vo*·lo·mi *ew*·ze·net

Can I leave a message for someone?
Hagyhatok üzenetet valakinek?
hoj·ho·tawk *ew*·ze·ne·tet *vo*·lo·ki·nek

I'm locked out of my room.
Kizártam magam a szobámból.
ki·zaar·tom *mo*·gom o *saw*·baam·bāwl

60

a knock at the door ...

Who is it?
Ki az? — ki oz

Just a moment.
Egy pillanat. — ej *pil*·lo·not

Come in.
Jöjjön be. — *yeu*·y·yeun be

Come back later, please.
Kérem, jöjjön vissza később. — *kay*·rem *yeu*·y·yeun *vis*·so *kay*·shēŭbb

---

air-conditioning
légkondicionálás
layg·kawn·di·tsi·aw·naa·laash

fan
ventilátor
ven·ti·laa·tawr

key
kulcs
kulch

toilet
vécé
vay·tsay

bed
ágy
aaj

bathroom
fürdőszoba
fewr·dēŭ·saw·bo

TV
TV
tay·vay

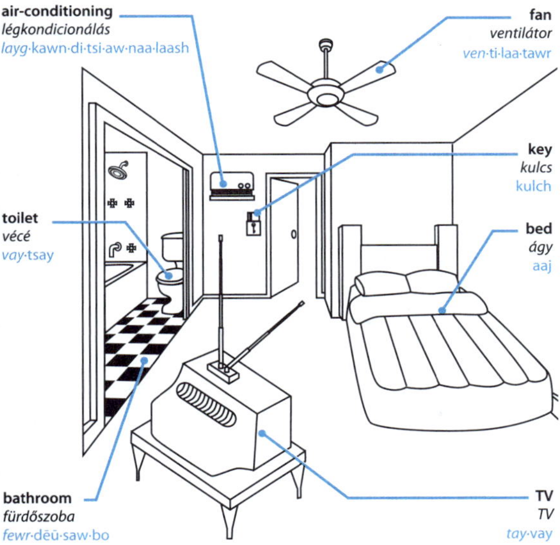

accommodation

complaints

panaszok

This (pillow) isn't clean.
Ez a (párna) nem tiszta.   ez o (*paar*·no) nem *tis*·to

It's too …	*Túl …*	tūl …
bright	*világos*	*vi*·laa·gawsh
cold	*hideg*	*hi*·deg
dark	*sötét*	*sheu*·tayt
expensive	*drága*	*draa*·go
noisy	*zajos*	*zo*·yawsh
small	*kicsi*	*ki*·chi

The … doesn't work.	*A … nem működik.*	o … nem *mēw*·keu·dik
air-conditioning	*légkondicionáló*	*layg*·kawn·di·tsi·aw·naa·lāw
fan	*ventilátor*	*ven*·ti·laa·tawr
toilet	*vécé*	*vay*·tsay

checking out

kijelentkezés

What time is checkout?
Mikor kell kijelentkezni?   *mi*·kawr kell *ki*·ye·lent·kez·ni

Can I have a late checkout?
Kijelentkezhetek később is?   *ki*·ye·lent·kez·he·tek *kay*·shēūbb ish

Can you call a taxi for me (for 11 o'clock)?
Tud hívni nekem egy taxit (tizenegy órára)?   tud *heev*·ni *ne*·kem ej *tok*·sit (*ti*·zen·ej *āw*·raa·ro)

I'm leaving now.
Most elutazom.   mawsht *el*·u·to·zawm

Can I leave my bags here?
Itt hagyhatom a csomagjaimat?   itt *hoj*·ho·tawm o *chaw*·mog·yo·i·mot

There's a mistake in the bill.
  Valami nem stimmel   vo·lo·mi nem shtim·mel
  a számlával.   o saam·laa·vol

This is too expensive.
  Ez túl sok.   ez tūl shawk

I didn't have anything from the minibar.
  Nem ittam semmit   nem it·tom·shem·mit
  a minibárból.   o mi·ni·baar·bāwl

I didn't call (Australia).
  Nem hívtam fel   nem heev·tom fel
  (Ausztráliá)t.   (o·ust·raa·li·aa)t

I didn't use the phone.
  Nem telefonáltam.   nem te·le·faw·naal·tom

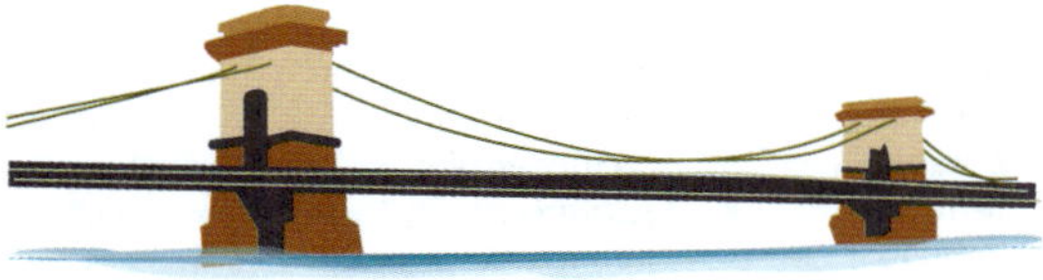

Could I have my …, please?	Visszakaphatnám …, kérem?	vis·so·kop·hot·naam … kay·rem
deposit	a letétemet	o le·tay·te·met
passport	az útlevelemet	oz üt·le·ve·le·met
valuables	az értékeimet	oz ayr·tay·ke·i·met
I'll be back …	… visszajövök.	… vis·so·yeu·veuk
in (three) days	(Három) nap múlva	(haa·rawm) nop mūl·vo
on (Tuesday)	(Kedd)en	(ked)·en

I had a great stay, thank you.
  Nagyon jól éreztem   no·dyawn yāwl ay·rez·tem
  magam, köszönöm.   mo·gom keu·seu·neum

I'll recommend it to my friends.
  Ajánlani fogom a   o·yaan·lo·ni faw·gawm o
  barátaimnak.   bo·raa·to·im·nok

accommodation

camping

kemping

Do you have (a) …?	Van Önöknél …?	von *eu*·neuk·nayl …
bungalow/cabin	faház	*fo*·haaz
caravan	lakókocsi	*lo*·kāw·kaw·chi
electricity	villany	*vil*·lon'
hot water	meleg víz	*me*·leg veez
laundry	mosoda	*maw*·shaw·do
shower facilities	zuhanyozó	*zu*·ho·nyaw·zāw
site	hely	*he*·y
tents for hire	bérelhető sátor	*bay*·rel·he·tēū *shaa*·tawr

How much is it per …?	Mennyibe kerül …?	*men'*·nyi·be *ke*·rewl …
caravan	lakókocsinként	*lo*·kāw·kaw·chin·kaynt
person	személyenként	*se*·may·yen·kaynt
tent	sátranként	*shaat*·ron·kaynt
vehicle	járművenként	*yaar*·mēw·ven·kaynt

Can I camp here?
Táborozhatok itt?
taa·baw·rawz·ho·tawk itt

Can I park next to my tent?
Parkolhatok a sátram mellett?
por·kawl·ho·tawk o *shaat*·rom *mel*·lett

Who do I ask to stay here?
Kitől kell megkérdeznem, hogy ittmaradhatok-e?
ki·tēūl kell *meg*·kayr·dez·nem hawj itt·mo·rod·ho·tawk·e

Is the water drinkable?
Ihato a víz?
i·ho·tāw o veez

Is it coin-operated?
Pénzérmével működik?
paynz·ayr·may·vel mēw·keu·dik

Could I borrow a …?
Kölcsönkérhetnék egy …?
keul·cheun·kayr·het·nayk ej …

For other camping phrases, see **outdoors**, page 153.

renting

bérlés

I'm here about the ... for rent.	A kiadó ... miatt vagyok itt.	o *ki*·o·dāw ... *mi*·ott *vo*·dyawk itt
Do you have a/an ... for rent?	Van Önöknél kiadó ...?	von *eu*·neuk·nayl *ki*·o·dāw ...
apartment	lakás	*lo*·kaash
bungalow/cabin	faház	*fo*·haaz
house	ház	haaz
room	szoba	*saw*·bo
villa	villa	*vil*·lo
furnished	bútorozott	bū·taw·raw·zawtt
partly furnished	részben bútorozott	*rays*·ben bū·taw·raw·zawtt
unfurnished	bútorozatlan	bū·taw·raw·zot·lon

staying with locals

helyieknél lakva

Can I stay at your place?
Lakhatok Önnél? pol   *lok*·ho·tawk *eun*·nayl
Lakhatok nálad? inf   *lok*·ho·tawk *naa*·lod

Is there anything I can do to help?
Van bármi, amiben   von *baar*·mi o·mi·ben
segíthetek?   *she*·geet·he·tek

I have my own ...   *Van saját ...*   von *sho*·yaat ...
  mattress   matracom   *mot*·ro·tsawm
  sleeping bag   hálózsákom   *haa*·lāw·zhaa·kawm
  towel   törülközőm   *teu*·rewl·keu·zēūm

accommodation

Can I do the dishes?
Elmosogathatok? — el·maw·shaw·got·ho·tawk

Can I set/clear the table?
Megteríthetem/ — meg·te·reet·he·tem/
Leszedhetem az asztalt? — le·sed·he·tem oz os·tolt

Can I take out the rubbish?
Kivihetem a szemetet? — ki·vi·he·tem o se·me·tet

Thanks for your hospitality.
Köszönöm a — keu·seu·neum o
vendéglátást. — ven·dayg·laa·taasht

If you're dining with your hosts, see **eating out**, page 157, for additional phrases.

dining etiquette

Traditionally, a Hungarian meal begins with the guest of honour saying *Jó étvágyat!* yāw ayt·vaa·dyot (I wish you bon appétit) and ends with the guests thanking the host for the meal. The hostess will wish her guests a hearty appetite at the start of each course, though you shouldn't start eating until she does. You'll probably be offered seconds, but it's also acceptable to ask for a second helping yourself. Hospitality is generally measured by the amount and variety of food served, so sample everything that your hosts have prepared.

Don't rest your elbows on the table as you eat, but do keep your hands visible at all times. If you're taking a break between those hearty Hungarian dishes, show that you're still eating by crossing your knife and fork across your plate. Once you've finished, lay your cutlery on the right side of your plate.

Take care when you make the most accepted Hungarian toast *Egészségedre!* e·gays·shay·ged·re. It literally means 'to your health', but if you mispronounce it the way English speakers often do you could wind up saying 'to your arse'. Ask a Hungarian for advice on pronunciation.

shopping
vásárlás

looking for ...

keresés

Where's ...?	Hol van ...?	hawl von ...
a department store	egy áruház	ej *aa*·ru·haaz
the market	a piac	o *pi*·ots
a shopping centre	egy bevásárló-központ	ej *be*·vaa·shaar·lāw·keuz·pawnt
a supermarket	egy élelmiszer-áruház	ej *ay*·lel·mi·ser·aa·ru·haaz

Where can I buy (a padlock)?
Hol tudok venni (egy lakatot)?
hawl *tu*·dawk *ven*·ni (ej *lo*·ko·tawt)

For phrases on directions, see **directions**, page 55.
For more shops and services, see the **dictionary**.

making a purchase

egy árucikk megvétele

I'm just looking.
Csak nézegetek.
chok *nay*·ze·ge·tek

I'd like to buy (an adaptor plug).
Szeretnék venni (egy adapter dugót).
se·ret·nayk *ven*·ni (ej o·*dop*·ter *du*·gāwt)

How much is it?
Mennyibe kerül?
men'·nyi·be *ke*·rewl

Could you write down the price?
Le tudná írni az árat?
le *tud*·naa *eer*·ni oz *aa*·rot

Do you have any others?
Van másmilyen is? — von *maash*·mi·yen ish

Can I look at it?
Megnézhetem? — *meg*·nayz·he·tem

Could I have it wrapped?
Be lehetne csomagolni? — be *le*·het·ne *chaw*·mo·gawl·ni

Does it have a guarantee?
Van rajta garancia? — von *ro*·y·to *go*·ron·tsi·o

Can I have it sent abroad?
El lehet küldetni külföldre? — el *le*·het *kewl*·det·ni *kewl*·feuld·re

Can you order it for me?
Meg tudja rendelni nekem? — meg *tud*·yo *ren*·del·ni *ne*·kem

Do you accept …?	*Elfogadnak …?*	*el*·faw·god·nok …
credit cards	*hitelkártyát*	*hi*·tel·kaar·tyaat
debit cards	*bankkártyát*	*bonk*·kaar·tyaat
travellers cheques	*utazási csekket*	*u*·to·zaa·shi *chek*·ket
Could I have a …, please?	*Kaphatnék egy …, kérem?*	*kop*·hot·nayk ej … *kay*·rem
bag	*zacskót*	*zoch*·kāwt
receipt	*nyugtát*	*nyug*·taat
I'd like …, please.	*Szeretném …, kérem.*	*se*·ret·naym … *kay*·rem
my change	*megkapni a visszajáró pénzt*	*meg*·kop·ni o *vis*·so·yaa·rāw paynzt
to return this	*visszaadni ezt*	*vis*·so·od·ni ezt

local talk

bargain	*olcsó vétel*	*awl*·chāw *vay*·tel
rip-off	*rablás*	*rob*·laash
sale	*árleszállítás*	*aar*·le·saal·lee·taash
specials	*kedvezményes áron adott áruk*	*ked*·vez·may·nyesh *aa*·rawn o·dawtt *aa*·ruk

Can I pick it up later?
　Bejöhetek érte később?　　be·yeu·he·tek *ayr*·te *kay*·shēūbb

It's faulty.
　Hibás.　　*hi*·baash

I'd like a refund, please.
　Vissza szeretném kapni a　　*vis*·so se·ret·naym *kop*·ni o
　pénzemet, kérem.　　*payn*·ze·met *kay*·rem

bargaining

alkudozás

That's too expensive.
　Ez túl drága.　　ez tūl *draa*·go

Do you have something cheaper?
　Van valami olcsóbb?　　von *vo*·lo·mi *awl*·châwbb

I'll give you (500 forints).
　Adok Önnek (ötszáz　　o·dawk *eun*·nek (*eut*·saaz
　forintot).　　*faw*·rin·tawt)

clothes

ruhák

My size is …	*A méretem …*	o *may*·re·tem …
(40)	*(negyvenes)*	(*nej*·ve·nesh)
large	*nagy*	noj
medium	*közepes*	*keu*·ze·pesh
small	*kicsi*	*ki*·chi

Can I try it on?
　Felpróbálhatom?　　*fel*·prāw·baal·ho·tawm

It doesn't fit.
　Nem jó.　　nem yāw

For clothing items, see the **dictionary**.

shopping

repairs

javítások

Can I have my ... repaired here?	Megjavíttathatnám itt ...?	*meg*·yo·veet·tot·hot·naam itt ...
bag	a táskámat	o *taash*·kaa·mot
camera	a fényképezőgépemet	o *fayn*'·kay·pe·zēū·gay·pe·met
shoes	a cipőmet	o *tsi*·pēū·met
suitcase	a bőröndömet	o *bēū*·reun·deu·met
watch	az órámat	oz *āw*·raa·mot
When will my ... be ready?	Mikor lesz kész a ...?	*mi*·kawr les kays o ...
backpack	hátizsákom	*haa*·ti·zhaa·kawm
camera	fényképezőgépem	*fayn*'·kay·pe·zēū·gay·pem
glasses	szemüvegem	*se*·mew·ve·gem
shoes	cipőm	*tsi*·pēūm
sunglasses	napszemüvegem	*nop*·se·mew·ve·gem

hairdressing

fodrászat

I'd like (a) ...	Szeretnék egy ...	*se*·ret·nayk ej ...
blow wave	mosást és szárítást	*maw*·shaasht aysh *saa*·ree·taasht
colour	hajfestést	*hoy*·fesh·taysht
haircut	hajvágást	*hoy*·vaa·gaasht
my beard trimmed	szakálligazítást	*so*·kaall·i·go·zee·taasht
shave	borotválást	*baw*·rawt·vaa·laasht
trim	igazítást	*i*·go·zee·taasht

PRACTICAL

Don't cut it too short.
 Ne vágja túl rövidre. ne *vaag*·yo tül *reu*·vid·re

Please use a new blade.
 Kérem, használjon *kay*·rem *hos*·naal·yawn
 új pengét. ü·y *pen*·gayt

Shave it all off!
 Borotválja le az egészet! *baw*·rawt·vaal·yo le oz *e*·gay·set

I don't want this!
 Ezt nem kérem! ezt nem *kay*·rem

books & reading

könyvek és olvasás

Do you have …?	*Van …?*	von …
a book by	*könyvük*	*keun'*·vewk
(György	*(Moldova*	(*mawl*·daw·vo
Moldova)	*Györgytől)*	*dyeurj*·tēül)
an entertainment	*program-*	*prawg*·rom·
guide	*füzetük*	few·ze·tewk
a PestiEst	*Pesti Estjük*	*pesh*·ti *esht*·yewk
Is there an English-	*Van valahol egy*	von *vo*·lo·hawl ej
language …?	*angol nyelvű …?*	*on*·gawl *nyel*·vēw …
bookshop	*könyvesbolt*	*keun'*·vesh·bawlt
section	*részleg*	*rays*·leg

print & online resources

The *Budapest Times* (www.budapesttimes.hu) includes a '14-Day Guide' to entertainment each week. Useful freebies for popular listings include *Budapest Funzine* (www.funzine.hu) and *PestiEst* (www.est.hu, in Hungarian). The monthly freebie *Koncert Kalendárium* (www.koncertkalendarium.hu) has more serious offerings: classical concerts, opera, dance and the like.

I'd like a …	*Szeretnék egy …*	se·ret·nayk ej …
dictionary	*szótárt*	sāw·taart
newspaper	*(angol)*	(on·gawl)
(in English)	*újságot*	ūy·shaa·gawt
notepad	*jegyzetfüzetet*	yej·zet·few·ze·tet

Could you recommend a book for me?
 Tudna ajánlani nekem tud·no o·yaan·lo·ni ne·kem
 egy könyvet? ej keun'·vet

Do you have Lonely Planet guidebooks?
 Vannak Lonely Planet von·nok lāwn·li plo·net
 útikönyveik? ū·ti·keun'·ve·ik

music

zene

I'm looking for something by (Zsuzsa Koncz).
 (Koncz Zsuzsá)tól (konts zhu·zhaa)·tāwl
 keresek valamit. ke·re·shek vo·lo·mit

What's their best recording?
 Melyik a legjobb me·yik o leg·yawbb
 lemezük? le·me·zewk

Can I listen to this?
 Meghallgathatom ezt? meg·holl·got·ho·tawm ezt

listen for …

she·geet·he·tek *Segíthetek?*	**Can I help you?**
vo·lo·mi maasht *Valami mást?*	**Anything else?**
nem sho·y·nawsh ninch *Nem, sajnos nincs.*	**Sorry, we don't have any.**

photography

fényképezés

I need … film.	… filmet szeretnék.	… *fil*·met *se*·ret·nayk
APS	*APS*	*o·pay·esh*
B&W	*fekete-fehér*	*fe·ke·te·fe·hayr*
colour	*színes*	*see·nesh*
slide	*dia*	*di·*o

Can you load my film?
Bele tudják tenni a filmet a gépembe?
be·le tud·yaak ten·ni o fil·met o gay·pem·be

Can you develop this film?
Elő tudják hívni ezt a filmet?
e·lēū tud·yaak heev·ni ezt o fil·met

Can you develop digital photos?
Elő tudnak hívni digitális fényképeket?
e·lēū tud·nok heev·ni di·gi·taa·lish fayn'·kay·pe·ket

When will it be ready?
Mikor lesz kész?
mi·kawr les kays

I need (200) speed film.
(Kétszáz)as fényérzékenységű filmet szeretnék.
(kayt·saaz)·osh fayn'·ayr·zay·ken'·shay·gēw fil·met se·ret·nayk

I need a passport photo taken.
Útlevélképet szeretnék csináltatni.
ūt·le·vayl·kay·pet se·ret·nayk chi·naal·tot·ni

Can you recharge the battery for my digital camera?
Fel tudják tölteni a digitális fényképező- gépem elemét?
fel tud·yaak teul·te·ni o di·gi·taa·lish fayn'·kay·pe·zēū· gay·pem e·le·mayt

Can you transfer photos from my camera to CD?
Át tudják vinni a képeket a fényképezőgépemről CD-re?
aat tud·yaak vin·ni o kay·pe·ket o fayn'·kay·pe·zēū·gay·pem·rēūl tsay·day·re

shopping

Do you sell memory cards for this camera?
Árulnak   *aa*·rul·nok
memóriakártyát ehhez   *me*·māw·ri·o·kaar·tyaat *eh*·hez
a fényképezőgéphez?   o *fayn*'·kay·pe·zēū·gayp·hez

Do you sell batteries for this camera?
Árulnak elemet ehhez   *aa*·rul·nok *e*·le·met *eh*·hez
a fényképezőgéphez?   o *fayn*'·kay·pe·zēū·gayp·hez

I need a cable to connect my camera to a computer.
Szükségem van egy   *sewk*·shay·gem von ej
vezetékre, hogy hozzá   *ve*·ze·tayk·re hawj *hawz*·zaa
tudjam kapcsolni a   *tud*·yom *kop*·chawl·ni o
fényképezőgépemet   *fayn*'·kay·pe·zēū·gay·pe·met
egy komputerhez.   ej *kawmp*·yū·ter·hez

I need a cable to recharge this battery.
Szükségem van egy   *sewk*·shay·gem von ej
vezetékre, hogy fel tudjam   *ve*·ze·tayk·re hawj fel *tud*·yom
tölteni ezt az elemet.   *teul*·te·ni ezt oz *e*·le·met

I'm not happy with these photos.
Nem tetszenek ezek a képek.   nem *tet*·se·nek *e*·zek o *kay*·pek

I don't want to pay the full price.
Nem akarom kifizetni a   nem *o*·ko·rawm *ki*·fi·zet·ni o
teljes árat.   *tel*·yesh aa·rot

souvenirs

Traditional Hungarian items that make great gifts include wooden toys and boxes, *matyó* dolls dressed in folk costumes, lace and wine.

I'd like to buy …	… *szeretnék venni.*	… *se*·ret·nayk *ven*·ni
a carved	*Faragott*	*fo*·ro·gawtt
chess set	*sakk-készletet*	*shokk*·kays·le·tet
a carved	*Faragott*	*fo*·ro·gawtt
wooden box	*fadobozt*	*fo*·daw·bawzt
good Hungarian	*Jó magyar*	yāw *mo*·dyor
wine	*bort*	bawrt
lace cover	*Csipketerítőt*	*chip*·ke·te·ree·tēūt
a matyó doll	*Matyó babát*	*mo*·tyāw *bo*·baat

communications
kommunikáció

post office

postahivatal

I want to send a ...	... szeretnék küldeni.	... se·ret·nayk kewl·de·ni
fax	Faxot	fok·sawt
letter	Levelet	le·ve·let
parcel	Csomagot	chaw·mo·gawt
postcard	Képeslapot	kay·pesh·lo·pawt

I want to buy a/an...	... szeretnék venni.	... se·ret·nayk ven·ni
airmail envelope	Légipostai borítékot	lay·gi·pawsh·to·i baw·ree·tay·kawt
ordinary envelope	Sima borítékot	shi·mo baw·ree·tay·kawt
stamp	Bélyeget	bay·ye·get

Please send it by air/surface mail to (Australia).
Kérem, küldje légipostán/simán (Ausztráliá)ba.
kay·rem kewld·ye lay·gi·pawsh·taan/shi·maan (o·ust·raa·li·aa)·bo

It contains (souvenirs).
(Emléktárgyak) vannak benne.
(em·layk·taar·dyok) von·nok ben·ne

listen for ...

itt eer·yo o·laa
Itt írja alá.
Sign here, please.

od·yo i·de oz üt·le·ve·layt
Adja ide az útlevelét.
Your passport, please.

customs declaration	vámnyilatkozat	vaam·nyi·lot·kaw·zot
domestic	belföldi	bel·feul·di
envelope	boríték	baw·ree·tayk
fragile	törékeny	teu·ray·ken'
international	nemzetközi	nem·zet·keu·zi
mail	posta	pawsh·to
mailbox	postaláda	pawsh·to·laa·do
PO box	postafiók	pawsh·to·fi·āwk
postcode	postai irányítószám	pawsh·to·i i·raa·nyee·tāw·saam

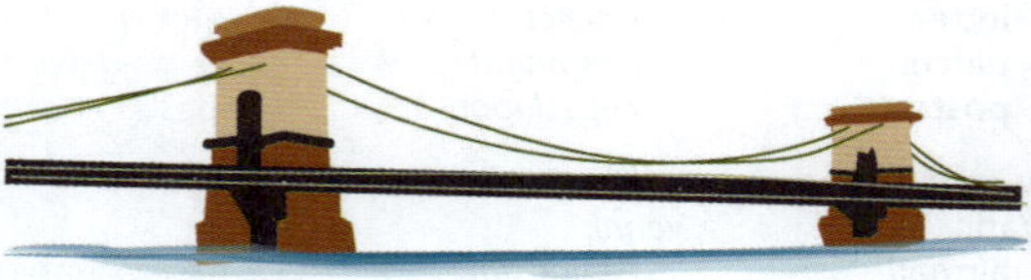

Where's the poste restante section?
Hol a poste restante részleg? — hawl o pawst res·tont rays·leg

I want to rent a PO box.
Postafiókot szeretnék bérelni. — pawsh·to·fi·āw·kawt se·ret·nayk bay·rel·ni

Is there any mail for me?
Van levelem? — von le·ve·lem

snail mail

airmail	légiposta	lay·gi·pawsh·to
express mail	expressz	eks·press
registered mail	ajánlott	o·yaan·lawtt
sea mail	hajóval szállított posta	ho·yāw·vol saal·lee·tawtt pawsh·to
surface mail	szárazföldön szállított posta	saa·roz·feul·deun saal·lee·tawtt pawsh·to

PRACTICAL

phone

telefon

What's your phone number?
Mi a telefonszáma? pol   mi o *te·le·fawn·saa·ma*
Mi a telefonszámod? inf   mi o *te·le·fawn·saa·mawd*

Where's the nearest public phone?
Hol a legközelebbi   hawl o *leg·keu·ze·leb·bi*
nyilvános telefon?   *nyil·vaa·nawsh te·le·fawn*

Do you have a phone book?
Van telefonkönyvük?   von *te·le·fawn·keun'·vewk*

I want to …	Szeretnék …	*se·ret·nayk …*
buy a phonecard	telefonkártyát venni	*te·le·fawn·kaar·tyaat ven·ni*
call (Singapore)	(Szingapúr)ba telefonálni	*(sin·go·pūr)·bo te·le·faw·naal·ni*
make a (local) call	(helyi) telefon-beszélgetést folytatni	*(he·yi) te·le·fawn·be·sayl·ge·taysht faw·y·tot·ni*
speak for (three) minutes	(három) percig beszélni	*(haa·rawm) per·tsig be·sayl·ni*

How much does … cost?	Mennyibe kerül …?	*men'·nyi·be ke·rewl …*
a (three)-minute call	egy (három)perces beszélgetés	ej *(haa·rawm)·per·tsesh be·sayl·ge·taysh*
each extra minute	minden további perc	*min·den taw·vaab·bi* perts

I want to make a collect/reverse-charge call.
'R' beszélgetést   *er·be·sayl·ge·taysht*
szeretnék kérni.   *se·ret·nayk kayr·ni*

The number is …
A szám …   o saam …

What's the code for (New Zealand)?
Mi (Új-Zéland) hívószáma?   mi *(ūy·zay·lond) hee·vāw·saa·mo*

communications

77

It's engaged.
Foglalt. — fawg·lolt

The connection's bad.
Rossz az összeköttetés. — rawss oz *eus*·se·keut·te·taysh

I've been cut off.
Megszakadt a beszélgetés. — *meg*·so·kott o be·sayl·ge·taysh

Hello.
Halló! — hol·lāw

Can I speak to …?
Beszélhetek …val? — be·sayl·he·tek …vol

It's …
… vagyok. — … vo·dyawk

Is … there?
… ott van? — … awtt von

Can I leave a message?
Hagyhatok egy üzenetet? — hoj·ho·tawk ej *ew*·ze·ne·tet

listen for …

ej *pil*·lo·not *Egy pillanat.*	One moment.
ki *be*·sayl *Ki beszél?*	Who's calling?
ki·vel *o*·kor *be*·sayl·ni *Kivel akar beszélni?*	Who do you want to speak to?
ninch itt *Nincs itt.*	He/She isn't here.
ninch *itt*·hawn *Nincs itthon.*	He/She isn't home.
ninch bent *Nincs bent.*	He/She isn't at work.
tay·vesh *Téves.*	Wrong number.

Please tell him/her I called.
   Kérem, mondja meg neki,   *kay*·rem *mawnd*·yo meg *ne*·ki
   hogy hívtam.   hawj *heev*·tom

My number is …
   A telefonszámom …   o *te*·le·fawn·saa·mawm …

I don't have a contact number.
   Nincs telefonom.   ninch *te*·le·faw·nawm

I'll call back later.
   Később visszahívom.   *kay*·shēūbb *vis*·so·hee·vawm

mobile phone/cellphone

mobiltelefon

I'd like a …	*Szeretnék egy …*	*se*·ret·nayk ej …
charger for	*töltőt a*	*teul*·tēūt o
my phone	*telefonomhoz*	*te*·le·faw·nawm·hawz
mobile phone/	*mobiltelefont*	*maw*·bil·te·le·fawnt
cellphone	*bérelni*	*bay*·rel·ni
for hire		
(prepaid)	*(előre kifizetett)*	(*e*·lēū·re *ki*·fi·ze·tett)
SIM card	*SIM-kártyát*	*sim*·kaar·tyaat

What are the rates?
   Milyen díjak vannak?   *mi*·yen *dee*·yok *von*·nok

(30) forints per (30) seconds.
   (Harminc)   (*hor*·mints)
   másodpercenként   *maa*·shawd·per·tsen·kaynt
   (harminc) forint.   (*hor*·mints) *faw*·rint

communications

the internet

az internet

Where's the local Internet café?
Hol van a legközelebbi   hawl von o *leg*·keu·ze·leb·bi
internet kávézó?   *in*·ter·net *kaa*·vay·zāw

I'd like to ...	Szeretném ...	se·ret·naym ...
check my email	megnézni az e-mailjeimet	*meg*·nayz·ni oz *ee*·mayl·ye·i·met
get Internet access	rámenni az internetre	*raa*·men·ni oz *in*·ter·net·re
use a printer	használni egy nyomtatót	*hos*·naal·ni ej *nyawm*·to·tāwt
use a scanner	használni egy szkennert	*hos*·naal·ni ej *sken*·nert

Do you have ...?	Van ...?	von ...
Macs	Macintosh számítógépük	*me*·kin·tawsh *saa*·mee·tāw·gay·pewk
PCs	PC-jük	*pay*·tsay·yewk
a Zip drive	Zip-meghajtójuk	*zip*·meg·hoy·tāw·yuk

How much per ...?	Mennyibe kerül ...?	*men'*·nyi·be *ke*·rewl ...
hour	óránként	*āw*·raan·kaynt
(five) minutes	(öt) percenként	(eut) *per*·tsen·kaynt
page	oldalanként	*awl*·do·lon·kaynt

How do I log on?
Hogyan kell bejelentkezni?   *haw*·dyon kell *be*·ye·lent·kez·ni

Please change it to the English-language setting.
Kérem, változtassa át   *kay*·rem *vaal*·tawz·tosh·sho aat
a beállításokat angol   o *be*·aal·lee·taa·shaw·kot *on*·gawl
nyelvűre.   *nyel*·vēw·re

It's crashed.
Összeomlott.   *eus*·se·awm·lawtt

I've finished.
Készen vagyok.   *kay*·sen *vo*·dyawk

PRACTICAL

80

banking
bankügyletek

Credit cards are widely accepted in Hungary and travellers cheques are accepted in banks, foreign exchange offices and major hotels. ATMs (automated teller machines) accepting most credit and cash cards are found everywhere in Hungary.

Where's a/an ...? *Hol van egy ...?* hawl von ej ...
   ATM *bankautomata* bonk·o·u·taw·mo·to
   foreign *valutaváltó* vo·lu·to·vaal·tāw
   exchange office *ügynökség* ewj·neuk·shayg

What time does the bank open?
Mikor nyit a bank? mi·kawr nyit o bonk

Can I use my credit card to withdraw money?
Vehetek fel pénzt a ve·he·tek fel paynzt o
hitelkártyámmal? hi·tel·kaar·tyaam·mal

listen for ...

i·go·zawl·vaan' *igazolvány*	**identification**
ūt·le·vayl *útlevél*	**passport**
ezt teult·she ki *Ezt töltse ki.*	**Please fill out this form.**
itt eer·yo o·laa *Itt írja alá.*	**Sign here, please.**
ej kish prawb·lay·mo von *Egy kis probléma van.*	**There's a problem.**
ezt nem tud·yuk el·in·tayz·ni *Ezt nem tudjuk elintézni.*	**Sorry, we can't do that.**
nem tu·dunk she·gee·te·ni *Nem tudunk segíteni.*	**Sorry, we can't help you.**

Where can I ...?	Hol tudok ...?	hawl tu·dawk ...
I'd like to ...	Szeretnék ...	se·ret·nayk ...
cash a cheque	beváltani egy csekket	be·vaal·to·ni ej chek·ket
change a travellers cheque	beváltani egy utazási csekket	be·vaal·to·ni ej u·to·zaa·shi chek·ket
change money	pénzt váltani	paynzt vaal·to·ni
get a cash advance	készpénz-előleget felvenni	kays·paynz·e·lēū·le·get fel·ven·ni
open an account	számlát nyitni	saam·laat nyit·ni
transfer money	pénzt átutalni	paynzt aat·u·tol·ni
withdraw money	pénzt kivenni	paynzt ki·ven·ni

What's the ...?	Mennyi ...?	men'·nyi ...
buying rate	a vételi árfolyam	o vay·te·li aar·faw·yom
charge	a díj	o dee·y
exchange rate	a valutaárfolyam	o vo·lu·to·aar·faw·yom
selling rate	az eladási árfolyam	oz el·o·daa·shi aar·faw·yom
withdrawal fee	a készpénzfelvétel díja	o kays·paynz·fel·vay·tel dee·yo

Has my money arrived yet?
Megérkezett már a pénzem?
meg·ayr·ke·zett maar o paynz·em

How long will it take to arrive?
Mennyi idő múlva érkezik meg?
men'·nyi i·dēū mūl·vo ayr·ke·zik meg

that's the ticket

When you enter a bank, first find the ticket dispenser.

Where's the ticket dispenser?
Hol van sorszámkiadó automata?   hawl von *shawr*·saam·ki·o·dāw o·u·taw·mo·to

Select the service you want, take a ticket, then wait for your number to be called. These are some of the phrases that the ticket dispenser might flash at you:

Válasszon feladatot!   *vaa*·los·sawn *fel*·o·do·tawt
   Select a task.

Várja meg, míg   *vaar*·yo meg meeg
kijön a jegy!   *ki*·yeun o yej
   Wait for the ticket to pop out.

Vegye el a jegyét!   *ve*·dye el o *ye*·dyayt
   Take your ticket.

Várjon, míg   *vaar*·yawn meeg
szólítják a számát!   *sāw*·leet·yaak o *saa*·maat
   Wait until your number is called.

Here are signs you're likely to find on the tellers' windows.

... forint   ... *faw*·rint
felettibe- és kifizetés   *fe*·let·ti·be aysh *ki*·fi· ze·taysh
   Deposits & Withdrawals Exceeding ... Forints

Forint be- és kifizetés   *faw*·rint be aysh *ki*·fi·ze·taysh
   Forint Deposits & Withdrawals

Lakossági   *lo*·kawsh·shaa·gi
számlavezetés   *saam*·lo·ve·ze·taysh
   Personal Accounts

Vállalkozói   *vaal*·lol·kaw·zāw·i
számlavezetés   *saam*·lo·ve·ze·taysh
   Business Accounts

Valuta be- és kifizetés,   *vo*·lu·to be aysh *ki*·fi·ze·taysh
Utasbiztosítás   *u*·tosh·biz·taw·shee·taash
   Foreign Currency Deposits & Withdrawals, Travel Insurance

banking

The ATM took my card.
A bankautomata   o *bonk*·o·u·taw·mo·to
lenyelte a kártyámat.   le·nyel·te o *kaar*·tyaa·mot

I've forgotten my PIN.
Elfelejtettem az   *el*·fe·le·y·tet·tem oz
azonosító kódomat.   o·zaw·naw·shee·tāw *kāw*·daw·mot

general signs

Bejárat	e·yaa·rot	Entrance
Belépés ingyenes	be·lay·paysh in·dye·nesh	Free Admission
Belépni tilos	be·layp·ni ti·lawsh	No Entry
Dohányzás	daw·haan'·zaash	Smoking
Felvonó	fel·vaw·nāw	Elevator
Férfiak	fayr·fi·ok	Men
Foglalt	fawg·lolt	Reserved
Hideg	hi·deg	Cold
Hozzányúlni tilos	hawz·zaa·nyūl·ni ti·lawsh	Do Not Touch
Információ	in·fawr·maa·tsi·āw	Information
Kijárat	ki·yaa·rot	Exit
Meleg	me·leg	Hot
Mosdó	mawsh·dāw	Toilets
Nők	nēūk	Women
Nyitva	nyit·vo	Open
Tilos	ti·lawsh	Prohibited
Tilos a dohányzás	ti·lawsh o daw·haan'·zaash	No Smoking
Véskijárat	vays·ki·yaa·rot	Emergency Exit
Veszély	ve·say·y	Danger
WC	vay·tsay	Toilets
Zárva	zaar·vo	Closed

sightseeing
városnézés

I'd like a/an … *Szeretnék egy …* *se·ret·nayk ej …*
  audio set   *fejhallgatót*   *fe·y·holl·go·tāwt*
  catalogue   *katalógust*   *ko·to·lāw·gusht*
  guide   *idegenvezetőt*   *i·de·gen·ve·ze·teūt*
  guidebook   *angol nyelvű*   *on·gawl nyel·vēw*
    in English   *útikönyvet*   *ū·ti·keun'·vet*
  (local) map   *(itteni) térképet*   *(it·te·ni) tayr·kay·pet*

Do you have *Van* *von*
information *információja a …* *in·fawr·maa·tsi·āw·yo o …*
on … sights? *nevezetességekről?* *ne·ve·ze·tesh·shay·gek·rēūl*
  cultural   *kulturális*   *kul·tu·raa·lish*
  historical   *történelmi*   *teur·tay·nel·mi*
  religious   *vallási*   *vol·laa·shi*

I'd like to see …
Szeretnék látni …   *se·ret·nayk laat·ni …*

What's that?
Az mi?   oz mi

Who built/made it?
Ki építette/készítette?   *ki ay·pee·tet·te/kay·see·tet·te*

How old is it?
Hány éves?   *haan' ay·vesh*

Could you take a photograph of me?
Le tudna fényképezni   *le tud·no fayn'·kay·pez·ni*
engem?   *en·gem*

Can I take a photograph?
Fényképezhetek?   *fayn'·kay·pez·he·tek*

Can I take a photograph of you?
Lefényképezhetem Önt?   *le·fayn'·kay·pez·he·tem eunt*

I'll send you the photograph.
Majd elküldöm Önnek   *moyd el·kewl·deum eun·nek*
a képet.   *o kay·pet*

85

getting in

bejutás

What time does it open/close?
Mikor nyit/zár? — *mi·kawr nyit/zaar*

What's the admission charge?
Mennyibe kerül a belépőjegy? — *men'·nyi·be ke·rewl o be·lay·pēū·yej*

Is there a discount for …?	Van kedvezmény … számára?	von *ked·vez·mayn'* … *saa·maa·ro*
children	gyerekek	*dye·re·kek*
families	családok	*cho·laa·dawk*
groups	csoportok	*chaw·pawr·tawk*
older people	idős emberek	*i·dēūsh em·be·rek*
pensioners	nyugdíjasok	*nyug·dee·yo·shawk*
students	diákok	*di·aa·kawk*

listen for …

ezt nem *vi*·he·ti be
Ezt nem viheti be. — **You can't take this in.**

nem *so*·bod *fayn'*·kay·pez·ni
Nem szabad fényképezni. — **Photographs aren't allowed.**

o *taash*·kaat o *ru*·ho·taar·bon kell *hoj*·ni
A táskát a ruhatárban kell hagyni. — **You must leave the bag in the cloakroom.**

tours

túrák

Can you recommend a ...?	*Tud ajánlani egy ...?*	tud *o*·yaan·lo·ni ej ...
boat-trip	*hajókirándulást*	*ho*·yāw·ki·raan·du·laasht
day trip	*egynapos kirándulást*	*ej*·no·pawsh *ki*·raan·du·laasht
sightseeing tour	*városnéző túrát*	*vaa*·rawsh·nay·zēū *tū*·raat
tour	*túrát*	*tū*·raat
When's the next ...?	*Mikor van a következő ...?*	*mi*·kawr von o *keu*·vet·ke·zēū ...
boat-trip	*hajókirándulás*	*ho*·yāw·ki·raan·du·laash
day trip	*egynapos kirándulás*	*ej*·no·pawsh *ki*·raan·du·laash
sightseeing tour	*városnéző túra*	*vaa*·rawsh·nay·zēū *tū*·ro
tour	*túra*	*tū*·ro

sightseeing

Is ... included?	*Benne van az árban ...?*	*ben*·ne von oz *aar*·bon ...
accommodation	*a szállás*	o *saal*·laash
food	*az ennivaló*	oz *en*·ni·vo·lāw
transport	*a közlekedés*	o *keuz*·le·ke·daysh

Are meals included?
Benne vannak az árban az étkezések?
ben·ne *von*·nok oz *aar*·bon oz *ayt*·ke·zay·shek

The guide will pay.
Az idegenvezető fog fizetni.
oz *i*·de·gen·ve·ze·tēū fawg *fi*·zet·ni

The guide has paid.
Az idegenvezető már fizetett.
oz *i*·de·gen·ve·ze·tēū maar *fi*·ze·tett

How long is the tour?
Mennyi ideig tart a túra?
men'·nyi *i*·de·ig tort o *tū*·ra

What time should we be back?
Mikorra érünk vissza?
mi·kawr·ro *ay*·rewnk *vis*·so

I'm with them.
Velük vagyok.
ve·lewk *vo*·dyawk

I've lost my group.
Elvesztettem a csoportomat.
el·ves·tet·tem o *chaw*·pawr·taw·mot

talk to the animals

Just in case you've ever wondered, Hungarian cats speak the same language as English cats: they both say *miau mi*·aa·u. Cows are bilingual, since they say both *mú* mū and *bú* bū. A dog, however, says *vau-vau vo*·u *vo*·u, not 'woof-woof' and a horse says *nyihaha nyi*·ho·ho. Mice are finally given the power of speech and squeak *cin-cin-cin tsin*·tsin·tsin, but if you were stuck in a conversation with a Hungarian pig it could only say *röf-röf-röf reuf*·reuf·reuf.

business
üzlet

I'm attending a …	Egy …veszek részt.	ej … ve·sek rayst
conference	konferencián	kawn·fe·ren·tsi·aan
course	tanfolyamon	ton·faw·yo·mawn
meeting	értekezleten	ayr·te·kez·le·ten
trade fair	vásáron	vaa·shaa·rawn

I'm with …	… vagyok.	… vo·dyawk
(EasTron)	(Az EasTronnal)	(oz eest·rawn·nol)
my colleague	A kollégámmal	o kawl·lay·gaam·mol
my colleagues	A kollégáimmal	o kawl·lay·gaa·im·mol
a group	Másokkal	maa·shawk·kol

I'm alone.
Egyedül vagyok.   e·dye·dewl vo·dyawk

I have an appointment with …
Megbeszélésem van …val.   meg·be·say·lay·shem von …·vol

I'm staying at …, room …
A …ban lakom, a … számú   o …·bon lo·kawm o … saa·mū
szobában.   saw·baa·bon

I'm here for (two) days/weeks.
(Két) napig/hétig vagyok itt.   (kayt) no·pig/hay·tig vo·dyawk itt

Here's my …	Itt van …	itt von …
address	a címem	o tsee·mem
business card	a névjegyem	o nayv·ye·dyem
email address	az e-mail címem	oz ee·mayl tsee·mem
fax number	a faxszámom	o foks·saa·mawm
mobile/cell number	a mobilszámom	o maw·bil·saa·mawm
phone number	a telefonszámom	o te·le·fawn·saa·mawm
work number	a munkahelyi telefonszámom	o mun·ko·he·yi te·le·fawn·saa·mawm

What's your …?	Mi …?	mi …
address	a címe	o tsee·me
email address	az e-mail címe	oz ee·mayl tsee·me
fax number	a faxszáma	o foks·saa·ma
mobile/cell number	a mobilszáma	o maw·bil·saa·ma
phone number	a telefonszáma	o te·le·fawn·saa·ma
work number	a munkahelyi telefonszáma	o mun·ko·he·yi te·le·fawn·saa·ma

Where's the …?	Hol van …?	hawl von …?
business centre	a business centre	o biz·nis tsen·ter
conference	a konferencia	o kawn·fe·ren·tsi·o
meeting	az értekezlet	oz ayr·te·kez·let

I need (a/an) …	… van szükségem.	… von sewk·shay·gem
computer	Egy komputerre	ej kawmp·yü·ter·re
Internet connection	Egy Internet kapcsolatra	ej in·ter·net kop·chaw·lot·ro
interpreter	Tolmácsra	tawl·maach·ro
more business cards	Több névjegyre	teubb nayv·yej·re

I need some space to set up.
Szükségem van egy
kis helyre, hogy be tudjak
rendezkedni.
sewk·shay·gem von ej
kish he·y·re hawj be tud·yok
ren·dez·ked·ni

I need to send a fax.
Faxot kell küldenem.
fok·sawt kell kewl·de·nem

That went very well.
Ez nagyon jól ment.
ez no·dyawn yāwl ment

Shall we go for a drink/meal?
Elmenjünk inni/enni
valamit?
el·men·yewnk in·ni/en·ni
vo·lo·mit

It's on me.
Én fizetek.
ayn fi·ze·tek

senior & disabled travellers
idősebb és fogyatékos utazók

I have a disability.
Fogyatékos vagyok. — faw·dyo·tay·kawsh vo·dyawk

I need assistance.
Segítségre van szükségem. — she·geet·shayg·re von sewk·shay·gem

What services do you have for people with a disability?
Milyen szolgáltatásaik vannak fogyatékosok számára? — mi·yen sawl·gaal·to·taa·sho·ik von·nok faw·dyo·tay·kaw·shawk saa·maa·ro

Are there disabled toilets?
Van itt fogyatékosok számára kialakított vécé? — von itt faw·dyo·tay·kaw·shawk saa·maa·ro ki·o·lo·kee·tawtt vay·tsay

Are there disabled parking spaces?
Vannak fogyatékosok számára fenntartott parkolóhelyek? — von·nok faw·dyo·tay·kaw·shawk saa·maa·ro fenn·tor·tawtt por·kaw·lāw·he·yek

Is there wheelchair access?
Oda lehet jutni tolókocsival? — aw·do le·het yut·ni taw·lāw·kaw·chi·vol

How wide is the entrance?
Milyen széles a bejárat? — mi·yen say·lesh o be·yaa·rot

I'm deaf.
Süket vagyok. — shew·ket vo·dyawk

I have a hearing aid.
Hallókészülékem van. — hol·lāw·kay·sew·lay·kem von

I can't see well.
Nem látok jól. — nem laa·tawk yāwl

I'm blind.
Vak vagyok. — vok vo·dyawk

Are guide dogs permitted?
 Beengedik a vakvezető be·en·ge·dik o *vok*·ve·ze·tēū
 kutyákat? ku·tyaa·kot

How many steps are there?
 Hány lépcső van? haan' *layp*·chēū von

Is there a lift/elevator?
 Van lift? von lift

Are there rails in the bathroom?
 Vannak fogódzók a von·nok faw·gāwd·zāwk o
 fürdőszobában? fewr·dēū·saw·baa·bon

Could you call me a disabled taxi?
 Tudna hívni nekem egy tud·no *heev*·ni *ne*·kem ej
 mozgássérültek mawz·gaash·shay·rewl·tek
 számára átalakított taxit? saa·maa·ro aat·o·lo·kee·tawtt tok·sit

Could you help me cross the street safely?
 Segítene she·gee·te·ne
 biztonságosan biz·tawn·shaa·gaw·shon
 átmenni az úttesten? aat·men·ni oz ūt·tesh·ten

Is there somewhere I can sit down?
 Leülhetek valahol? *le*·ewl·he·tek *vo*·lo·hawl

guide dog	vakvezető kutya	vok·ve·ze·tēū ku·tyo
older person	idős ember	i·dēūsh em·ber
person with a disability	fogyatékos	faw·dyo·tay·kawsh
person with a physical disability	mozgássérült	mawz·gaash·shay·rewlt
ramp	rámpa	raam·po
walking frame	járókeret	yaa·rāw·ke·ret
walking stick	bot	bawt
wheelchair	tolókocsi	taw·lāw·kaw·chi

children
gyerekek

travelling with children

utazás gyerekekkel

Is there a …?	Van …?	von …
baby change room	babapelenkázó szoba	bo·bo·pe·len·kaa·zāw saw·bo
child-minding service	gyermekmegőrző	dyer·mek·meg·eūr·zēū
child-sized portion	gyerekadag	dye·rek·o·dog
children's menu	gyerekmenü	dye·rek·me·new
crèche	bölcsőde	beul·chēū·de
discount for children	kedvezmény gyermekek számára	ked·vez·mayn' dyer·me·kek saa·maa·ro
family ticket	családi jegy	cho·laa·di yej

I need a/an …	Szükségem van egy …	sewk·shay·gem von ej …
baby seat	babaülésre	bo·bo·ew·laysh·re
(English-speaking) babysitter	(angolul beszélő) bébiszitterre	(on·gaw·lul be·say·lēū) bay·bi·sit·ter·re
booster seat	gyerekülésre	dye·rek·ew·laysh·re
cot	gyerekágyra	dye·rek·aaj·ro
highchair	etetőszékre	e·te·tēū·sayk·re
potty	bilire	bi·li·re
pram	fekvő babakocsira	fek·vēū bo·bo·kaw·chi·ro
sick bag	hányózacskóra	haa·nyāw·zoch·kāw·ro
stroller	ülő gyerekkocsira	ew·lēū dye·rek·kaw·chi·ro

93

Where's the nearest …?	Hol van a legközelebbi …?	hawl von o leg·keu·ze·leb·bi …
amusement/ theme park	vidám park	vi·daam pork
drinking fountain	ivókút	i·vāw·kūt
park	park	pork
playground	játszótér	yaat·sāw·tayr
swimming pool	uszoda	u·saw·do
tap	vízcsap	veez·chop
toy shop	játékbolt	yaa·tayk·bawlt
Do you sell …?	Kapható Önöknél …?	kop·ho·tāw eu·neuk·nayl …
baby wipes	babatörlőkendő	bo·bo·teur·leū·ken·deū
disposable nappies/ diapers	eldobható pelenka	el·dawb·ho·tāw pe·len·ko
painkillers for infants	fájdalom- csillapító csecsemők számára	faa·y·do·lawm- chil·lo·pee·tāw che·che·meūk saa·maa·ro
tissues	papírzsebkendő	po·peer·zheb·ken·dēū

Do you hire out (prams)?
Lehet Önöknél (babakocsit) bérelni?
le·het eu·neuk·nayl (bo·bo·kaw·chit) bay·rel·ni

Are there any good places to take children around here?
Vannak itt a közelben olyan helyek, ahova érdemes a gyerekeket elvinni?
von·nok itt o keu·zel·ben aw·yon he·yek o·haw·vo ayr·de·mesh a dye·re·ke·ket el·vin·ni

Is there space for a pram?
Van hely a babakocsinak?
von he·y o bo·bo·kaw·chi·nok

Are children allowed?
Beengedik a gyerekeket?
be·en·ge·dik o dye·re·ke·ket

Where can I change a nappy/diaper?
Hol cserélhetek pelenkát?
hawl che·rayl·he·tek pe·len·kaat

Do you mind if I breast-feed here?
   Megengedi, hogy itt   *meg*·en·ge·di hawj itt
   szoptassak?   *sawp*·tosh·shok

Could I have some paper and pencils, please?
   Kaphatnék néhány   *kop*·hot·nayk nay·haan'
   papírlapot és ceruzát?   *po*·peer·lo·pawt aysh tse·ru·zaat

Is this suitable for (five)-year-old children?
   Ez megfelelő (öt)éves   ez *meg*·fe·le·leū (*eut*)·ay·vesh
   gyerekek számára?   *dye*·rek·ek *saa*·maa·ro

Do you know a dentist who's good with children?
   Ismer olyan fogorvost,   *ish*·mer *aw*·yon *fawg*·awr·vawsht
   aki jól ért a gyerekekhez?   *o*·ki yāwl ayrt o *dye*·re·kek·hez

Do you know a doctor who's good with children?
   Ismer olyan orvost,   *ish*·mer *aw*·yon *awr*·vawsht
   aki jól ért a gyerekekhez?   *o*·ki yāwl ayrt o *dye*·re·kek·hez

If your child is sick, see **health**, page 187.

talking with children

beszélgetés gyerekekkel

How old are you?
   Hány éves vagy?   haan' *ay*·vesh voj

What's your name?
   Hogy hívnak?   hawj *heev*·nok

When's your birthday?
   Mikor van a   *mi*·kawr von o
   születésnapod?   *sew*·le·taysh·no·pawd

Do you go to school/kindergarten?
   Jársz iskolába/   yaars *ish*·kaw·laa·bo/
   óvodába?   *āw*·vaw·daa·bo

What grade are you in?
   Hányadikos vagy?   *haa*·nyo·di·kawsh voj

Do you like …?	Szeretsz …?	se·rets …
school	iskolába járni	ish·kaw·laa·bo yaar·ni
sport	sportolni	shpawr·tawl·ni

Do you like your teacher? (kindergarten)
Szereted az óvó nénit? se·re·ted oz āw·vāw nay·nit

Do you like your teacher? (primary school, grades 1-4)
Szereted a tanító bácsit/nénit? m/f se·re·ted o ta·nee·tāw baa·chit/nay·nit

Do you like your teachers? (all grades above grade 4)
Szereted a tanáraidat? se·re·ted o to·naa·ro·i·dot

What do you do after school?
Mit csinálsz tanítás után? mit chi·naals to·nee·taash u·taan

Do you learn English?
Tanulsz angolul? to·nuls on·gaw·lul

I come from very far away.
Én nagyon messziről jövök. ayn no·dyawn mes·si·rēūl yeu·veuk

speaking like a little kid

Children are addressed in the informal *te* te form, and always use it among themselves. When they are talking to adults, kids will typically use the words *néni* nay·ni (auntie) and *bácsi* baa·chi (uncle). So mum's friend at the thermal baths would be *Mária néni* maa·ri·o nay·ni (Auntie Mária), and dad's chess partner would be *János bácsi* yaa·nawsh baa·chi (Uncle János). Primary teachers can be called 'auntie' and 'uncle' in just the same way. Younger school students will also address them as *Tanító néni* ta·nee·tāw nay·ni (Auntie Teacher) or *Tanító bácsi* ta·nee·tāw baa·chi (Uncle Teacher), but as they get older they're more likely to use the more official *Tanár úr* to·naar ūr (Mr Teacher) and *Tanárnő* to·naar·nēū (Madame Teacher).

SOCIAL > meeting people
találkozások

basics
alapvető kifejezések

Yes.	*Igen.*	*i*·gen
No.	*Nem.*	nem
Please.	*Kérem.* pol	*kay*·rem
	Kérlek. inf	*kayr*·lek
Thank you (very much).	*(Nagyon) Köszönöm.*	(*no*·dyawn) *keu*·seu·neum
You're welcome.	*Szívesen.*	*see*·ve·shen
Excuse me. (to get attention)	*Elnézést kérek.*	*el*·nay·zaysht *kay*·rek
Excuse me. (to get past)	*Bocsánat.*	*baw*·chaa·not
Sorry.	*Sajnálom.*	*shoy*·naa·lawm

greetings & goodbyes
üdvözlések és búcsúzások

On first introduction, Hungarians usually shake hands and say their full names. The family name is said first followed by the first name. As you become more familiar with people, they may suggest you call them by their first name.

Note that when you want to say 'Hello', 'Hi', or 'Bye', the word will change depending on whether you are speaking to one person or more than one. Look for the symbols sg (singular) or pl (plural) to determine which word to use.

between friends

These two names are used between male friends:

mate/pal	*haver*	*ho*·ver
my old man	*öregem*	*eu*·re·gem

> **listen for ...**
>
> *sāw*·leet·shawn/*sāw*·leetsh (*zhu*·zhaa·nok)
> Szólítson/Szólíts
> (Zsuzsának). **pol/inf**
>
> **Please, call me (Zsuzsának).**

Hello.	Szervusz. sg	*ser*·vus
	Szervusztok. pl	*ser*·vus·tawk
Hi.	Szia/Sziasztok. sg/pl	si·o/si·os·tawk
Good ...	Jó ... kívánok.	yāw ... *kee*·vaa·nawk
afternoon/day	napot	*no*·pawt
evening	estét	*esh*·tayt
morning	reggelt	*reg*·gelt

How are you?
Hogy van? **pol** — hawj von
Hogy vagy? **inf** — hawj voj

Fine. And you?
Jól. És Ön/te? **pol/inf** — yāwl aysh eun/te

What's your name?
Mi a neve/neved? **pol/inf** — mi o *ne*·ve/*ne*·ved

My name is ...
A nevem ... — o *ne*·vem ...

I'd like to introduce you to ...
Szeretném/Szeretnélek — *se*·ret·naym/*se*·ret·nay·lek
bemutatni ...nak. **pol/inf** — *be*·mu·tot·ni ...nok

This is my ...	Ez a ...	ez o ...
colleague	kollégám m	*kawl*·lay·gaam
	kolléganőm f	*kawl*·lay·go·nēūm
daughter	lányom	*laa*·nyawm
friend	barátom m	*bo*·raa·tawm
	barátnőm f	*bo*·raat·nēūm
husband	férjem	*fayr*·yem
partner	barátom m	*bo*·raa·tawm
(intimate)	barátnőm f	*bo*·raat·nēūm
son	fiam	*fi*·om
wife	feleségem	*fe*·le·shay·gem

For other family members, see **family**, page 105.

kissy kissy

When two female friends or a man and a woman meet they may give each other a kiss on both cheeks. Relatives also frequently kiss upon meeting one other. Men, however, normally shake hands. If your hosts or friends go to kiss you, remember to present your left cheek first. A polite greeting from children to adults, or men to women is:

I kiss your hand.
   Kezét csókolom.   ke·zayt chāw·kaw·lawm

While this is common to hear, you're not actually expected to kiss the person's hand as you say this.

I'm pleased to meet you.	*Örvendek.*	eur·ven·dek
See you later.	*Viszontlátásra.*	vi·sawnt·laa·taash·ro
Bye.	*Viszlát.* pol	vis·laat
	Szia/Sziasztok. inf sg/pl	si·o/si·os·tawk
Good night.	*Jó éjszakát.*	yāw ay·y·so·kaat

titles & addressing people

titulusok és megszólítások

Mr	*Úr*	ūr
Mrs/Miss	*Asszony/Kisasszony*	os·sawn'/kish·os·sawn'
Sir/Madam	*Uram/Asszonyom*	u·rom/os·saw·nyawm
Doctor (medical)	*Doktor úr* m	dawk·tawr ūr
	Doktornő f	dawk·tawr·nēū
Teacher	*Tanár úr* m	to·naar ūr
	Tanárnő f	to·naar·nēū

meeting people

99

who's your missus?

Your best option for addressing a married woman is to call her *Asszonyom* os·saw·nyawm which is similar to the term 'Ma'am' in the US. Use the term *Kisasszony* kish·os·sawn for a woman who is either unmarried or under 30. Note that there is no term for 'Ms' in Hungarian.

The correct way to address a married woman in Hungarian is a thorny question. Before World War II there used to be precise titles which reflected a person's social rank. After the war, everyone was addressed as 'comrade' – *elvtársnő* elv·taarsh·nēū for women and *elvtárs* elv·taarsh for men. So Mrs Kovács would be called *Kovács elvtársnő* kaw·vaach elv·taarsh·nēū (lit: Kovács comrade).

These forms are obsolete, but while men may now be referred to as *Úr* ūr (Mr), there is no truly satisfactory term for 'Mrs'. Mrs Kovács might be called *Kovácsné* kaw·vaach·nay, which is her husband's surname plus *-né* ·nay, but this could be considered impolite. Or she could be called *Kovácsné asszony* kaw·vaach·nay os·sawn (lit: Kovács-Mrs married-woman) although this is often far too formal.

making conversation

társalgás

Hungarians are fairly open and direct people and like to talk about just about everything. Work, religion, love and politics are popular topics for discussion, but be aware that conversations about Hungarian politics can become very heated. Money is also a touchy subject. Hungarians will rarely discuss how much they earn or even talk about the price they paid for something. As a visitor you might find yourself doing most of the talking, since curious locals like to quiz foreigners all about their country of origin.

What a beautiful day!
  Milyen szép nap van! — mi·yen sayp nop von

Nice/Awful weather, isn't it?
  Szép/Szörnyű idő van, nem? — sayp/seur·nyēw i·dēū von nem

What's new?
  Mi újság? — mi üy·shaag

Where are you going?
  Hova megy/mész? pol/inf — haw·vo mej/mays

What are you doing?
  Mit csinál/csinálsz? pol/inf — mit chi·naal/chi·naals

Do you like it here?
  Tetszik Önnek/neked itt? pol/inf — tet·sik eun·nek/ne·ked itt

local talk

Hey!	Hé!	hay
Great!	Nagyszerű!	noj·se·rēw
Sure.	Persze, biztosan.	per·se biz·taw·shon
Maybe.	Talán.	to·laan
No way!	Szó sem lehet róla!	sāw shem le·het rāw·lo
Just joking.	Csak vicceltem.	chok vits·tsel·tem
Just a minute.	Egy pillanat.	ej pil·lo·not
It's OK.	Oké.	o·kay
No problem.	Nem probléma.	nem prawb·lay·mo
I understand.	Világos.	vi·laa·gawsh
I'm ready.	Kész vagyok.	kays vo·dyawk

Are you ready?
  Kész van/vagy? pol/inf — kays von/voj

Listen up!
  Figyeljen/Figyelj! pol/inf — fi·dyel·yen/fi·dyel·y

Take a look at this!
  Ezt nézze/nézd meg! pol/inf — ezt nayz·ze/nayzd meg

I don't want any.
  Nem kérek. — nem kay·rek

Leave me alone!
  Hagyjon/Hagyj békén! pol/inf — hoj·yawn/hoj·y bay·kayn

meeting people

I love it here.
Nagyon tetszik nekem itt. — no·dyawn tet·sik ne·kem itt

What's this called?
Ezt hogy hívják? — ezt hawj heev·yaak

That's (beautiful), isn't it!
Ugye (szép)! — u·dye (sayp)

Do you live here?
Ön itt lakik? pol — eun itt lo·kik
Te itt laksz? inf — te itt loks

Are you here on holiday?
Ön szabadságon van itt? pol — eun so·bod·shaa·gawn von itt
Te szabadságon vagy itt? inf — te so·bod·shaa·gawn voj itt

I'm here ... ... *vagyok itt.* — ... vo·dyawk itt
  for a holiday *Szabadságon* — so·bod·shaa·gawn
  on business *Üzleti ügyben* — ewz·le·ti ewj·ben
  to study *Tanulás céljából* — to·nu·laash tsayl·yaa·bāwl

How long are you here for?
Mennyi ideig marad/maradsz itt? pol/inf — men'·nyi i·de·ig mo·rod/mo·rods itt

I'm here for (four) weeks/days.
(Négy) hétig/napig maradok itt. — (nayj) hay·tig/no·pig mo·ro·dawk itt

---

out for drinks

When choosing wine, look for the words *minőségi bor* mi·nēū·shay·gi bawr, or 'quality wine'. This is the closest thing to quality labelling in Hungary. The first word on the label indicates where the wine is from and the second tells you which grape variety you're buying, eg Tokaji Aszú taw·ko·yi o·sū.

An empty glass is always refilled straightaway, so if you've had enough you should leave your glass half full. Don't clink glasses if you are drinking beer.

nationalities

nemzetiségek

Where are you from?
   Ön honnan jön? pol   eun *hawn*·non yeun
   Te honnan jössz? inf   te *hawn*·non yeuss

I'm from …   *Én … jövök.*   ayn … *yeu*·veuk
  Australia   *Ausztráliából*   o·ust·raa·li·aa·bāwl
  Canada   *Kanadából*   ko·no·daa·bāwl
  Singapore   *Szingapúrból*   sin·go·pūr·bāwl

For more countries, see the **dictionary**. Be sure to add the ending *-ból* ·bawl when telling someone where you're from.

age

kor

How old are you?
  Hány éves? pol   haan' *ay*·vesh
  Hány éves vagy? inf   haan' *ay*·vesh voj

How old are your children?
  Hány évesek a gyerekei/   haan' *ay*·ve·shek o *dye*·re·ke·i/
  gyerekeid? pol/inf   *dye*·re·ke·id

I'm … years old.
  … éves vagyok.   … *ay*·vesh *vo*·dyawk

He/She is … years old.
  … éves.   … *ay*·vesh

Too old!
  Túl öreg!   tūl *eu*·reg

I'm younger than I look.
  Fiatalabb vagyok, mint   fi·o·to·lobb *vo*·dyawk mint
  amennyinek látszom.   o·men·nyi·nek *laat*·sawm

For your age, see **numbers & amounts**, page 29.

meeting people

occupations & studies

foglalkozások és tanulmányok

What's your occupation?

Mi a foglalkozása/	mi o *fawg*·lol·kaw·zaa·sho/
foglalkozásod? pol/inf	*fawg*·lol·kaw·zaa·shawd

I'm a/an ...	... *vagyok.*	... *vo*·dyawk
barrister/ solicitor	*Ügyvéd*	*ewj*·vayd
car mechanic	*Autószerelő*	*o*·u·tāw·se·re·lēū
chef	*Szakács*	*so*·kaach
clerk	*Tisztviselő*	*tist*·vi·she·lēū
doctor	*Orvos*	*awr*·vawsh
engineer	*Mérnök*	*mayr*·neuk
entrepreneur	*Vállalkozó*	*vaal*·lol·kaw·zāw
estate agent	*Ingatlanügynök*	*in*·got·lon·ewj·neuk
hairdresser	*Fodrász*	*fawd*·raas
journalist	*Újságíró*	*ūy*·shaag·ee·rāw
lawyer	*Jogász*	*yaw*·gaas
secretary	*Titkár/*	*tit*·kaar/
	Titkárnő m/f	*tit*·kaar·nēū
teacher	*Tanár*	*to*·naar

I work in ...	... *dolgozom.*	... *dawl*·gaw·zawm
administration	*Az állam-*	oz *aal*·lom·
	igazgatásban	i·goz·go·taash·bon
health	*Az*	oz
	egészségügyben	*e*·gays·shayg·ewj·ben
sales & marketing	*A kereskedelemben*	o *ke*·resh·ke·de·lem·ben

I'm ...	... *vagyok.*	... *vo*·dyawk
retired	*Nyugdíjas*	*nyug*·dee·yosh
self-employed	*Önálló*	*eun*·aal·lāw
unemployed	*Munkanélküli*	*mun*·ko·nayl·kew·li

For more occupations, see the **dictionary**.

What are you studying?
Mit tanul/tanulsz? **pol/inf**   mit to·nul/to·nuls

I'm studying …	… tanulok.	… to·nu·lawk
accounting	Könyvelést	keun'·ve·laysht
dentistry	Fogászatot	faw·gaa·so·tawt
history	Történelmet	teur·tay·nel·met
Hungarian	Magyart	mo·dyort
law	Jogot	yaw·gawt
linguistics	Nyelvészetet	nyel·vay·se·tet
music	Zenét	ze·nayt

family

család

Hungarians always know their place in the family hierarchy. To talk about brothers and sisters, Hungarian speakers need to choose the word for 'older brother' or 'younger sister' (or vice versa).

Do you have (a) …?	Van …?	von …
children	gyereke	dye·re·ke
family	családja	cho·laad·yo
grandchildren	unokája	u·naw·kaa·yo
husband	férje	fayr·ye
partner	barátja **m**	bo·raat·yo
	barátnője **f**	bo·raat·nēū·ye
siblings	testvére	tesht·vay·re
wife	felesége	fe·le·shay·ge

etiquette tips

Hungarians believe that people who cannot maintain eye contact are insincere and have something to hide. Men usually let women enter a room ahead of them, except restaurants or bars when men are supposed to lead the way.

meeting people

I have (a/an) …	Van …	von …
I don't have (a/any) …	Nincs …	ninch …
daughter(s)	lányom	*laa*·nyawm
family	családom	*cho*·laa·dawm
father	apám	*o*·paam
grandchild(ren)	unokám	*u*·naw·kaam
grandfather	nagyapám	*noj*·o·paam
grandmother	nagyanyám	*noj*·o·nyaam
husband	férjem	*fayr*·yem
mother	anyám	*o*·nyaam
older brother(s)	bátyám	*baa*·tyaam
older sister(s)	nővérem	*neū*·vay·rem
partner	barátom m	*bo*·raa·tawm
	barátnőm f	*bo*·raat·neūm
sibling(s)	testvérem	*tesht*·vay·rem
son(s)	fiam	*fi*·om
wife	feleségem	*fe*·le·shay·gem
younger brother(s)	öcsém	*eu*·chaym
younger sister(s)	húgom	*hū*·gawm

Are you married? (asking a man)
Nős? nēūsh

Are you married? (asking a woman)
Férjnél van? *fayr*·y·nayl von

I live with someone.
Együtt élek valakivel. e·dyewtt *ay*·lek *vo*·lo·ki·vel

well-wishing

Bon voyage!	*Jó utat!*	yāw *u*·tot
Congratulations!	*Gratulálok!*	*gro*·tu·laa·lawk
Good luck!	*Jó szerencsét!*	yāw *se*·ren·chayt

Happy birthday!
Boldog születésnapot! *bawl*·dawg *sew*·le·taysh·no·pawt

Happy name day!
Boldog névnapot! *bawl*·dawg *nayv*·no·pawt

Merry Christmas!
Kellemes karácsonyt! *kel*·le·mesh *ko*·raa·chawn't

I'm ...	... vagyok.	... vo·dyawk
divorced	Elvált	el·vaalt
married	Nős/Férjnél m/f	nēush/fayr·y·nayl
single	Egyedülálló	e·dye·dewl·aal·lāw
widowed	Özvegy	euz·vej

I'm separated.
Különváltan élek.   kew·leun·vaal·ton ay·lek

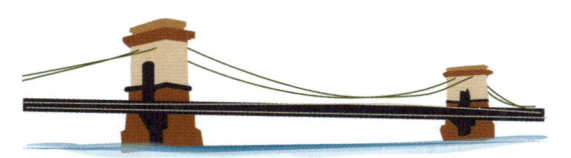

farewells

búcsúzás

In this section, phrases are in the informal *te* te form only. If you're not sure what this means, see the box in **feelings & opinions**, page 117.

Tomorrow is my last day here.
Holnap van az utolsó napom itt.   hawl·nop von oz u·tawl·shāw no·pawm itt

It's been great meeting you.
Örülök, hogy találkoztunk.   eu·reu·lewk hawj to·laal·kawz·tunk

let your body talk

Waving their hands about, gesticulating wildly, nodding their heads, making curious signals with their fingers, rolling their eyes dramatically – Hungarians just don't do any of it. That's not to say you shouldn't, however – it's a sure-fire way of getting people's attention ...

meeting people

If you come to (Scotland) you can stay with me.
   Ha (Skóciá)ba jössz,   ho (shkāw·tsi·aa)·bo yeuss
   lakhatsz nálam.   lok·hots naa·lom

Keep in touch!
   Tartsuk a   tort·shuk o
   kapcsolatot!   kop·chaw·lo·tawt

What's your …?	*Mi …?*	mi …
address	*a címed*	o tsee·med
email address	*az e-mail címed*	oz ee·mail tsee·med
phone number	*a telefonszámod*	o te·le·fawn·saa·mawd

Here's my …	*Itt …*	itt …
address	*a címem*	o tsee·mem
email address	*az e-mail címem*	oz ee·mail tsee·mem
phone number	*a telefonszámom*	o te·le·fawn·saa·mawm

monthy python's hungarian phrasebook

For all those who know and love Monty Python's Hungarian phrasebook sketch, we are proud to present the following phrases. Use them with our blessing at any good Hungarian *dohánybolt* daw·haan'·bawlt (tobacconist).

My hovercraft is full of eels.
   A légpárnás hajóm   o layg·paar·naash ho·yāwm
   tele van angolnával.   te·le von on·gawl·naa·vol

If I said you had a beautiful body, would you hold it against me?
   Rossz néven vennéd, ha   rawss nay·ven ven·nayd ho
   azt mondanám, hogy   ozt mawn·do·naam hawj
   szép tested van?   sayp tesh·ted von

SOCIAL

interests
érdeklődési kör

In this chapter, phrases are in the informal *te* te form only. If you're not sure what this means, see the box in **feelings & opinions**, page 117.

common interests

közös érdeklődés

What do you do in your spare time?
Mit csinálsz a szabadidődben? — mit *chi*·naalsz o so·bod·i·dēūd·ben

Do you like …? *Szereted …?* — se·re·ted …
I (don't) like … *(Nem) Szeretem …* — (nem) se·re·tem …

computer games	*a számítógépes játékokat*	o saa·mee·tāw·gay·pesh yaa·tay·kaw·kot
films	*a filmeket*	o fil·me·ket
music	*a zenét*	o ze·nayt
sport	*a sportot*	o shpawr·tawt
thermal baths	*a gyógyfürdőket*	o dyāwj·fewr·dēū·ket

as easy as rubik's cube

We can thank a Hungarian for the fad of Christmas 1980 – the Rubik's Cube was the brainchild of inventor Ernő Rubik. Released in Hungary in 1977, the device is known there as *Bűvös Kocka* bēw·veush kawts·ko, the 'Magic Cube'. Since then it's estimated that one in eight people have been tormented by the square little devil. Besides starting a worldwide craze for Cubic Rubes (the official name for Cube fans), Mr Rubik is unwittingly responsible for little-known diseases such as 'cubist's thumb' and 'Rubik's wrist'.

Do you like …?	Szeretsz …?	se·rets …
I (don't) like …	(Nem) Szeretek …	(nem) se·re·tek …
chess	sakkozni	shok·kawz·ni
clubbing	diszkóba járni	dis·kāw·bo yaar·ni
cooking	főzni	fēūz·ni
dancing	táncolni	taan·tsawl·ni
drawing	rajzolni	roy·zawl·ni
gardening	kertészkedni	ker·tays·ked·ni
going to soccer matches	meccsre járni	mech·re yaar·ni
going to the cinema	moziba járni	maw·zi·bo yaar·ni
going to the theatre	színházba járni	seen·haaz·bo yaar·ni
hiking	kirándulni	ki·raan·dul·ni
painting	festeni	fesh·te·ni
photography	fényképezni	fayn'·kay·pez·ni
reading	olvasni	awl·vosh·ni
shopping	vásárolni	vaa·shaa·rawl·ni
socialising	társaságba járni	taar·sho·shaag·bo yaar·ni
surfing the Internet	szörfözni az interneten	seur·feuz·ni oz in·ter·ne·ten
travelling	utazni	u·toz·ni
walking	sétálni	shay·taal·ni
watching TV	tévét nézni	tay·vayt nayz·ni

For other sporting activities, see **sport**, page 141.

music

zene

Do you …?		
dance	Táncolsz?	taan·tsawls
go to concerts	Jársz koncertre?	yaars kawn·tsert·re
listen to music	Hallgatsz zenét?	holl·gots ze·nayt
play an instrument	Játszol valamilyen hangszeren?	yaat·sawl vo·lo·mi·yen hong·se·ren
sing	Énekelsz?	ay·ne·kels

good or goods?

In Hungarian, adjectives often become plural to match a plural noun. So you'd say *a filmek jók* o fil·mek yāwk, or 'The films are good[s]'. Below is a list of common adjectives and their plural forms:

adjective	singular		plural	
bad	rossz	rawss	rosszak	*raws·sok*
beautiful	szép	sayp	szépek	*say·pek*
big	nagy	noj	nagyok	*no·dyawk*
cold	hideg	hi·deg	hidegek	*hi·de·gek*
difficult	nehéz	ne·hayz	nehezek	*ne·he·zek*
dry	száraz	saa·roz	szárazak	*saa·ro·zok*
easy	könnyű	keun'·nyēw	könnyűek	*keun'·nyēw·ek*
good	jó	yāw	jók	*yāwk*
hot	forró	fawr·rāw	forróak	*fawr·rāw·ok*
long	hosszú	haws·sū	hosszúak	*haws·sū·ok*
short	rövid	reu·vid	rövidek	*reu·vi·dek*
small	kicsi	ki·chi	kicsik	*ki·chik*
wet	nedves	ned·vesh	nedvesek	*ned·ve·shek*

Which ... do you like?	Milyen ... szeretsz?	*mi·yen ... se·rets*
bands	zenekarokat	*ze·ne·ko·raw·kot*
composers	zeneszerzőket	*ze·ne·ser·zēū·ket*
music	zenét	*ze·nayt*
singers	énekeseket	*ay·ne·ke·she·ket*

interests

111

blues	blues	blūz
classical music	klasszikus zene	*klos*·si·kush *ze*·ne
electronic music	elektronikus zene	e·lekt·*raw*·ni·kush *ze*·ne
Roma music	cigányzene	*tsi*·gaan'·*ze*·ne
Hungarian folk music	magyar népzene	*mo*·dyor *nayp*·ze·ne
jazz	dzsessz	jess
Klezmer music	Klezmer-zene	*klez*·mer·*ze*·ne
operetta	operett	*aw*·pe·rett
pop music	popzene	*pawp*·ze·ne
rock music	rockzene	*rawk*·ze·ne
traditional music	hagyományos zene	*ho*·dyaw·maa·nyawsh *ze*·ne
world music	nemzetközi zene	*nem*·zet·keu·zi *ze*·ne

Planning to go to a concert? See **tickets**, page 40, and **going out**, page 123.

cinema & theatre

mozi és színház

I feel like going to a/an ...	Szeretnék elmenni ...	*se*·ret·nayk *el*·men·ni ...
ballet	egy balettra	ej *bo*·lett·ro
concert	egy koncertre	ej *kawn*·tsert·re
dance house	egy táncházba	ej *taants*·haaz·bo
film	megnézni egy filmet	*meg*·nayz·ni ej *fil*·met
opera	egy opera-előadásra	ej *aw*·pe·ro·e·leū·o·daash·ro
play	megnézni egy színdarabot	*meg*·nayz·ni ej *seen*·do·ro·bawt

Did you like the …?	Tetszett …?	tet·sett …
ballet	*a balett*	o *baw*·lett
concert	*a koncert*	o *kawn*·tsert
dance house	*a táncház*	o *taants*·haaz
film	*a film*	o film
opera	*az opera*	oz *aw*·pe·ro
play	*a színdarab*	o *seen*·do·rob

What's showing at the cinema/theatre tonight?
Mit játszanak ma este a moziban/színházban?
mit *yaat*·so·nok mo *esh*·te o *maw*·zi·bon/*seen*·haaz·bon

Is it in English?
Angolul beszél?
on·gaw·lul *be*·sayl

Does it have (English) subtitles?
(Angol) Feliratos?
(*on*·gawl) *fel*·i·ro·tawsh

Is it dubbed?
Szinkronizált?
sink·raw·ni·zaalt

Have you seen ...?
   Láttad ...?   *laat·tod ...*

Who's in it?
   Ki játszik benne?   *ki yaat·sik ben·ne*

It stars ...
   ... játssza a főszerepet.   *... jaats·so o feū·se·re·pet*

Is this seat taken?
   Foglalt ez a hely?   *fawg·lolt ez o he·y*

I (don't) like ...	*(Nem) Szeretem ...*	*(nem) se·re·tem ...*
action movies	*az akciófilmeket*	*oz ok·tsi·āw·fil·me·ket*
animated films	*a rajzfilmeket*	*o royz·fil·me·ket*
comedies	*a vígjátékokat*	*o veeg·yaa·tay·kaw·kot*
documentaries	*a dokumentum-filmeket*	*o daw·ku·men·tum·fil·me·ket*
drama	*a drámákat*	*o draa·maa·kot*
(Hungarian) cinema	*a (magyar) filmeket*	*o (mo·dyor) fil·me·ket*
horror movies	*a horrorfilmeket*	*o hawr·rawr·fil·me·ket*
sci-fi	*a tudományos-fantasztikus filmeket*	*o tu·daw·maa·nyawsh·fon·tos·ti·kush fil·me·ket*
short films	*a rövidfilmeket*	*o reu·vid·fil·me·ket*
thrillers	*a krimiket*	*o kri·mi·ket*
war movies	*a háborús filmeket*	*o haa·baw·rūsh fil·me·ket*

visiting etiquette

If you're invited to a Hungarian's house, arrive right on time for dinner. Apparently you're granted a 5-minute period of grace, but no more ... If you're heading out to a party or large gathering, you're allowed half an hour's leeway for last-minute disorganisation. No matter how early or late you arrive, it's not done to ask for a tour of the house. It's best to wait for your host to offer you a seat that's appropriate to your social rank.

SOCIAL

feelings & opinions
érzelmek és vélemények

feelings

érzelmek

Are you …?	… vagy? inf	… voj
Are you …?	…? pol	…
happy	Boldog	*bawl*·dawg
hungry	Éhes	*ay*·hesh
sad	Szomorú	*saw*·maw·rū
thirsty	Szomjas	*sawm*·yosh
tired	Fáradt	*faa*·rott

I'm (not) …	(Nem) Vagyok …	(nem) *vo*·dyawk …
happy	boldog	*bawl*·dawg
hungry	éhes	*ay*·hesh
sad	szomorú	*saw*·maw·rū
thirsty	szomjas	*sawm*·yosh
tired	fáradt	*faa*·rott

Are you cold?
 Fázik/Fázol? pol/inf — *faa*·zik/*faa*·zawl
I'm (not) cold.
 (Nem) Fázom. — (nem) *faa*·zawm
Are you hot?
 Melege/Meleged van? pol/inf — *me*·le·ge/*me*·le·ged von
I'm hot.
 Melegem van. — *me*·le·gem von
I'm not hot.
 Nincs melegem. — ninch *me*·le·gem

mixed emotions

a little	egy kicsit	ej *ki*·chit
I'm a little sad.	Egy kicsit szomorú vagyok.	ej *ki*·chit *saw*·maw·rū *vo*·dyawk
extremely	rendkívül	*rend*·kee·vewl
I'm extremely sorry.	Rendkívül sajnálom.	*rend*·kee·vewl *shoy*·naa·lawm
not at all	egyáltalán nem	*ej*·aal·to·laan nem
I don't care at all.	Egyáltalán nem érdekel.	*ej*·aal·to·laan nem *ayr*·de·kel
very	nagyon	*no*·dyawn
I feel very lucky.	Nagyon szerencsésnek érzem magam.	*no*·dyawn se·ren·chaysh·nek *ayr*·zem *mo*·gom

Are you in a hurry?
 Siet/Sietsz? pol/inf *shi*·et/*shi*·ets

I'm (not) in a hurry.
 (Nem) Sietek. (nem) *shi*·e·tek

Are you embarrassed?
 Zavarban van/vagy? pol/inf *zo*·vor·bon von/*zo*·vor·bon voj

Are you worried?
 Aggódik/Aggódsz? pol/inf *og*·gāw·dik/*og*·gāwds

I'm (not) worried.
 (Nem) Aggódom. (nem) *og*·gāw·dawm

If you're not feeling well, see **health**, page 187.

opinions

vélemények

Did you like it?
 Tetszett? *tet*·sett

What do you think of it?
 Mit gondol/ gondolsz róla? pol/inf mit *gawn*·dawl/ *gawn*·dawls rāw·lo

I think it's …	*Szerintem …*	*se*·rin·tem …
I thought it was …	*Szerintem … volt.*	*se*·rin·tem … vawlt
awful	*szörnyű*	*seur*·nyēw
(very) bad/	*(nagyon) rossz/*	(*no*·dyaywn) rawss/
good	*jó*	yāw
beautiful	*szép*	sayp
boring	*unalmas*	*u*·nol·mosh
challenging	*kihívó*	*ki*·hee·vāw
excellent	*kitűnő*	*ki*·tēw·nēū
great	*nagyszerű*	*noj*·se·rēw
interesting	*érdekes*	*ayr*·de·kesh
original	*eredeti*	*e*·re·de·ti
OK	*OK*	*aw*·kay
strange	*furcsa*	*fur*·cho
too expensive	*túl drága*	tūl *draa*·go
unclear	*nem világos*	nem *vi*·laa·gawsh

For moments when you'd like to express an opinion, see **art**, page 139, **sport**, page 141, and **interests**, page 109.

a pure formality

When you speak to someone in Hungarian you have to decide whether you should address them in the 'polite' or 'informal' way. The polite *Ön* eun form is generally used with strangers, new acquaintances, older people, officials and service personnel. The 'informal' *te* te form is used with relatives, friends, colleagues, children and sometimes foreigners. In Hungarian not only some personal pronouns (the equivalents of 'you') but also verbs have separate formal and informal forms. In this book we have always chosen the correct form demanded by the situation that the phrase is used in. For phrases where either form might be appropriate we have given both. Look for the symbols **pol** (polite) and **inf** (informal) to find out what form the phrase is in.

feelings & opinions

117

politics & social issues

politika és szociális kérdések

Politics can be an inflammatory issue in Hungary and Hungarians tend to be passionate about it. Now that the country has many different parties with radically different platforms and images, there's a lot of debate. Politics, as played out on Hungarian television, is not always a pretty sight. The gloves are off, the game is often rough, and so is the language.

Who do you vote for?
  Kire szavaz/szavazol? pol/inf   ki·re so·voz/so·vo·zawl

I support the ... party.	Én a ... pártot támogatom.	ayn o ... *paar*·tawt *taa*·maw·go·tawm
I'm a member of the ... party.	Én a ... párt tagja vagyok.	ayn o ... paart *tog*·yo vo·dyawk
communist	kommunista	*kawm*·mu·nish·to
conservative	konzervatív	*kawn*·zer·vo·teev
democratic	demokrata	de·mawk·ro·to
green	zöld	zeuld
liberal (progressive)	liberális	*li*·be·raa·lish
social democratic	szociáldemokrata	*saw*·tsi·aal de·mawk·ro·to
socialist	szocialista	*saw*·tsi·o·lish·to

I (don't) like talking politics.
  (Nem) Szeretek politikáról beszélni.   (nem) *se*·re·tek *paw*·li·ti·kaa·rāwl *be*·sayl·ni

I'm (not) interested in politics.
  (Nem) Érdekel a politika.   (nem) *ayr*·de·kel o *paw*·li·ti·ko

I've had enough of politics.
  Elegem van a politikából.   *e*·le·gem von o *paw*·li·ti·kaa·bāwl

Did you hear about ...?
  Hallott/Hallottál a ...ról? pol/inf   *hol*·lawtt/*hol*·lawt·taal o ...rāwl

Do you agree with it?
   Egyetért/Egyetértesz   e·dyet·ayrt/e·dyet·ayr·tes
   vele? **pol/inf**   ve·le

I agree with …
   Egyetértek …val.   e·dyet·ayr·tek …·val

I don't agree with …
   Nem értek egyet …val.   nem ayr·tek e·dyet …·val

How do people feel about …?
   Hogyan éreznek az   haw·dyon ay·rez·nek oz
   emberek a …val   em·be·reko …·val
   kapcsolatban?   kop·chaw·lot·bon

How can we protest against …?
   Hogyan tiltakozhatunk   haw·dyon til·to·kawz·ho·tunk
   … ellen?   … el·len

How can we support …?
   Hogyan   haw·dyon
   támogathatjuk …?   taa·maw·got·hot·yuk …

feelings & opinions

In my country we're concerned about …
Minket otthon …   *min*·ket *awtt*·hawn …
foglalkoztat/   *fawg*·lol·kawz·tot/
foglalkoztatnak. sg/pl   *fawg*·lol·kawz·tot·nok

abortion	*az abortusz* sg	oz *o*·bawr·tus
animal rights	*az állatok jogai* pl	oz *aal*·lo·tawk *yaw*·go·i
corruption	*a korrupció* sg	o *kawr*·rup·tsi·āw
crime	*a bűnözés* sg	o *běw*·neu·zaysh
discrimination	*a megkülön-böztetés* sg	o *meg*·kew·leun·beuz·te·taysh
drugs	*a kábítószerek* pl	o *kaa*·bee·tāw·se·rek
the economy	*a gazdaság* sg	o *goz*·do·shaag
education	*az oktatás* sg	oz *awk*·to·taash
the environment	*a környezet* sg	o *keur*·nye·zet
equal opportunity	*az egyenlő esélyek* pl	oz *e*·dyen·lēū *e*·shay·yek
the European Union	*az Európai Unió* sg	oz *e*·u·rāw·po·i *u*·ni·āw
euthanasia	*az eutanázia* sg	oz *e*·u·to·naa·zi·o
globalisation	*a globalizáció* sg	o *glaw*·bo·li·zaa·tsi·āw
the government	*a kormány* sg	o *kawr*·maan'
high taxes	*a magas adók* pl	o *mo*·gosh o·dāwk
human rights	*az emberi jogok* pl	oz *em*·be·ri *yaw*·gawk
immigration	*a bevándorlás* sg	o *be*·vaan·dawr·laash
inequality	*az egyenlőtlenség* sg	oz *e*·dyen·lēūt·len·shayg
party politics	*a pártpolitika* sg	o *paart*·paw·li·ti·ko
poverty	*a szegénység* sg	o *se*·gayn'·shayg
privatisation	*a privatizáció* sg	o *pri*·vo·ti·zaa·tsi·āw
racism	*a fajgyűlölet* sg	o *foy*·dyēw·leu·let
the rights of Hungarians living across the borders	*a határon túli magyarok jogai* pl	o *ho*·taa·rawn *tū*·li *mo*·dyo·rawk *yaw*·go·i
Roma issues	*a cigánykérdés* sg	o *tsi*·gaan'·kayr·daysh
sexism	*a nemi előítéletek* pl	o *ne*·mi *e*·lēū·ee·tay·le·tek
social welfare	*a közjólét* sg	o *keuz*·yāw·layt
terrorism	*a terrorizmus* sg	o *ter*·raw·riz·mush
unemployment	*a munkanélküliség* sg	o *mun*·ko·nayl·kew·li·shayg

SOCIAL

the environment

a környezet

Is this a protected …?	Ez egy védett …?	ez ej vay·dett …
forest	erdő	er·dēū
park	park	pork
species	faj	foy

Is there a … problem here?
Van itt probléma …? — von itt *prawb*·lay·mo …

What should be done about …?
Mit kellene tenni … kapcsolatban? — mit *kel*·le·ne *ten*·ni … *kop*·chaw·lot·bon

how's it going?

If you want to describe 'how' something is done, you need to use an 'adverb of manner'. This is created by adding an ending to the appropriate adjective. As there are a large number to choose from, you might find this list quite useful:

bad	rossz	rawss
badly	rosszul	raws·sul
beautiful	szép	sayp
beautifully	szépen	say·pen
quick	gyors	dyawrsh
quickly	gyorsan	dyawr·shon
difficult	nehéz	ne·hayz
with difficulty	nehezen	ne·he·zen
easy	könnyű	keun'·nyēw
easily	könnyen	keun'·nyen
good	jó	yāw
well	jól	yāwl
slow	lassú	losh·shū
slowly	lassan	losh·shon

feelings & opinions

air pollution	*a levegőszennyezéssel*	o *le*·ve·gēū·sen·nye·zaysh·shel
conservation	*a természetvédelemmel*	o *ter*·may·set·vay·de·lem·mel
deforestation	*az erdőirtással*	oz *er*·dēū·ir·taash·shol
drought	*a szárazsággal*	o *saa*·roz·shaag·gol
ecosystem	*az ökoszisztémával*	oz *eu*·kaw·sis·tay·maa·vol
endangered species	*a veszélyeztetett fajokkal*	o *ve*·say·yez·te·tett fo·yawk·kol
floods	*az árvizekkel*	oz *aar*·vi·zek·kel
genetically modified food	*a genetikailag módosított élelmiszerekkel*	o *ge*·ne·ti·ko·i·log māw·daw·shee·tawtt ay·lel·mi·se·rek·kel
global warming	*a globális felmelegedéssel*	o *glaw*·baa·lish fel·me·le·ge·daysh·shel
hunting	*a vadászattal*	o *vo*·daa·sot·tol
hydroelectricity	*a hidroelektromossággal*	o *hid*·raw·e·lekt·raw·mawsh·shaag·gol
irrigation	*az öntözéssel*	oz *eun*·teu·zaysh·shel
nuclear energy	*az atomenergiával*	oz *o*·tawm·e·ner·gi·aa·vol
nuclear testing	*az atomkísérletekkel*	oz *o*·tawm·kee·shayr·le·tek·kel
ozone layer	*az ózonréteggel*	oz *āw*·zawn·ray·teg·gel
pesticides	*a rovarirtó szerekkel*	o *raw*·vor·ir·tāw se·rek·kel
pollution	*a környezetszennyezéssel*	o *keur*·nye·zet·sen'·nye·zaysh·shel
recycling programme	*az újra feldolgozási programmal*	oz *ūy*·ro fel·dawl·gaw·zaa·shi prawg·rom·mol
toxic waste	*a toxikus hulladékokkal*	o *tawk*·si·kush hul·lo·day·kawk·kol
water supply	*a vízellátással*	o *veez*·el·laa·taash·shol

going out
szórakozás

In this chapter, phrases are in the informal *te* te form only. If you're not sure what this means, see the box in **feelings & opinions**, page 117.

where to go

hová menjünk

What's there to do in the evenings?
Mit lehet csinálni esténként?
mit *le*·het *chi*·naal·ni *esh*·tayn·kaynt

Where can I find …?	*Hol találok …?*	hawl *to*·laa·lawk …
clubs	*klubokat*	*klu*·baw·kot
gay venues	*meleg szórakozóhelyeket*	*me*·leg *sāw*·ro·kaw·zāw·he·ye·ket
places to eat	*egy helyet, ahol enni lehet*	ej *he*·yet *o*·hawl *en*·ni *le*·het
pubs	*pubokat*	*po*·baw·kot

Is there a local … guide?	*Van itt helyi …?*	von itt *he*·yi …
entertainment	*programkalauz*	*prawg*·rom·ko·lo·uz
film	*moziműsor*	*maw*·zi·mēw·shawr
gay	*információs füzet melegek számára*	*in*·fawr·maa·tsi·āwsh *few*·zet *me*·le·gek *saa*·maa·ro
music	*zenei kalauz*	*ze*·ne·i *ko*·lo·uz

going out

123

out & about

As you make your way into Hungary's rich cultural life, don't forget to check out some traditional entertainment. A *táncház* taants·haaz (dance house) is the perfect place for Hungarian folk music and dancing, and is a great way to meet some locals. To entertain your inner child, check out some *cirkusz* tsir·kus (circus performances) or even a bit of *bábszínházba* baab·seen·haaz·bo (puppet theatre).

What's on …?	Mi a program …?	mi o *prawg*·rom …
locally	helyben	*he*·y·ben
this	ezen a	*e*·zen o
weekend	hétvégén	*hayt*·vay·gayn
today	ma	mo
tonight	ma este	mo *esh*·te
I feel like going to a/an …	Szeretnék elmenni egy …	se·ret·nayk el·men·ni ej …
ballet	balettra	*bo*·lett·ro
bar	bárba	*baar*·bo
café	kávéházba	*kaa*·vay·haaz·bo
circus	cirkuszba	*tsir*·kus·bo
concert	koncertre	*kawn*·tsert·re
dance house	táncházba	*taants*·haaz·bo
film	moziba	*maw*·zi·bo
karaoke bar	karaoke bárba	ko·ro·aw·ke *baar*·bo
nightclub	éjszakai	*ay*·so·ko·i
	szórakozóhelyre	*sāw*·ro·kaw·zāw·he·y·re
opera	operaelőadásra	*aw*·pe·ro·e·lēū·o·daash·ro
party	partira	*por*·ti·ro
performance	előadásra	e·lēū·o·daash·ro
play	színházba	*seen*·haaz·bo
pub	pubba	*pob*·bo
puppet show	bábszínházba	*baab*·seen·haaz·bo
restaurant	étterembe	*ayt*·te·rem·be

For more on eateries, bars and drinks, see **eating out**, page 157.

invitations

meghívások

What are you doing …?	*Mit csinálsz …?*	mit *chi*·naals …
now	*most*	mawsht
this weekend	*ezen a hétvégén*	*e*·zen o *hayt*·vay·gayn
tonight	*ma este*	mo *esh*·te

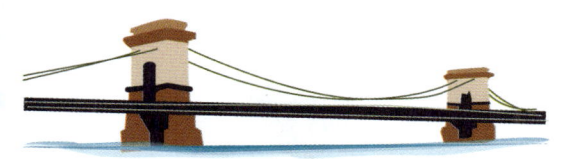

Would you like to go (for a) …?	*Szeretnél elmenni …?*	*se*·ret·nayl *el*·men·ni …
I feel like going (for a) …	*Szeretnék elmenni …*	*se*·ret·nayk *el*·men·ni …
coffee	*meginni egy kávét*	*meg*·in·ni ej *kaa*·vayt
dancing	*táncolni*	*taan*·tsawl·ni
drink	*inni valamit*	*in*·ni *vo*·lo·mit
meal	*enni valamit*	*en*·ni *vo*·lo·mit
out somewhere	*valahová*	*vo*·lo·haw·vaa
walk	*sétálni*	*shay*·taal·ni

going by the figures

When you look for addresses in Budapest, you'll see that many of them start with a roman numeral, eg *V Ferenciek tere 5*. This numeral indicates the district. If you see a four-digit post code in the address, look at the second or third number to find out which district you want.

going out

My round.
   Ezt én fizetem.   ezt ayn *fi*·ze·tem

Do you know a good restaurant?
   Ismersz egy jó éttermet?   ish·mers ej yāw *ayt*·ter·met

Would you come to the concert with me?
   Eljönnél velem   *el*·yeun·nayl *ve*·lem
    a koncertre?   o *kawn*·tsert·re

We're having a party.
   Parti van nálunk.   *por*·ti von *naa*·lunk

Come!
   Gyere el!   *dye*·re el

responding to invitations

válasz meghívásokra

Sure!
   Persze!   *per*·se

Yes, I'd love to.
   Igen, szeretnék.   *i*·gen *se*·ret·nayk

Where shall we go?
   Hova menjünk?   *haw*·vo *men*·yewnk

No, I'm afraid I can't.
   Nem, attól tartok, nem   nem *ot*·tāwl *tor*·tawk nem
   tudok.   *tu*·dawk

Sorry, I can't sing/dance.
   Sajnos nem tudok   *sho*·y·nawsh nem *tu*·dawk
   énekelni/táncolni.   *ay*·ne·kel·ni/*taan*·tsawl·ni

How about tomorrow?
   Lehetne holnap?   *le*·het·ne *hawl*·nop

the roma

There are two Hungarian words for the Romany people – *cigány* tsi·gaan' (gypsy) and *roma* raw·mo (Roma). In this phrasebook we have chosen to use 'Roma' instead of the pejorative term 'gypsy'. Although the rights of the Roma were inscribed in the 1989 constitution, you may be surprised by the high levels of racism expressed by many Hungarians.

arranging to meet

találkozó megbeszélése

What time will we meet?
Mikor találkozunk? — mi·kawr to·laal·kaw·zunk

Where will we meet?
Hol találkozunk? — hawl to·laal·kaw·zunk

Let's meet at … *Találkozzunk …* to·laal·kawz·zunk …
(eight) o'clock *(nyolc) órakor* (nyawlts) āw·ro·kawr
the (entrance) *a (bejárat)nál* o (be·yaa·rot)·naal

I'll pick you up.
Elmegyek érted. — el·me·dyek ayr·ted

Are you ready?
Készen vagy? — kay·sen voj

I'm ready.
Készen vagyok. — kay·sen vo·dyawk

I'll be coming later.
Én később jövök. — ayn kay·shēūbb yeu·veuk

Where will you be?
Hol leszel? — hawl le·sel

If I'm not there by (nine), don't wait for me.
Ha nem vagyok ott — ho nem vo·dyawk awtt
(kilenc)ig, ne várj rám. (ki·lents)·ig ne vaar·y raam

going out

OK!
 OK! — aw·kay

I'll see you then.
 Ott találkozunk. — awtt to·laal·kaw·zunk

See you later.
 Viszontlátásra. — vi·sawnt·laa·taash·ro

See you tomorrow.
 A holnapi viszontlátásra. — o hawl·no·pi vi·sawnt·laa·taash·ro

I'm looking forward to it.
 Előre örülök neki. — e·lēū·re eu·rew·leuk ne·ki

Sorry I'm late.
 Sajnálom, hogy elkéstem. — sho·y·naa·lawm hawj el·kaysh·tem

Never mind.
 Nem baj. — nem bo·y

For other times, see **time & dates**, page 33.

drugs

kábítószerek

I don't take drugs.
 Én nem szedek kábítószert. — ayn nem se·dek kaa·bee·tāw·sert

I take ... occasionally.
 Alkalomadtán ... szedek. — ol·ko·lawm·od·taan ... se·dek

Do you want to have a smoke?
 Akarsz egyet szívni? — o·kors e·dyet seev·ni

Do you have a light?
 Van tüzed? — von tew·zed

For other drugs, see the **dictionary**.

romance
románc

In this chapter, phrases are in the informal *te te* form only. If you're not sure what this means, see the box in **feelings & opinions**, page 117.

asking someone out

randevúra hívni valaki

Where would you like to go (tonight)?
Hova szeretnél   *haw*·vo *se*·ret·nayl
menni (ma este)?   *men*·ni (mo *esh*·te)

Would you like to do something (tomorrow)?
Szeretnél valamit   *se*·ret·nayl *vo*·lo·mit
csinálni (holnap)?   *chi*·naal·ni (*hawl*·nop)

Yes, I'd love to.
Igen, szeretnék.   *i*·gen *se*·ret·nayk

Sorry, I can't.
Sajnos nem tudok.   *sho*·y·nawsh nem *tu*·dawk

pick-up lines

leszólítások

Do you know what you're missing? Me!
Tudod, mi hiányzik   *tu*·dawd mi *hi*·aa·ny·zik
mellőled?   *mel*·lēū·led
Én!   ayn

I fancy you.
Rád vagyok kattanva.   raad *vo*·dyawk *kot*·ton·vo

Can I invite you for a drink?
Meghívhatlak egy italra?   *meg*·heev·hot·lok ej *i*·tol·ro

You're good-looking.
　Csinos vagy.   *chi*·nawsh voj

You have beautiful eyes.
　Szép a szemed.   sayp o *se*·med

You look like someone I know.
　Emlékeztetsz valakire, akit   *em*·lay·kez·tets *vo*·lo·ki·re *o*·kit
　ismerek.   *ish*·me·rek

You're a fantastic dancer.
　Fantasztikusan táncolsz.   *fon*·tos·ti·ku·shon *taan*·tsawls

Shall we dance?
　Táncolunk egyet?   *taan*·tsaw·lunk *e*·dyet

local talk

He/She is a babe.
　Jó pasi/nő.   yāw *po*·shi/nēū

He/She is a good-looking guy/girl.
　Helyes csaj/srác.   *he*·yesh *cho*·y/shraats

He/She is hot.
　Szexi.   *sek*·si

He/She gets around.
　Jól ismerik.   yāwl *ish*·me·rik

He/She is ugly.
　Csúnya.   *chū*·nyo

I like him/her.
　Rá vagyok zizzenve.   raa *vo*·dyawk *ziz*·zen·ve

SOCIAL

Can I ...?
  dance with you — Táncolhatok veled? — *taan*·tsawl·ho·tawk *ve*·led
  give you a lift home — Hazavihetlek? — *ho*·zo·vi·het·lek
  sit here — Ideülhetek? — *i*·de·ewl·he·tek
  walk you home — Hazakísérhetlek? — *ho*·zo·kee·shayr·het·lek

rejections

elutasítások

No, thank you.
  Köszönöm, nem. — *keu*·seu·neum nem

I'd rather not.
  Inkább nem. — *in*·kaabb nem

I'm here with my girlfriend/boyfriend.
  A barátnőmmel/barátommal vagyok itt. — o *bo*·raat·nēūm·mel/*bo*·raa·tawm·mol *vo*·dyawk itt

Excuse me, I have to go now.
  Bocsánat, mennem kell. — *baw*·chaa·not *men*·nem kell

I don't have the time now.
  Most nem érek rá. — mawsht nem *ay*·rek raa

Maybe another time.
  Talán máskor. — *to*·laan *maash*·kawr

Go away!
  Menj innen! — *men*·y *in*·nen

Go to hell!
  Menj a fenébe! — *men*·y o *fe*·nay·be

Leave me alone!
  Hagyj békén! — *hoj*·y *ay*·kayn

romance

131

getting closer

közelebb kerülés

I like you very much.
 Nagyon kedvellek.
 no·dyawn ked·vel·lek

You're great.
 Fantasztikus vagy.
 fon·tos·ti·kush voj

You're wonderful.
 Csodálatos vagy.
 chaw·daa·lo·tawsh voj

Can I hold your hand?
 Megfoghatom a kezed?
 meg·fawg·ho·tawm o ke·zed

Can I kiss you?
 Megcsókolhatlak?
 meg·chāw·kawl·hot·lok

Do you want to come inside for a while?
 Nem akarsz bejönni
 egy kicsit?
 nem o·kors be·yeun·ni
 ej ki·chit

Do you want a massage?
 Akarod, hogy
 megmasszírozzalak?
 o·ko·rawd hawj
 meg·mos·see·rawz·zo·lok

Can I stay over?
 Itt maradhatok
 éjszakára?
 itt mo·rod·ho·tawk
 ay·so·kaa·ro

don't get too excited

No, these words are not quirky sexual invitations, so don't think you've got lucky if someone says them to you. *Ifjúság* if·ūy·shaag, pronounced rather like 'if-you-shag', actually means 'young people', and *mi újság* mi ūy·shaag, which sounds a bit like the caveman's invitation 'me-you-shag', is really 'What's up?'.

sex

szex

Kiss me.
Csókolj meg!
chāw·kawl·y meg

I want you.
Akarlak.
o·kor·lok

Let's go to bed.
Feküdjünk le!
fe·kewd·yewnk le

Touch me here.
Tedd ide a kezed!
tedd *i*·de o *ke*·zed

Do you like this?
Jó neked így?
yāw *ne*·ked eej

I (don't) like that.
Ezt (nem) szeretem.
ezt (nem) *se*·re·tem

Don't!
Ne!
ne

I think we should stop now.
Azt hiszem, itt abba kellene hagynunk.
ozt *hi*·sem itt *ob*·bo *kel*·le·ne *hoj*·nunk

Do you have a condom?
Van óvszered?
von *āwv*·se·red

Let's use a condom.
Használjunk óvszert!
hos·naal·yunk *āwv*·sert

I won't do it without protection.
Nem csinálom védekezés nélkül.
nem *chi*·naa·lawm *vay*·de·ke·zaysh *nayl*·kewl

It's my first time.
Nekem ez az első.
ne·kem ez oz *el*·shēū

It helps to have a sense of humour.
Jó, ha van az embernek humorérzéke.
yāw ho von oz *em*·ber·nek *hu*·mawr·ayr·zay·ke

romance

133

Oh my god!	Úristen!	ūr·ish·ten
That's great.	Ez nagyon jó.	ez no·dyawn yāw
Easy tiger!	Csak lassan!	chok losh·shon
That was …	Ez … volt.	ez … vawlt
amazing	csodálatos	chaw·daa·lo·tawsh
romantic	romantikus	raw·mon·ti·kush
wild	vad	vod

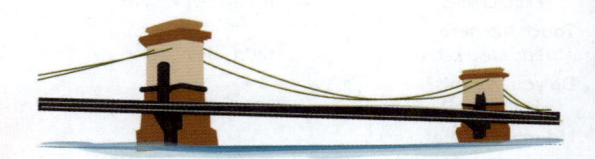

love

szerelem

Will you …?	Akarsz …?	o·kors …
go out with me	járni velem	yaar·ni ve·lem
meet my	talákozni a	to·laal·kawz·ni o
parents	szüleimmel	sew·le·im·mel

I think we're good together.
   Azt hiszem, jól összeillünk.   ozt hi·sem yāwl eus·se·il·lewnk

I love you.
   Szeretlek.   se·ret·lek

Will you marry me? (asking a man)
   Elveszel feleségül?   el·ve·sel fe·le·shay·gewl

Will you marry me? (asking a woman)
   Akarsz a feleségem lenni?   o·kors o fe·le·shay·gem len·ni

SOCIAL

the language of love

The word for friend *barát/barátnő* m/f *bo*·raat/*bo*·raat·nēū is also the word for 'partner'. Only context and body language will tell you which meaning is intended. Some people use the term *párom* paa·rawm (lit: couple-my) for partner but this sounds a bit soppy and old-fashioned. If you're in a schmoopy mood, try using some of these endearments:

my darling	*drágám*	draa·gaam
my dear	*kedvesem*	ked·ve·shem
my heart	*szívem*	see·vem
my only one	*egyetlenem*	e·dyet·le·nem
my star	*csillagom*	chil·lo·gawm

problems

problémák

I don't think it's working out.
Azt hiszem, ez nem megy.
ozt hi·sem ez nem mej

I've had enough of you.
Elegem van belőled.
e·le·gem von be·lēū·led

Let's stop seeing each other.
Ne találkozzunk többet.
ne to·laal·kawz·zunk teub·bet

Are you seeing someone else?
Valaki mással jársz?
vo·lo·ki maash·shol yaars

He's just a friend.
Ő csak egy barátom.
ēū chok ej bo·raa·tawm

She's just a friend.
Ő csak egy barátnőm.
ēū chok ej bo·raat·nēūm

We're just friends.
Csak barátok vagyunk.
chok bo·raa·tawk vo·dyunk

I never want to see you again.
Soha többé nem akarlak látni.
shaw·ho teub·bay nem o·kor·lok laat·ni

romance

135

We'll work it out.
Majd kitalálunk valamit. moyd *ki*·to·laa·lunk *vo*·lo·mit

leaving

távozás

I don't want to leave you.
Nem akarlak elhagyni. nem *o*·kor·lok el·hoj·ni

I have to leave (tomorrow).
(Holnap) el kell utaznom. (*hawl*·nop) el kell *u*·toz·nawm

It hurts me very much that I have to leave.
Nagyon fáj, hogy el kell mennem. *no*·dyawn *faa*·y hawj el kell *men*·nem

I'll …
keep in touch	*Keresni foglak.*	*ke*·resh·ni *fawg*·lok
miss you	*Hiányozni fogsz.*	*hi*·aa·nyawz·ni fawgs
visit you	*Meg foglak látogatni.*	meg *fawg*·lok *laa*·taw·got·ni
write to you	*Írni fogok neked.*	*eer*·ni *faw*·gawk *ne*·ked

say it with flowers

If you're wooing your beloved with flowers, remember that only red roses are suitable for floral romancing (not white or yellow). Carnations are only suitable for a funeral, as are bunches with an odd number of flowers in them.

SOCIAL

beliefs & cultural differences
meggyőződések és kulturális

religion

vallás

What's your religion?
Ön milyen vallású? pol — eun *mi*·yen *vol*·laa·shū
Te milyen vallású vagy? inf — te *mi*·yen *vol*·laa·shū voj

I'm not religious.
Nem vagyok vallásos. — nem *vo*·dyawk *vol*·laa·shawsh

I'm ...	Én ... vagyok.	ayn ... *vo*·dyawk
agnostic	agnosztikus	*o*·gnaws·ti·kush
Buddhist	buddhista	*budd*·hish·to
Calvinist	református	*re*·fawr·maa·tush
Catholic	katolikus	*ko*·taw·li·kush
Christian	keresztény	*ke*·res·tayn'
Hindu	hinduista	*hin*·du·ish·to
Jewish	zsidó	*zhi*·dāw
Lutheran	evangélikus	*e*·von·gay·li·kush
Muslim	muszlim	*mus*·lim
Orthodox	ortodox	*awr*·taw·dawks
Protestant	protestáns	*praw*·tesh·taansh

I (don't) believe in ...	(Nem) Hiszek ...	(nem) *hi*·sek ...
astrology	az asztrológiában	oz *ost*·raw·lāw·gi·aa·bon
fate	a végzetben	o *vayg*·zet·ben
fortune-telling	a jóslásban	o *yāwsh*·laash·bon
God	istenben	*ish*·ten·ben

Where can I ...?	Hol ...?	hawl ...
attend	hallgathatok	holl·got·ho·tawk
mass	misét	mi·shayt
attend	vehetek részt	ve·he·tek rayst
a service	istentiszteleten	ish·ten·tis·te·le·ten
pray/worship	imádkozhatok	i·maad·kawz·ho·tawk

cultural differences

kulturális különbségek

Is this a local custom?
Ez egy helyi vagy nemzeti szokás?
ez ej *he*·yi voj *nem*·ze·ti *saw*·kaash

Is this a Roma custom?
Ez egy roma szokás?
ez ej *raw*·mo *saw*·kaash

I don't want to offend you.
Nem akarom megsérteni.
nem *o*·ko·rawm *meg*·shayr·te·ni

I'd rather not join in.
Én inkább nem vennék részt ebben.
ayn *in*·kaabb nem *ven*·nayk rayst *eb*·ben

I'll try it.
Megpróbálom.
meg·prāw·baa·lawm

I didn't mean to do/say anything wrong.
Nem akartam semmi rosszat csinálni/mondani.
nem *o*·kor·tom *shem*·mi *raws*·sot *chi*·naal·ni/*mawn*·do·ni

I'm sorry, it's against my ...	Sajnálom, ez ... ellen van.	shoy·naa·lawm ez ... el·len von
beliefs	a meggyőző-désem	o *meg*·dyēū·zēū·day·shem
principles	az elveim	oz *el*·ve·im
religion	a vallásom	o *vol*·laa·shawm

This is ...	Ez ...	ez ...
fun	jó mulatság	yāw *mu*·lot·shaag
interesting	érdekes	*ayr*·de·kesh
new to me	új nekem	ūy *ne*·kem

art
művészet

When's the gallery/museum open?
   Mikor van nyitva a   mi·kawr von nyit·vo o
   galéria/múzeum?   go·lay·ri·o/mü·ze·um

What kind of art are you interested in?
   Milyen művészet   mi·yen mēw·vay·set
   érdekli/érdekel? pol/inf   ayr·dek·li/ayr·de·kel

What's in the collection?
   Mit tartalmaz   mit tor·tol·moz
   a gyűjtemény?   o dyēw·y·te·mayn'

What do you think of (Pál Szinyei Merse)?
   Mit gondol/gondolsz   mit gawn·dawl/gawn·dawls
   (Szinyei Merse Pál)ról? pol/inf   (sin·nye·i mer·she paal)·rāwl

It's an exhibition of …
   Ez egy … kiállítás.   ez ej … ki·aal·lee·taash

I'm interested in …
   Érdekel …   ayr·de·kel …

I like the works of …
   Szeretem … munkáit.   se·re·tem … mun·kaa·it

It reminds me of …
   …ra emlékeztet.   …ro em·lay·kez·tet

artwork	műalkotás	mēw·ol·kaw·taash
design	terv	terv
drawing	rajz	royz
etching	rézkarc	rayz·korts
exhibit	kiállítási tárgy	ki·aal·lee·taa·shi taarj
folk architecture	népi építészet	nay·pi ay·pee·tay·set

folk art	népművészet	nayp·mēw·vay·set
graphic art	grafika	gro·fi·ko
installation	megrendezés	meg·ren·de·zaysh
opening	megnyitó	meg·nyi·tāw
painter	festő	fesh·tēū
painting (canvas)	festmény	fesht·mayn'
painting (the art)	festészet	fesh·tay·set
permanent	állandó	aal·lon·dāw
collection	gyűjtemény	dyēw·y·te·mayn'
print	nyomat	nyaw·mot
sculptor	szobrász	sawb·raas
sculpture	szobrászat	sawb·raa·sot
statue	szobor	saw·bawr
studio	műterem	mēw·te·rem
style	stílus	shtee·lush
technique	technika	teh·ni·ko

… art/architecture	… művészet/építészet	… mēw·vay·set/ay·pee·tay·set
Art Nouveau	szecessziós	se·tses·si·āwsh
Baroque	barokk	bo·rawkk
Classicist	klasszicista	klos·si·tsish·to
Gothic	gótikus	gāw·ti·kush
Hungarian	magyar	mo·dyor
Hungarian Secessionist	magyar szecesszionista	mo·dyor se·tses·si·aw·nish·to
impressionist	impresszionista	imp·res·si·aw·nish·to
modern	modern	maw·dern
Realist	realista	re·o·lish·to
Romanesque	román stílusú	raw·maan shtee·lu·shū
Romantic	romantikus	raw·mon·ti·kush
Eclectic	eklektikus	ek·lek·ti·kush
Renaissance	reneszánsz	re·ne·saans
Socialist Realist	szocialista realista	saw·tsi·o·lish·to re·o·lish·to

sport
sport

In this chapter, phrases are in the informal *te* te form only. If you're not sure what this means, see the box in **feelings & opinions**, page 117.

sporting interests
sport iránti érdeklődés

What sport do you play?
 Mit sportolsz? — mit *shpawr*·tawls

What sport do you follow?
 Milyen sport érdekel? — *mi*·yen shpawrt *ayr*·de·kel

I play/do ...	Én ...	ayn ...
athletics	atlétizálok	*ot*·lay·ti·zaa·lawk
basketball	kosárlabdázom	*kaw*·shaar·lob·daa·zawm
football (soccer)	futballozom	*fut*·bol·law·zawm
hunting	vadászom	*vo*·daa·sawm
karate	karatézom	*ko*·ro·tay·zawm
kayaking	kajakozom	*ko*·yo·kaw·zawm
tennis	teniszezem	*te*·ni·se·zem
volleyball	röplabdázom	*reup*·lob·daa·zawm
water polo	vízilabdázom	*vee*·zi·lob·daa·zawm
windsurfing	szörfözöm	*seur*·feu·zeum

I follow ...	Érdekel ...	*ayr*·de·kel ...
athletics	az atlétika	oz *ot*·lay·ti·ko
basketball	a kosárlabda	o *kaw*·shaar·lob·do
football (soccer)	a futball	o *fut*·boll
tennis	a tenisz	o *te*·nis

I like ...	Szeretek ...	*se·re·tek ...*
badminton	tollaslabdázni	*tawl·losh·lob·daaz·ni*
fishing	horgászni	*hawr·gaas·ni*
hiking	kirándulni	*ki·raan·dul·ni*
swimming	úszni	*ūs·ni*
table tennis	pingpongozni	*ping·pawn·gawz·ni*
I ...	Én ...	*ayn ...*
cycle	biciklizem	*bi·tsik·li·zem*
run	futok	*fu·tawk*
walk	sétálok	*shay·taa·lawk*
Who's your favourite ...?	Ki a kedvenc ...?	*ki o ked·vents ...*
sportsperson	sportolód	*shpawr·taw·lāwd*
team	csapatod	*cho·po·tod*

Do you like (football)?
 Szereted (a futball)t? — *se·re·ted (o fut·boll)t*

Yes, very much.
 Igen, nagyon. — *i·gen no·dyawn*

Not really.
 Nem igazán. — *nem i·go·zaan*

I like watching it.
 Szeretem nézni. — *se·re·tem nayz·ni*

For more sports, see the **dictionary**.

going to a game

elmenni egy mérkőzésre

Would you like to go to a game?
 Szeretnél elmenni egy mérkőzésre? — *se·ret·nayl el·men·ni ej mayr·kēū·zaysh·re*

Who are you supporting?
 Kinek szurkolsz? — *ki·nek sur·kawls*

scoring

What's the score?	Mi az állás?	mi oz aal·laash
draw/even	döntetlen	deun·tet·len
love/zero	nulla	nul·lo
match-point	Már csak egy pont kell a győzelemhez.	maar chok ej pawnt kell o dyēw·ze·lem·hez

Who's …?	Ki …?	ki …
playing	játszik	yaat·sik
winning	nyer	nyer

That was a … game!	Ez … játék volt.	ez … yaa·tayk vawlt
bad	pocsék	paw·chayk
boring	unalmas	u·nol·mosh
great	nagyszerű	noj·se·rēw

playing sport

sportolás

Do you want to play?
  Akarsz játszani? o·kors yaat·so·ni

Can I join in?
  Beszállhatok? be·saall·ho·tawk

That would be great.
  Az nagyon jó lenne. oz no·dyawn yāw len·ne

I can't.
  Nem tudok. nem tu·dawk

I have an injury.
  Megsérültem. meg·shay·rewl·tem

Can I take lessons?
  Lehet leckéket venni? le·het lets·kay·ket ven·ni

Your/My point.
  Egy pont oda/ide. ej pawnt aw·do/i·de

Kick/Pass it to me!
  Add ide nekem! odd i·de ne·kem

sport

143

sports talk

What a …!	Micsoda …!	mi·chaw·do …
goal	gól	gāwl
hit	ütés	ew·taysh
kick	rúgás	rū·gaash
pass	átadás	aat·o·daash
performance	teljesítmény	tel·ye·sheet·mayn'

You're a good player.
Jól játszol.   yāwl yaat·sawl

Thanks for the game.
Köszönöm a játékot.   keu·seu·neum o yaa·tay·kawt

Where's a good place to …?	Hol lehet jól …?	hawl le·het yāwl …
fish	horgászni	hawr·gaas·ni
go horse riding	lovagolni	law·vo·gawl·ni
run	futni	fut·ni
ski	síelni	shee·el·ni

Where's the nearest …?	Hol van a legközelebbi …?	hawl von o leg·keu·ze·leb·bi …
golf course	golfpálya	gawlf·paa·yo
gym	sportterem	shpawrt·te·rem
swimming pool	uszoda	u·saw·do
tennis court	teniszpálya	te·nis·paa·yo
thermal bath	termálfürdő	ter·maal·fewr·dēū

Do I have to be a member to attend?
Tagnak kell lenni ahhoz,   tog·nok kell len·ni oh·hawz
hogy az ember   hawj oz em·ber
bemehessen?   be·me·hesh·shen

Is there a women-only session?
Van csak nők számára   von chok nēūk saa·maa·ro
fenntartott foglalkozás?   fenn·tor·tawtt fawg·lol·kaw·zaash

Where are the changing rooms?
Hol vannak az öltözők?   hawl von·nok oz eul·teu·zēūk

What's the charge per ...?	Mennyibe kerül egy ...?	men'·nyi·be ke·rewl ej ...
day	nap	nop
game	játszma	yaats·mo
hour	óra	āw·ro
visit	látogatás	laa·taw·go·taash
Can I hire a ...?	Lehet ... bérelni?	le·het ... bay·rel·ni
ball	labdát	lob·daat
bicycle	biciklit	bi·tsik·lit
court	pályát	paa·yaat
racquet	ütőt	ew·tēūt

extreme sports

extrém sportok

I'd like to go ...	Szeretnék elmenni ...	se·ret·nayk el·men·ni ...
abseiling	egy sziklához és kötélen leereszkedni	ej sik·laa·hawz aysh keu·tay·len le·e·res·ked·ni
bungee jumping	kötélugrani	keu·tayl·ug·ro·ni
caving	barlangászni	bor·lon·gaas·ni
game fishing	sporthorgászni	shpawrt·hawr·gaas·ni
hang-gliding	sárkányrepülni	shaar·kaan'·re·pewl·ni
mountain biking	hegyibiciklizni	he·dyi·bi·tsik·liz·ni
parasailing	ejtőernyő- vitorlázni	ey·tēū·er·nyēū- vi·tawr·laaz·ni
rock climbing	sziklát mászni	sik·laat maas·ni
skydiving	zuhanó ejtőernyőzni	zu·ho·nāw ey·tēū·er·nyēūz·ni
snow- boarding	hódeszkázni	hāw·des·kaaz·ni
white-water rafting	vadvízi evezésre	vod·vee·zi e·ve·zaysh·re

sport

145

Is the equipment secure?
   Biztonságos a   *biz*·tawn·shaa·gawsh o
   felszerelés?   *fel*·se·re·laysh

Is this safe?
   Ez biztonságos?   ez *biz*·tawn·shaa·gawsh

fishing

horgászat

Where are the good spots?
   Hol vannak a jó helyek?   hawl *von*·nok o yāw *he*·yek

Do I need a fishing permit?
   Kell, hogy legyen   kell hawj *le*·dyen
   horgászengedélyem?   *hawr*·gaas·en·ge·day·yem

Do you do fishing tours?
   Önök szerveznek   *eu*·neuk *ser*·vez·nek
   horgásztúrákat?   *hawr*·gaas·tū·raa·kot

What's the best bait?
   Mi a legjobb csali?   mi o *leg*·yawbb *cho*·li

Are they biting?
   Harapnak a halak?   *ho*·rop·nok o *ho*·lok

What kind of fish are you landing?
   Milyen halat fogtál?   *mi*·yen *ho*·lot *fawg*·taal

How much does it weigh?
   Mennyi a súlya?   *men'*·nyi o *shū*·yo

bait	*csali*	*cho*·li
burley	*beetetőcsali*	*be*·e·te·teū·cho·li
flare	*villantó*	*vil*·lon·tāw
float	*úszó*	*ū*·sāw
hook/hooks	*horog/horgok*	*haw*·rawg/*hawr*·gawk
life jacket	*mentőmellény*	*men*·teū·mel·layn'
(fishing) line	*(horgász)zsinór*	(*hawr*·gaas·)*zhi*·nāwr
lures	*műcsali*	*mēw*·cho·li
(fishing) rod	*(horgász)bot*	(*hawr*·gaas·)*bawt*
sinkers	*ólom*	*āw*·lawm

horse riding

lovaglás

Can you recommend a riding school?
Tudsz ajánlani egy lovaglóiskolát?
tuds o·yaan·lo·ni ej law·vog·lāw·ish·kaw·laat

How much is a (one)-hour ride?
Mennyibe kerül egy (egy)órás lovaglás?
men'·nyi·be ke·rewl ej (ej)·āw·raash law·vog·laash

How much is a (one)-hour lesson?
Mennyibe kerül egy (egy)órás lecke?
men'·nyi·be ke·rewl ej (ej)·āw·raash lets·ke

How much is a (three)-day riding tour?
Mennyibe kerül egy (három)napos lovastúra?
men'·nyi·be ke·rewl ej (haa·rawm)·no·pawsh law·vosh·tū·ro

How long is the ride?
Mennyi ideig tart a lovaglás?
men'·nyi i·de·ig tort o law·vog·laash

I'm an experienced rider.
Tapasztalt lovas vagyok.
to·pos·tolt law·vosh vo·dyawk

I'm not an experienced rider.
Nem vagyok tapasztalt lovas.
nem vo·dyawk to·pos·tolt law·vosh

Can I hire a hat and boots?
Lehet lovaglókalapot és csizmát bérelni?
le·het law·vog·lāw·ko·lo·pawt aysh chiz·maat bay·rel·ni

bit	zabla	zob·lo
bridle	kantár	kon·taar
canter	könnyű vágta	keun'·nyēw vaag·to
carriage	kocsi	kaw·chi
crop	ostornyél	awsh·tawr·nyayl
gallop	vágta	vaag·to
groom	lovász	law·vaas
horse	ló	lāw

sport

147

pony	*póni*	*paw*·ni
reins	*gyeplő*	*dyep*·lēū
saddle	*nyereg*	*nye*·reg
stable	*istálló*	*ish*·taal·lāw
stirrup	*kengyel*	*ken*·dyel
trot	*ügetés*	*ew*·ge·taysh
walk	*léptetés*	*layp*·te·taysh

ice-skating

korcsolyázás

Is there a skating rink here?
   Van itt korcsolyapálya?   von itt *kawr*·chaw·yo·paa·yo

Do you like ice-skating?
   Szeretsz korcsolyázni?   se·rets *kawr*·chaw·yaaz·ni

Do you feel like ice-skating?
   Van kedved korcsolyázni?   von *ked*·ved *kawr*·chaw·yaaz·ni

I (don't) like ice-skating.
   (Nem) Szeretek korcsolyázni.   (nem) se·re·tek *kawr*·chaw·yaaz·ni

I can skate (well).
   (Jól) Tudok korcsolyázni.   (yāwl) tu·dawk *kawr*·chaw·yaaz·ni

I can't skate.
   Nem tudok korcsolyázni.   nem tu·dawk *kawr*·chaw·yaaz·ni

I'll teach you ice-skating.
   Megtanítalak korcsolyázni.   *meg*·to·nee·to·lok *kawr*·chaw·yaaz·ni

Can I hire skates?
   Lehet korcsolyát bérelni?   le·het *kawr*·chaw·yaat *bay*·rel·ni

Isn't it dangerous?
   Nem veszélyes?   nem *ve*·say·yesh

It's dangerous to skate here, the ice is too thin.
   Veszélyes itt korcsolyázni,   *ve*·say·yesh itt *kawr*·chaw·yaaz·ni
   a jég nem elég vastag.   o yayg nem *e*·layg *vosh*·tog

Hold on to me!
  Kapaszkodj belém!　　　　　　　ko·pos·kawd·y be·laym
Slow down!
  Lassabban!　　　　　　　　　　losh·shob·bon

ice skates	*korcsolya*	kawr·chaw·yo
skating boots	*korcsolyacipő*	kawr·chaw·yo·tsi·pēū
skating rink	*korcsolyapálya*	kawr·chaw·yo·paa·yo

football/soccer

futball

When does　　*Mikor …?*　　　　　　mi·kawr …
the match …?
　start　　　　　*kezdődik a meccs*　　　kez·dēū·dik o mech
　finish　　　*lesz vége a*　　　　　　les vay·ge o
　　　　　　　　meccsnek　　　　　　　mech·nek

What's the score?
  Hogy áll a mérkőzés?　　　hawj aall o mayr·kēū·zaysh
Which one is the better team?
  Melyik a jobb csapat?　　　me·yik o yawbb cho·pot
Who's their coach?
  Ki az edzőjük?　　　　　　ki oz ed·zēū·yewk
Who's winning?
  Ki áll nyerésre?　　　　　　ki aall nye·raysh·re
Who's playing whom?
  Ki játszik kivel?　　　　　　ki yaat·sik ki·vel
Who scored the most goals?
  Ki lőtte a legtöbb gólt?　　ki lēūt·te o leg·teubb gāwlt
Who won?
  Ki nyert?　　　　　　　　　ki nyert
Who plays for (Fradi)?
  Ki játszik (a Fradi)ban?　　ki yaat·sik (o fro·di)·bon
He's a great (player).
  Ő nagyon jó (játékos).　　　ēū no·dyawn yāw (yaa·tay·kawsh)

sport

149

He played brilliantly in the match against (Italy).
 Nagyszerűen játszott *noj*·se·rēw·en *yaat*·sawtt
 az (Olaszország) oz (*aw*·los·awr·saag)
 elleni meccsen. el·le·ni *mech*·en

Which team is at the top of the league?
 Melyik a bajnokcsapat? *me*·yik o *boy*·nawk·cho·pot

What a great/terrible team!
 Milyen jó/szörnyű csapat! *mi*·yen yāw/*seur*·nyēw *cho*·pot

ball	*labda*	*lob*·do
coach	*edző*	*ed*·zēū
corner (kick)	*szöglet*	*seug*·let
expulsion	*kiállítás*	*ki*·aal·lee·taash
extension	*hosszabbítás*	*haws*·sob·bee·taash
fan	*szurkoló*	*sur*·kaw·lāw
feint(ing)	*cselezés*	*che*·le·zaysh
first/second half	*első/második félidő*	*el*·shēū/*maa*·shaw·dik *fayl*·i·dēū
field	*futballpálya*	*fut*·boll·paa·yo
footballer	*futballista*	*fut*·bol·lish·to
foul	*szabálytalanság*	*so*·baa·y·to·lon·shaag
free kick	*szabadrúgás*	*so*·bod·rū·gaash
goal (structure)	*kapu*	*ko*·pu
goalkeeper	*kapus*	*ko*·push
manager	*menedzser*	*me*·ne·jer
offside	*les*	lesh
penalty	*büntető*	*bewn*·te·tēū
player	*játékos*	*yaa*·tay·kawsh
red card	*piros lap*	*pi*·rawsh lop
referee	*bíró*	*bee*·rāw
striker	*középcsatár*	*keu*·zayp·cho·taar
team	*futballcsapat*	*fut*·boll·cho·pot
throw in	*bedobás*	*be*·daw·baash
yellow card	*sárga lap*	*shaar*·go lop

cheering

Goal!
 Gól! gāwl

Go, (Fradi), go!
 Hajrá (Fradi)! ho·y·raa (fro·di)

You must be blind! (lit: glasses for the referee)
 Szemüveget a bírónak! sem·ew·ve·get o bee·rāw·nok

tennis

tenisz

I'd like to play tennis.
 Szeretnék teniszezni. se·ret·nayk te·ni·sez·ni

Can we play at night?
 Játszhatunk este? jaats·ho·tunk esh·te

I need my racquet restrung.
 Újra kell húroztatnom üy·ro kell hū·rawz·tot·nawm
 az ütőmet. oz ew·tēū·met

ace	ász	aas
advantage	előny	e·lēūn'
clay	agyag	o·dyog
fault	szabálytalan	so·baa·y·to·lon
	adogatás	o·daw·go·taash
game, set,	játszma, szet,	yaats·mo set
match	meccs	mech
grass court	füves pálya	few·vesh paa·yo
hard court	kemény pálya	ke·mayn' paa·yo
net	háló	haa·lāw
play doubles	párosban	paa·rawsh·bon
	játszani	yaat·so·ni
racquet	ütő	ew·tēū
serve	szerva	ser·vo
set	szet	set
tennis ball	teniszlabda	te·nis·lob·do

sport

water sports

vízi sportok

Where's the nearest …?	Hol van a legközelebbi …?	hawl von a leg·keu·ze·leb·bi …
indoor pool	fedett uszoda	fe·dett u·saw·do
lake	tó	tāw
outdoor pool	szabadtéri uszoda	so·bod·tay·ri u·saw·do

changing rooms	öltöző	eul·teu·zēū
locker	öltözőszekrény	eul·teu·zēū·sek·rayn'
swimming cap	úszósapka	ū·sāw·shop·ko
swimming costume	fürdőruha	fewr·dēū·ru·ho

Can I hire (a) …?	Lehet … bérelni?	le·het … bay·rel·ni
boat	csónakot	chāw·no·kawt
canoe	kenut	ke·nut
kayak	kajakot	ko·yo·kawt
life jacket	mentőmellényt	men·tēū·mel·layn't
sailboard	vitorlás szörfdeszkát	vi·tawr·laash seurf·des·kaat
water-skis	vízisít	vee·zi·sheet
wetsuit	szörfruhát	seurf·ru·haat

Are there any water hazards?
Vannak erre vízi veszélyek? von·nok er·re vee·zi ve·say·yek

guide	vezető	ve·ze·tēū
motorboat	motorcsónak	maw·tawr·chāw·nok
oar(s)	evező(k)	e·ve·zēū(k)
sailing boat	vitorlás hajó	vi·tawr·laash ho·yāw
windsurfing	széllovaglás	sayl·law·vog·laash

SOCIAL

152

outdoors
a szabadban

hiking

gyalogtúrázás

Where can I ...?	Hol ...?	hawl ...
buy supplies	tudok készleteket venni	tu·dawk kays·le·te·ket ven·ni
find someone who knows this area	találok valakit, aki ismeri ezt a környéket	to·laa·lawk vo·lo·kit o·ki ish·me·ri ezt o keur·nyay·ket
get a map	tudok térképet venni	tu·dawk tayr·kay·pet ven·ni
hire hiking gear	bérelhetek túrafelszerelést	bay·rel·he·tek tū·ro·fel·se·re·laysht

Is the track ...?	A túristaút ...?	o tū·rish·to·ūt ...
(well-) marked	(jól) ki van jelölve	(yāwl) ki von ye·leul·ve
open	nyitva van	nyit·vo von
scenic	szép kilátást kínál	sayp ki·laa·taasht kee·naal

How ...?	Milyen ...?	mi·yen ...
high is the climb	magasra kell mászni	mo·gosh·ro kell maas·ni
long is the trail	hosszú a túraösvény	haws·sū o tū·ro·eush·vayn'

Do we need to take ...?	Kell magunkkal vinni ...?	kell mo·gunk·kol vin·ni ...
bedding	ágyneműt	aaj·ne·mēwt
food	ennivalót	en·ni·vo·lāwt
water	vizet	vi·zet

Do we need a guide?
Van szükségünk vezetőre? von sewk·shay·gewnk ve·ze·tēū·re

Are there guided treks?
Vannak túravezető által von·nok tū·ro·ve·ze·tēū aal·tol
vezetett túrák? ve·ze·tett tū·raak

Is it safe?
Biztonságos? biz·tawn·shaa·gawsh

Is the water OK to drink?
Iható a víz? i·ho·tāw o veez

Is there a hut?
Van ott menedékház? von awtt me·ne·dayk·haaz

When does it get dark?
Mikor sötétedik? mi·kawr sheu·tay·te·dik

Which is	*Melyik*	me·yik
the ... route?	*a ... útvonal?*	o ... ūt·vaw·nol
easiest	*legkönnyebb*	leg·keun·nyebb
most interesting	*legérdekesebb*	leg·ayr·de·ke·shebb
shortest	*legrövidebb*	leg·reu·vi·debb

Where can I find the ...?	*Hol találom ...?*	hawl to·laa·lawm ...
camp ground	*a kempinget*	o kem·pin·get
nearest village	*a legközelebbi falut*	o leg·keu·ze·leb·bi fo·lut
showers	*a zuhanyozót*	o zu·ho·nyaw·zāwt
toilets	*a vécét*	o vay·tsayt

Where have you come from?
Honnan jössz? hawn·non yeuss

How long did it take?
Mennyi ideig tartott? men'·nyi i·de·ig tor·tawtt

Can I go through here?
Át tudok menni itt? aat tu·dawk men·ni itt

I'm lost.
Eltévedtem. el·tay·ved·tem

beach

strand

Hungary is a landlocked nation which boasts some of the biggest lakes in Europe. Sunbathing is a popular pastime on lakeside beaches, so don't forget to put on some *naptej* *nop*·te·y (sunscreen)!

Where's the … beach?	Hol van a … strand?	hawl von o … shtrond
best	legjobb	*leg*·yawbb
nearest	legközelebbi	*leg*·keu·ze·leb·bi
nudist	nudista	*nu*·dish·to
public	szabad	*so*·bod

Is it safe to dive/swim here?
  Lehet itt biztonságosan fejest ugrani/úszni?   *le*·het itt *biz*·tawn·shaa·gaw·shon *fe*·yesht *ug*·ro·ni/*ūs*·ni

Do we have to pay?
  Kell fizetni?   kell *fi*·zet·ni

How much for a/an …?	Mennyibe kerül egy …?	*men'*·nyi·be ke·rewl ej …
chair	szék	sayk
hut	kabin	*ko*·bin
umbrella	napernyő	*nop*·er·nyēū

signs

| Fejest ugrani tilos! | *fe*·yesht *ug*·ro·ni *ti*·lawsh | **No Diving** |
| Úszni tilos! | *ūs*·ni *ti*·lawsh | **No Swimming** |

weather

időjárás

What's the weather like?
  Milyen az idő?   *mi*·yen oz *i*·dēū

What will the weather be like tomorrow?
  Milyen lesz az idő holnap?   *mi*·yen les oz *i*·dēū *hawl*·nop

outdoors

It's ...	Az idő ...	oz i·dēū ...
cloudy	felhős	fel·hēūsh
cold	hideg	hi·deg
fine	jó	yāw
freezing	jéghideg	yayg·hi·deg
hot	nagyon meleg	no·dyawn me·leg
sunny	napos	no·pawsh
warm	meleg	me·leg
windy	szeles	se·lesh
It's ...	Esik ...	e·shik ...
It will be ...	Esni fog ...	esh·ni fawg ...
raining	az eső	oz e·shēū
snowing	a hó	o hāw

flora & fauna

növény- és állatvilág

What ... is that?	Az milyen ...?	oz mi·yen ...
animal	állat	aal·lot
flower	virág	vi·raag
plant	növény	neu·vayn'
tree	fa	fo
Is it ...?		
common	Nagyon elterjedt?	no·dyawn el·ter·yett
dangerous	Veszélyes?	ve·say·esh
endangered	Veszélyeztetett?	ve·say·yez·te·tett
poisonous	Mérgező?	mayr·ge·zēū
protected	Védett?	vay·dett

local plants & animals

deer	szarvas	sor·vosh
fox	róka	rāw·ko
poppy	pipacs	pi·poch
roe deer	őz	ēūz
wild boar	vaddisznó	vod·dis·nāw

FOOD > eating out
étteremben

key language

alapvető kifejezések

breakfast	*reggeli*	*reg*·ge·li
lunch	*ebéd*	*e*·bayd
dinner	*vacsora*	*vo*·chaw·ro
morning tea	*tízórai*	*teez*·āw·ro·i
afternoon tea	*uzsonna*	*u*·zhawn·no
snack	*snack*	snekk
eat v	*enni*	*en*·ni
drink v	*inni*	*in*·ni
I'd like …	*Szeretnék …*	*se*·ret·nayk …
I'm starving!	*Nagyon éhes vagyok!*	*no*·dyawn *ay*·hesh *vo*·dyawk

finding a place to eat

hol együnk

Where would you go for …?	*Hová menne …?*	*haw*·vaa *men*·ne …
a celebration	*megünnepelni valamit*	*meg*·ewn·ne·pel·ni *vo*·lo·mit
a cheap meal	*ha olcsón akarna enni*	ho *awl*·chāwn *o*·kor·no *en*·ni
delicious cakes	*finom süteményért*	*fi*·nawm *shew*·te·may·nyayrt
local specialities	*helyi specialitásokért*	*he*·yi shpe·tsi·o·li·taa·shaw·kayrt

eating out

157

Can you recommend a ... ?	*Tud/Tudsz ajánlani egy ...?* pol/inf	tud/tuds *o·yaan·lo·ni ej ...*
bar	*bárt*	baart
beer cellar	*sörözőt*	*sheu·reu·zēūt*
bistro	*gyorséttermet*	*dyawrsh·ayt·ter·met*
café	*kávézót*	*kaa·vay·zāwt*
pastry shop	*cukrászdát*	*tsuk·raas·daat*
pub	*pubot*	*pu·bawt*
restaurant	*éttermet*	*ayt·ter·met*
self-service restaurant	*önkiszolgálót*	*eun·ki·sawl·gaa·lāwt*
village inn	*fogadót*	*faw·ga·dāwt*
village tavern	*csárdát*	*chaar·daat*
wine cellar	*borozót*	*baw·raw·zāwt*
I'd like to reserve a table for ...	*Szeretnék asztalt foglalni ...*	*se·ret·nayk os·tolt fawg·lol·ni ...*
(two) people	*(két) főre*	*(kayt) fēū·re*
(eight) o'clock	*(nyolc) órára*	*(nyawlts) āw·raa·ro*

I'd like ..., please.	*Legyen szíves, hozzon egy ...*	*le·dyen see·vesh hawz·zawn ej ...*
a children's menu	*gyerekmenüt*	*dye·rek·me·newt*
the drink list	*itallapot*	*i·tol·lo·pawt*
a half portion	*fél adagot*	*fayl o·do·gawt*
the menu (in English)	*(angol nyelvű) étlapot*	*(on·gawl nyel·vēw) ayt·lo·pawt*

eat, drink & be merry

You can buy both food and alcohol in Hungarian pubs, inns and taverns. If you want to eat traditional fare with your drinks then beer and wine cellars are your best bet.

I'd like ...	Szeretnék ...	se·ret·nayk ...
a table for (five)	egy asztalt (öt) személyre	ej os·tolt (eut) se·may·re
the non-smoking section	a nem dohányzó részben ülni	o nem daw·haan'·zāw rays·ben ewl·ni
the smoking section	a dohányzó részben ülni	o daw·haan'·zāw rays·ben ewl·ni

Are you still serving food?
Még szolgálnak fel ennivalót? — mayg *sawl*·gaal·nok fel *en*·ni·vo·lāwt

How long is the wait?
Mennyi ideig kell várni? — men'·nyi *i*·de·ig kell *vaar*·ni

at the restaurant

az étteremben

What would you recommend?
Mit ajánlana? — mit *o*·yaan·lo·no

What's in that dish?
Mit tartalmaz ez a fogás? — mit *tor*·tol·moz ez o *faw*·gaash

What's that called?
Azt hogy hívják? — ozt hawj *heev*·yaak

I'll have that.
Azt kérem. — ozt *kay*·rem

Does it take long to prepare?
Sokáig tart az elkészítése? — *shaw*·kaa·ig tort oz *el*·kay·see·tay·she

Is it self-serve?
Önkiszolgáló? — *eun*·ki·sawl·gaa·lāw

Is service included in the bill?
A kiszolgálás díja benne van a számlában? — o *ki*·sawl·gaa·laash *dee*·ya *ben*·ne von o *saam*·laa·bon

eating out

listen for ...

te·le vo·dyunk	Tele vagyunk.	We're full.
zaar·vo vo·dyunk	Zárva vagyunk.	We're closed.
ej pil·lo·not	Egy pillanat.	One moment.
mit hawz·ho·tawk	Mit hozhatok?	What can I get for you?
o/oz ... o·yaan·lawm	A/az ... ajánlom.	I suggest the ...
se·re·ti ...	Szereti ...?	Do you like ...?
haw·dyon le·dyen el·kay·seet·ve	Hogyan legyen elkészítve	How would you like that cooked?
tesh·shayk	Tessék!	Here you go!
yāw ayt·vaa·dyot	Jó étvágyat!	Enjoy your meal!

Are these complimentary?
 Ezek ingyen vannak? e·zek in·dyen von·nok

How much will that be?
 Mennyi lesz? men'·nyi les

I didn't order that.
 Nem rendeltem ilyet. nem ren·del·tem i·yet

There's a mistake in the bill.
 Valami hiba van a számlában. vo·lo·mi hi·bo von o saam·laa·bon

I'd like to see the manager, please.
 Szeretnék beszélni az üzletvezetővel, kérem. se·ret·nayk be·sayl·ni oz ewz·let·ve·ze·tēū·vel kay·rem

I'd like a ...	... szeretnék.	... se·ret·nayk
local speciality	Valamilyen helyi specialitást	vo·lo·mi·yen he·yi shpe·tsi·o·li·taasht
sandwich	Egy szendvicset	ej send·vi·chet

I'd like ...	... szeretném.	... se·ret·naym
that dish	Azt az ételt	ozt oz ay·telt
the chicken	A csirkét	o chir·kayt
the menu	Az étlapot	oz ayt·lo·pawt

FOOD

160

I'd like it with ...	... kérem.	... kay·rem
black pepper	Borssal	bawrsh·shol
cheese	Sajttal	shoyt·tol
garlic	Fokhagymával	fawk·hoj·maa·vol
hot paprika	Erős paprikaával	e·rēūsh pop·ri·kaa·vol
ketchup	Ketchuppal	ke·cheup·pel
nuts	Mogyoróval	maw·dyaw·rāw·vol
oil	Olajjal	aw·lo
salt	Sóval	shāw·vol
sugar	Cukorral	tsu·kawr·rol
tomato sauce	Paradicsom- szósszal	po·ro·di·chawm- sāws·sol
vinegar	Ecettel	e·tset·tel

I'd like it without ...	... nélkül kérem.	... nayl·kewl kay·rem
black pepper	Bors	bawrsh
cheese	Sajt	shoyt
garlic	Fokhagyma	fawk·hoj·mo
hot paprika	Erős paprika	e·rēūsh pop·ri·ko
ketchup	Ketchup	ke·cheup
nuts	Mogyoró	maw·dyaw·rāw
oil	Olaj	aw·loy
salt	Só	shāw
sugar	Cukor	tsu·kawr
tomato sauce	Paradicsom- szósz	po·ro·di·chawm- sāws
vinegar	Ecet	e·tset

For other specific meal requests, see **vegetarian & special meals**, page 171.

lashings of goulash

Hungary's most famous dish is goulash, the beef soup known locally as *gulyásleves* gu·yaash·le·vesh. The word originally came from the *gulyás* gu·yaash (herdsmen/cowboys) who made it from their hard-earned *hús* hūsh (meat).

you might read ...

étvágygerjesztők	ayt·vaaj·ger·yes·tēŭk	appetisers
saláták	sho·laa·taak	salads
levesek	le·ve·shek	soups
hideg/meleg előételek	hi·deg/me·leg e·lēŭ·ay·te·lek	cold/hot entrees
köretek	keu·re·tek	garnishes
savanyúságok	sho·vo·nyŭ·shaa·gok	pickles
főételek	fēŭ·ay·te·lek	main courses
húsételek	hūsh·ay·te·lek	meat dishes
vegetáriánus ételek	ve·ge·taa·ri·aa·nush ay·te·lek	vegetarian dishes
tészták	tays·taak	pastas
pizzák	piz·zaak	pizzas
desszertek	des·ser·tek	desserts
italok	i·to·lawk	drinks
üdítőitalok	ew·dee·tēŭ·i·to·lawk	soft drinks
aperitifek	o·pe·ri·ti·fek	apéritifs
röviditalok	reu·vid·i·to·lawk	spirits
sörök	sheu·reuk	beers
borok	baw·rawk	wines
fehér borok	fe·hayr baw·rawk	white wines
pezsgő borok	pezh·gēŭ baw·rawk	sparkling wines
vörös borok	veu·reush baw·rawk	red wines
csemegeborok	che·me·ge·baw·rawk	dessert wines
emésztést serkentő italok	e·mays·taysht sher·ken·tēŭ i·to·lawk	digestifs

For more words you might see in a menu, see the **menu decoder**, page 175.

at the table

az asztalnál

Please bring a ...	*Kérem, hozzon egy ...*	*kay·rem hawz·zawn ej ...*
cloth	*rongyot*	*rawn·dyawt*
glass	*poharat*	*paw·ho·rot*
serviette	*szalvétát*	*sol·vay·taat*
wineglass	*borospoharat*	*baw·rawsh·paw·ho·rot*
This is ...	*Ez ...*	*ez ...*
(too) cold	*(túl) hideg*	*(tūl) hi·deg*
spicy	*fűszeres*	*fēw·se·resh*
superb	*nagyszerű*	*noj·se·rēw*

Please bring the bill.
Kérem, hozza a számlát.
kay·rem hawz·zo o saam·laat

I'm full.
Jóllaktam.
yāwl·lok·tom

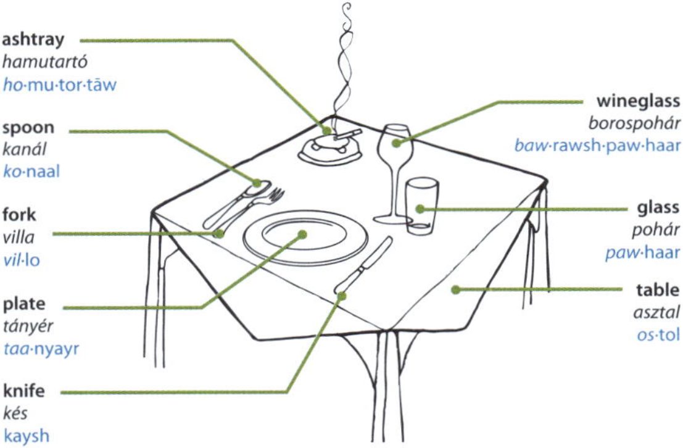

ashtray
hamutartó
ho·mu·tor·tāw

spoon
kanál
ko·naal

fork
villa
vil·lo

plate
tányér
taa·nyayr

knife
kés
kaysh

wineglass
borospohár
baw·rawsh·paw·haar

glass
pohár
paw·haar

table
asztal
os·tol

eating out

> **menu or *menü***
>
> Don't be deceived by the word *menü* me·new, which actually means a set menu. To ask for the list of drinks and dishes use the word *étlap* ayt·lop.

talking food

beszélgetés az ételekről

I love this dish.
Szeretem ezt az ételt. se·re·tem ezt oz ay·telt

I love the local cuisine.
Szeretem a helyi konyhát. se·re·tem o he·yi kawn'·haat

That was delicious!
Ez nagyon finom volt! ez no·dyawn fi·nawm vawlt

My compliments to the chef.
Gratulálok a szakácsnak. gro·tu·laa·lawk o so·kaach·nok

methods of preparation

ételkészítési módszerek

I'd like it …	… *szeretném.*	… se·ret·naym
I don't want it …	*Nem szeretném* …	nem se·ret·naym …
boiled	*forralva*	for·rol·vo
broiled	*roston sülve*	rawsh·tawn shewl·ve
deep-fried	*bő zsírban sütve*	beū zheer·bon shewt·ve
fried	*zsírban sütve*	zheer·bon shewt·ve
grilled	*grillezve*	gril·lez·ve
mashed	*pürésítve*	pew·ray·sheet·ve
medium	*közepesen átsütve*	keu·ze·pe·shen aat·shewt·ve
rare	*véresen*	vay·re·shen
re-heated	*felmelegítve*	fel·me·le·geet·ve
steamed	*párolva*	paa·rawl·vo
well-done	*jól átsütve*	yāwl aat·shewt·ve

FOOD

164

in the bar

a bárban

As well as drinking in a *bárt* baart (bar) or *pub* pob (pub), your other option is a *kocsma* kawch·ma. Your average *kocsma* is cheaper and grungier than a *pub* but doesn't serve food.

Excuse me.
  Bocsánat. baw·chaa·not
I'm next.
  Én következem. ayn *keu*·vet·ke·zem
I'll have …
  … kérek. … *kay*·rek
Same again, please.
  Legyen szíves ugyanezt *le*·dyen *see*·vesh *u*·dyon·ezt
  még egyszer. mayg *ej*·ser
I'll buy you a drink.
  Fizetek neked egy italt. *fi*·ze·tek *ne*·ked ej *i*·tolt
What would you like?
  Mit kérsz? mit kayrs
It's my round.
  Ezt most én fizetem. ezt mawsht ayn *fi*·ze·tem
No ice, thanks.
  Köszönöm, nem kérek jeget. *keu*·seu·neum nem *kay*·rek *ye*·get
How much is that?
  Az mennyibe kerül? oz *men'*·nyi·be *ke*·rewl
Do you serve meals here?
  Lehet itt enni? *le*·het itt *en*·ni

listen for ...

mit kayr
  Mit kér? **What are you having?**
ozt *hi*·sem *e*·le·get *i*·vawtt
  Azt hiszem, eleget ivott. **I think you've had enough.**
u·tawl·shāw *ren*·de·laysh *nem*·shaw·kaa·ro *zaa*·runk
  Utolsó rendelés, **Last orders.**
  nemsokára zárunk.

nonalcoholic drinks

alkoholmentes italok

... mineral water	... *ásványvíz*	... *aash*·vaan'·veez
sparkling	*szénsavas*	*sayn*·sho·vosh
still	*szénsavmentes*	*sayn*·shov·men·tesh
orange juice	*narancslé*	*no*·ronch·lay
soft drink	*üdítőital*	*ew*·dee·tēū·i·tal
(hot) water	*(forró) víz*	(*fawr*·rāw) veez
(cup of) tea ...	*(csésze) tea ...*	(*chay*·se) *te*·o ...
(cup of) coffee ...	*(csésze) kávé ...*	(*chay*·se) *kaa*·vay ...
with milk	*tejjel*	*ey*·yel
with sugar	*cukor*	*tsu*·kawr
with honey	*mézzel*	*mayz*·zel
with lemon	*citrommal*	*tsit*·rawm·mol
decaffeinated coffee	*koffeinmentes*	*kawf*·fe·in·men·tesh
double black	*dupla fekete*	*dup*·lo *fe*·ke·te
iced coffee	*jeges*	*ye*·gesh
single black	*szimpla fekete*	*simp*·lo *fe*·ke·te
strong coffee	*erős*	*e*·rēūsh
weak coffee	*gyenge*	*dyen*·ge
white coffee	*tejjel*	*tey*·yel

alcoholic drinks

alkoholos italok

Remember to sample some *pálinka* *paa*·lin·ko, a Hungarian brandy made from fruit like plums and cherries. You could also try *unikum* *u*·ni·kum, a kind of bitter schnapps made from over 40 roots and herbs which claims medicinal properties.

beer	*sör*	sheur
brandy	*brandy*	*bren*·di
champagne	*pezsgő*	*pezh*·gēū
cocktail	*koktél*	*kawk*·tayl

a ... of beer	*egy ... sör*	ej ... sheur
can	*dobozos*	daw·baw·zawsh
glass	*pohár*	paw·haar
pint	*fél liter*	fayl li·ter
small bottle	*kis üveg*	kish ew·veg
large bottle	*nagy üveg*	noj ew·veg
jug	*korsó*	kawr·shāw

a bottle/glass of ... wine	*egy üveg/ pohár ... bor*	ej ew·veg/ paw·haar ... bawr
dessert	*csemege*	che·me·ge
red	*vörös*	veu·reush
rosé	*világos vörös*	vi·laa·gawsh veu·reush
sparkling	*pezsgő*	pezh·gēū
white	*fehér*	fe·hayr

a shot of ...	*egy kupica ...*	ej ku·pi·tso ...
gin	*gin*	jin
pálinka	*pálinka*	paa·lin·ko
rum	*rum*	rum
tequila	*tequila*	te·ki·lo
unicum	*unikum*	u·ni·kum
vodka	*vodka*	vawd·ko
whisky	*whisky*	vis·ki

putting on the spritz

A popular way of adding zing to wine in Hungary is by mixing up a *fröccs* freuch (spritzer). Two common versions of this bubbly refresher are the *házmester* haaz·mesh·ter (lit: concierge), 300mL of wine mixed with 200mL of soda water, and the *hosszúlépés* haws·sū·lay·paysh (lit: long-step) made with 100mL of wine and 200mL of soda water.

drinking up

ivás

Cheers! (to one person)
Egészségére! pol e·gays·shay·gay·re
Egészségedre! inf e·gays·shay·ged·re

Cheers! (to more than one person)
Egészségükre! pol e·gays·shay·gewk·re
Egészségetekre! inf e·gays·shay·ge·tek·re

This is hitting the spot.
Ez nagyon jól esik. ez no·dyawn yāwl e·shik

I feel fantastic!
Nagyszerűen érzem magam! noj·se·rēw·en ayr·zem mo·gom

I think I've had one too many.
Azt hiszem, eggyel többet ittam a kelleténél. ozt hi·sem ej·dyel teub·bet it·tom o kel·le·tay·nayl

I'm feeling drunk.
Úgy érzem, részeg vagyok. ūj ayr·zem ray·seg vo·dyawk

I feel ill.
Rosszul érzem magam. raws·sul ayr·zem mo·gom

Where's the toilet?
Hol a vécé? hawl o vay·tsay

I'm tired, I'd better go home.
Fáradt vagyok, jobb, ha hazamegyek. faa·rott vo·dyawk yawbb ho ho·zo·me·dyek

Can you call a taxi for me?
Tud hívni nekem egy taxit? tud heev·ni ne·kem ej tok·sit

I don't think you should drive.
Azt hiszem, jobb, ha nem vezet. ozt hi·sem yawbb ho nem ve·zet

FOOD

168

self-catering
önellátás

What's the local speciality?
Mi az itteni specialitás? — mi oz *it*·te·ni shpe·tsi·o·li·taash

What's that?
Az mi? — oz mi

Can I taste it?
Megkóstolhatom? — meg·kāwsh·tawl·ho·tawm

How much is (a kilo of cheese)?
Mennyibe kerül (egy kiló sajt)? — men'·nyi·be ke·rewl (ej *ki*·lāw shoyt)

I'd like …	Kérek …	*kay*·rek …
(20) decagrams	(húsz) dekát	(hūs) *de*·kaat
half a dozen	fél tucatot	fayl *tu*·tso·tawt
a dozen	egy tucatot	ej *tu*·tso·tawt
half a kilo	fél kilót	fayl *ki*·lāwt
a kilo	egy kilót	ej *ki*·lāwt
a bottle/jar	egy üveggel	ej *ew*·veg·gel
a packet	egy csomaggal	ej *chaw*·mog·gol
a piece	egy darabot	ej *do*·ro·bawt
a slice	egy szeletet	ej *se*·le·tet
a tin	egy dobozzal	ej *daw*·bawz·zol

I'd like …	… kérem.	… *kay*·rem
that one	Azt	ozt
this one	Ezt	ezt

how would you like that?

cooked	főtt	fēütt
cured	pácolt	*paa*·tsawlt
dried	szárított	*saa*·ree·tawtt
fresh	friss	frish
frozen	fagyasztott	*fo*·dyos·tawtt
raw	nyers	nyersh
smoked	füstölt	*fewsh*·teult

I'd like ...	... kérek.	... *kay*·rek
just a little	Csak egy kicsit	chok ej *ki*·chit
more	Többet	*teub*·bet
some ...	Egy kis ...	ej kish ...
Do you have ...?	Van Önöknél ...?	von *eu*·neuk·nayl ...
anything	valami	*vo*·lo·mi
cheaper	olcsóbb	*awl*·chāwbb
other kinds	másfajta	*maash*·foy·to
Where can I find the ... section?	Hol találom a ...?	hawl *to*·laa·lawm o ...
dairy	tejtermékeket	*tey*·ter·may·ke·ket
fish	halakat	*ho*·lo·kot
frozen goods	fagyasztott árut	*fo*·dyos·tawtt *aa*·rut
fruit and vegetable	gyümölcsöket és zöldségeket	*dyew*·meul·cheu·ket aysh *zeuld*·shay·ge·ket
meat	húsokat	*hū*·shaw·kot
poultry	szárnyasokat	*saar*·nyo·shaw·kat

Could I please borrow a (frying pan)?
Kölcsönkérhetnék egy (serpenyőt)?
keul·cheun·kayr·het·nayk ej (*sher*·pe·nyeūt)

I need a (chopping board).
Szükségem van egy (vágódeszkára).
sewk·shay·gem von ej (*vaa*·gāw·des·kaa·ro)

listen for ...

she·geet·he·tek	Segíthetek?	Can I help you?
mit kayr	Mit kér?	What would you like?
maash·vo·lo·mit	Másvalamit?	Anything else?
ninch	Nincs.	There isn't any.

vegetarian & special meals
vegetáriánus és különleges ételek

ordering food

rendelés

Is there a ... restaurant near here?	Van a közelben ... étterem?	von o *keu*·zel·ben ... *ayt*·te·rem
Do you have ... food?	Vannak Önöknél ... ételek?	*von*·nok *eu*·neuk·nayl ... *ay*·te·lek
halal	iszlám rítus szerint levágott	*is*·laam *ree*·tush *se*·rint *le*·vaa·gawtt
kosher	kóser	*kāw*·sher
vegetarian	vegetáriánus	*ve*·ge·taa·ri·aa·nush

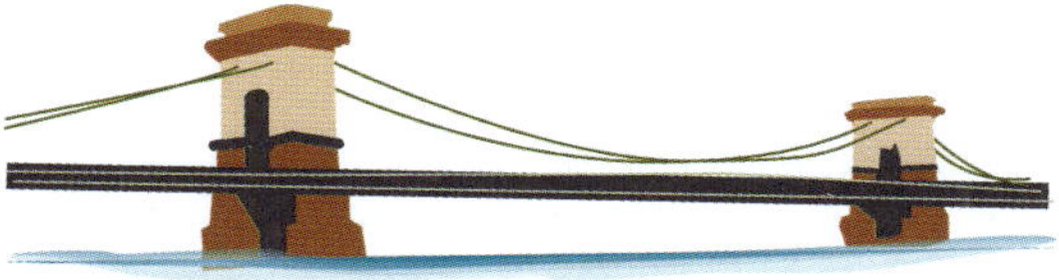

I don't eat ...	Én nem eszem ...	ayn nem *e*·sem ...
butter	vajat	*vo*·yot
eggs	tojást	*taw*·yaasht
fish	halat	*ho*·lot
fish stock	halászlékockát	*ho*·laas·lay·kawts·kaat
meat stock	húsleveskockát	*hüsh*·le·vesh·kawts·kaat
oil	olajat	*aw*·lo·yot
pork	disznóhúst	*dis*·nāw·hüsht
poultry	szárnyast	*saar*·nyosht
red meat	marha-vagy birkahúst	*mor*·ho voj *bir*·ko·hüsht

vegetarian & special meals

a rose by any other name ...

While it may not be a local Hungarian delicacy, you shouldn't be insulted if you're offered something sounding like a 'shite-burger'. A *sajtburger* shoyt·bur·ger is really a cheeseburger in disguise.

Could you prepare a meal without ...?	Tudná készíteni egy ételt ... nélkül?	tud·no kay·see·te·ni ej ay·telt ... nayl·kewl
butter	vaj	vo·y
eggs	tojás	taw·yaash
fish	hal	hol
fish stock	halászlékocka	ho·laas·lay·kawts·ko
meat stock	húsleveskocka	hūsh·le·vesh·kawts·ko
oil	olaj	aw·lo·y
pork	disznóhús	dis·nāw·hūsh
poultry	szárnyashús	saar·nyosh·hūsh
red meat	marha- vagy birkahús	mor·ho voj bir·ko·hūsh

Is this ...?	Ez ...?	ez ...
decaffeinated	koffeinmentes	kawf·fe·in·men·tesh
free of animal produce	állati termékektől mentes	aal·la·ti ter·may·kek·tēūl men·tesh
free-range	szabadon tenyésztett	so·bo·dawn te·nyays·tett
genetically modified	genetikailag módosított	ge·ne·ti·ko·i·log māw·daw·shee·tott
gluten-free	sikérmentes	shi·kayr·men·tesh
low fat	alacsony zsírtartalmú	o·lo·chawn' zheer·tor·tol·mū
low in sugar	alacsony cukortartalmú	o·lo·chawn' tsu·kawr·tor·tol·mū
organic	organikus	awr·go·ni·kush
salt-free	sótlan	shāwt·lon

FOOD

172

special diets & allergies

különleges diéták és allergiák

I'm on a special diet.
 *Különleges diétán kew·leun·le·gesh di·ay·taan
 vagyok.* vo·dyawk

I'm (a) …	*… vagyok.*	*… vo·dyawk*
Buddhist	*Buddhista*	*budd·hish·to*
Hindu	*Hindu vallású*	*hin·du vol·laa·shū*
Jewish	*Zsidó vallású*	*zhi·dāw vol·laa·shū*
Muslim	*Muszlim*	*mus·lim*
vegan	*Tejterméket és tojást sem fogyasztó vegetáriánus*	*te·y·ter·may·ket aysh taw·yaasht shem faw·dyos·tāw ve·ge·taa·ri·aa·nush*
vegetarian	*Vegetáriánus*	*ve·ge·taa·ri·aa·nush*

vegetarian & special meals

hungry hungary vampires

The word 'vampire' is said to have its origins in the old Magyar word *vampir*. 'Vampyre' was first used in English in 1734, in *The Travels of Three English Gentlemen from Venice to Hamburgh*. As the anonymous author wrote, 'These Vampyres are supposed to be the Bodies of deceased Persons, animated by evil Spirits, which come out of the Graves, in the Night-time, suck the Blood of many of the Living, and thereby destroy them.' To talk about their contemporary Hungarian cousins, use the word *vámpír* vaam·peer.

I'm allergic to ...	*Allergiás vagyok a ...*	*ol*·ler·gi·aash *vo*·dyawk o ...
dairy produce	*tejtermékekre*	*te*·y·ter·may·kek·re
eggs	*tojásra*	*taw*·yaash·ro
gelatine	*zselatinra*	*zhe*·lo·tin·ro
gluten	*sikérre*	*shi*·kayr·re
honey	*mézre*	*mayz*·re
MSG	*monoszódium glutamátra*	*maw*·naw·sāw·di·um *glu*·to·maat·ro
nuts	*diófélékre*	*di*·āw·fay·layk·re
peanuts	*mogyoróra*	*maw*·dyaw·rāw·ro
seafood	*tenger gyümölcseire*	*ten*·ger *dyew*·meul·che·i·re
shellfish	*kagylókra és rákokra*	*koj*·lāwk·ro aysh *raa*·kawk·ro

menu decoder
konyhaművészetről

This miniguide to Hungarian cuisine lists dishes and ingredients in alphabetical order in Hungarian. It's designed to help you get the most out of your gastronomic experience by providing you with food terms that you may see on menus etc.

A

alma *ol·mo* apple
— **pongyolában** *pawn·dyaw·laa·bon* apple rings dipped in batter, deep-fried, sprinkled with cinnamon & sugar & served hot
almaleves *ol·mo·le·vesh* refreshing chilled soup made from apples, lemon peel, cinnamon, cloves, sugar & sour cream
almás palacsinta *ol·maash po·lo·chin·to* pancakes made from a batter with grated apples
almás pite *ol·maash pi·te* apple pie with chopped walnuts
angolos *on·gaw·lawsh* rare
ásványvíz *aash·vaan'·veez* mineral water
aszalt szilva *o·solt sil·vo* prunes
asztali bor *os·to·li bawr* table wine

B

babérlevél *bo·bayr·le·vayl* bay leaf
bableves csülökkel *bob·le·vesh chew·leuk·kel* dried bean soup with smoked pork knuckle, carrot, parsley root, onion, garlic, sour cream & paprika
banán *bo·naan* banana
barackpálinka *bo·rotsk·paa·lin·ko* apricot brandy
bélszínszeletek Budapest módra *bayl·seen·se·le·tek bu·do·pesht mawd·ro* fried beef tenderloin topped with a tomato-based sauce containing onion, smoked bacon, goose liver, mushrooms, capsicum, paprika & oil
birsalma *birsh·ol·mo* quince
borjúhús *bawr·yü·hüsh* veal
borjúkotlett magyaróvári módra *bawr·yü·kawt·lett mo·dyor·aw·vaa·ri mawd·ro* fried veal cutlets in tomato sauce, topped with chopped fried mushrooms, slices of ham & cheese & grilled
borjúmáj *bawr·yü·maa·y* calf liver
borókabogyó *baw·räw·ko·baw·dyäw* juniper berries
bors *bawrsh* black pepper
borsó *bawr·shäw* peas
borsszem *bawrsh·sem* peppercorns
bő zsírban sült *beü zheer·bon shewlt* deep-fried
bugaci paraszt-saláta *bu·go·tsi po·rost·sho·laa·to* salad made from green peppers, tomato, cucumber, onion, grated kaskaval & chopped parsley
burgonya *bur·gaw·nyo* potato (also known as **krumpli**)

C

citrom *tsit·rawm* lemon
cukor *tsu·kawr* sugar

Cs

csemegepaprika *che·me·ge·pop·ri·ko* aromatic, medium-coarse, light red, mild paprika
cseresznye *che·res·nye* cherries
cseresznyepálinka *che·res·nye·paa·lin·ko* cherry brandy
cseresznyés rétes *che·res·nyaysh ray·tesh* strudel filled with sweet cherries, ground walnuts, cinnamon & sugar
csípős paprika *chee·pëüsh pop·ri·ko* spicy paprika – light brown to ochre & yellow in colour
csirke *chir·ke* chicken
csöves kukorica *cheu·vesh ku·kaw·ri·tso* corn on the cob

csuka *chu·ko* pike (fish)
— **tejfölös tormával** *te·y·feu·leush tawr·maa·vol* boiled pike pieces in a horseradish, butter lemon & sour cream sauce cooked with carrot, onion & parsley root
csúsztatott palacsinta *chūs·to·tawtt po·lo·chin·to* rich pancakes in a stack sprinkled with grated chocolate

D

daragaluska *do·ro·go·lush·ko* dumplings made from eggs & semolina
debreceni kolbász *deb·re·tse·ni kawl·baas* Debrecen sausage
debreceni krumpli egytál *deb·re·tse·ni krump·li ej·taal* smoked bacon & Debrecen sausages fried with onions, sprinkled with paprika & served with crispy fried potato slices
dió *di·āw* walnut
diós bukta *di·āwsh buk·to* rich pastry roll stuffed with ground walnuts, sugar, sultanas, cinnamon & a vanilla filling
diós metélt *di·āwsh me·taylt* freshly cooked pasta tossed with butter, ground walnuts & sugar
diós palacsinta *di·āwsh po·lo·chin·to* pancakes rolled around a nut cream filling
diós rétes *di·āwsh ray·tesh* strudel with a ground walnut, raisin, sugar & grated lemon rind filling
diótorta *di·āw·tawr·to* sponge cake layered with a rich sweet cream with ground walnuts & rum
disznóhús *dis·nāw·hūsh* pork
dobostorta *daw·bawsh·tawr·to* the crowning glory of Hungarian cakes – sponge cake layered with chocolate custard cream, decorated on top with a glazed sponge layer cut into segments
doroszmai molnárponty *daw·raws·mo·i mawl·naar·pawnt* carp fillets larded with smoked bacon & cooked with mushrooms, capsicum, tomato, paprika & sour cream

E

ecet *e·tset* vinegar
ecetes *e·tse·tesh* pickled

édes *ay·desh* sweet
— **paprika** *pop·ri·ko* sweet paprika – dark red, medium-coarse, mild paprika
édes-nemes paprika *ay·desh ne·mesh pop·ri·ko* finely ground bright red paprika with a sweet aromatic flavour
Eger *e·ger* wine producing region famous for its Pinot Noir wines
egres *eg·resh* gooseberry
egri bikavér *eg·ri bi·ko·vayr* 'Eger bull's blood' – Hungary's best known dry red wine from the Eger winegrowing region
Esterházy-rostélyos *es·ter·haa·zi rawsh·tay·yawsh* 'Esterházy roast beef' – roast beef slices served with buttered carrots, parsley & onion in a sour cream, mustard, caper & lemon juice sauce

F

fácán *faa·tsaan* pheasant
fahéj *fo·hay* cinnamon
fehérbor *fe·hayr·bawr* white wine
fekete ribizli *fe·ke·te ri·biz·li* blackcurrants
félédes bor *fayl·ay·desh bawr* semisweet wine
félédes paprika *fayl·ay·desh pop·ri·ko* pleasantly spicy, medium-coarse, light red paprika
félszáraz bor *fayl·saa·roz bawr* semidry wine
fenyőpereszke *fe·nyeū·pe·res·ke* blewit mushroom – type of wild mushroom with a pleasant aroma
fogas *faw·gosh* zander (fish)
— **jóasszony módra** *yāw·os·sawn' māwd·ro* zander fillets cooked in a white wine, mushroom, parsley, butter & cream sauce
fogoly *faw·gaw·y* partridge
fokhagyma *fawk·hoj·mo* garlic
forralt *fawr·rolt* boiled
főétel *fēū·ay·tel* main course
földi szeder *feul·di se·der* blackberry
földieper *feul·di·e·per* strawberry
főzelék *fēū·ze·layk* side dish of vegetables sautéed in fat & cooked in stock
friss *frish* fresh
fürj *fewr·y* quail
füstölt *fewsh·teult* smoked

G

galuska *go·lush·ko* dumplings made from eggs, salt & flour – popular accompaniment to **pörkölt** & also used to garnish soups (see also **nokedli**)

gesztenye *ges·te·nye* chestnut
gesztenyekrém *ges·te·nye·kraym*
sweet cream based on chestnut purée
spread on sponge cake layers
gesztenyepüré *ges·te·nye·pew·ray*
chestnut purée – often used in desserts
gesztenyés palacsinta
ges·te·nyaysh po·lo·chin·to
pancakes with a sweet chestnut-cream
filling topped with chocolate sauce
gesztenyével töltött pulyka
ges·te·nyay·vel teul·teutt pu·y·ko
turkey larded with bacon & stuffed with
a roast Spanish chestnut, bread, pork,
egg & cream stuffing
gomba *gawm·*bo mushroom
gombaleves *gom·bo·le·vesh* mushroom &
caramelised onion soup seasoned with
paprika
gombás libamáj *gawm·*baash *li·*bo·maa·y
goose liver fried with goose fat, mush-
rooms, onion, garlic, cream, wine &
parsley
görögdinnye *geu·*reug·din·nye
watermelon
gránátoskocka *graa·naa·tawsh·kawts·ko*
see **grenadírmas**
grenadírmas *gre·no·deer·morsh* 'march
of the grenadiers' – potatoes with sweet
paprika, onion & pasta – served with
sour gherkins (**gránátoskocka**)
gulyásleves *gu·yaash·le·vesh*
goulash soup – beef soup with carrot,
parsley root, capsicum, tomato, celery,
potatoes & pasta
gumós zeller *gu·*mawsh *zel·*ler celeriac

Gy

gyömbér *dyeum·bayr* ginger
gyömbéres mézeskalács *dyeum·bay·resh
may·zesh·ko·laach* gingerbread – tradi-
tional treat from the town of Debrecen
gyulai kolbász *dyu·*lo·i *kawl·*baas hard-
smoked sausage seasoned with paprika,
pepper, cumin, garlic & bacon
gyümölcs *dyew·*meulch fruit

H

hagyma *hoj·*mo onion
hagymás tört krumpli
*hoj·*maash teurt *krump·*li potatoes
served with fried onions

hajdúkáposzta *ho·y·dů·kaa·paws·to*
cured pork knuckles cooked with potato,
sauerkraut, onion, ground paprika,
garlic & garnished with smoked bacon
hal hol fish
halászlé vegyes halból
*ho·*laas·lay *ve·*dyesh *hol·*bāwl fish soup
with onion, tomato & a dose of paprika,
giving it a bright red colour
harcsa *hor·*cho catfish
házi *haa·*zi homemade
házinyúl *haa·*zi·nyúl rabbit
hirtelen sült *hir·te·*len shewlt sautéed
hortobágyi palacsinta
hawr·taw·baa·dyi po·lo·chin·to ground
meat rolled in savoury pancakes, topped
with a sour cream & paprika sauce
hortobágyi ürügulyás
hawr·taw·baa·dyi ew·rew·gu·yaash
mutton stew with capsicum, tomato,
potato, onions & garlic
hús hůsh meat

J

jól átsütött *yáwl aat·*shew·teutt well-done
juhtúrós puliszka *yuh·*tů·rāwsh *pu·*lis·ko
polenta baked with melted butter &
ewe's milk cheese

K

kacsa *ko·*cho duck
kacsapecsenye *ko·*cho·pe·che·nye
duck roasted with apples, quinces &
marjoram inside
kacsasült káposztás cvekedlivel töltve
*ko·*cho·shewlt *kaa·*paws·taash
*tsve·*ked·li·vel teult·ve roast duck stuffed
with chopped salted cabbage, noodles,
duck fat, eggs & marjoram
kalács *ko·*laach plaited glazed loaf
kapor *ko·*pawr dill
káposzta *kaa·*paws·to cabbage
káposztás kocka *kaa·*paws·taash
*kawts·*ko white cabbage stir-fried in
sweetened butter then tossed with
pepper & freshly cooked pasta
kapribogyó *kop·*ri·baw·dyáw capers
kapros túrós palacsinta *kop·*rawsh
*tů·*rāwsh *po·lo·chin·to* pancakes with a
sweetened quark, egg & dill filling

menu decoder

177

karalábé *ko·ro·laa·bay* kohlrabi
karalábéfőzelék *ko·ro·laa·bay·feū·ze·layk* creamed kohlrabi with parsley, butter, marrow stock, flour & milk
karalábéleves *ko·ro·laa·bay·le·vesh* kohlrabi soup with sour cream & parsley
karfiol *kor·fi·awl* cauliflower
karfiolleves *kor·fi·awl·le·vesh* soup of cauliflower, parsley, sour cream & paprika
kaskaval *kosh·ko·vaal* semihard cheese made from ewe's milk
kávékrém *kaa·vay·kraym* sweet coffee cream spread on sponge cakes
kékhátú galambgomba *kayk·haa·tū go·lomb·gawm·bo* green agaric mushroom
kenyér *ke·nyayr* bread
kifli *kif·li* crescent-shaped bread roll
kolbász *kawl·baas* thick sausage
kolozsvári rakott káposzta *kaw·lawzh·vaa·ri ro·kawtt kaa·paws·to* sauerkraut braised in butter layered with rice, sliced boiled eggs & sausage, sour cream & paprika then oven-baked
korhelyleves *kawr·he·y·le·vesh* stew of smoked ham shank, sauerkraut, paprika & onion topped with sliced Debrecen sausage
koriander *kaw·ri·on·der* coriander
köret *keu·ret* garnish
körte *keur·te* pear
közepesen átsütött *keu·ze·pe·shen aat·shew·teutt* medium
krumpli *krump·li* potato (also known as **burgonya**)
kürtőskalács *kewr·tēūsh·ko·laach* Transylvanian cake made by wrapping dough around a roller, coating it with a honey, egg yolk, sugar, almond (or walnut) glaze & roasting it on a spit

L

lángos *laan·gawsh* deep-fried potato cakes topped with cabbage, ham, garlic juice, cheese, sour cream, or dill
lé *lay* juice (of meat or fruit)
lebbencs *leb·bench* wafer-thin sheets of pasta sometimes added to soups
lecsó *le·chāw* dish of stewed tomato, peppers, onions, oil & paprika
lekváros szelet *lek·vaa·rawsh se·let* sponge cake layered with strawberry jam
lencse *len·che* lentils

lencseleves nemesvámosi módra *len·che·le·vesh ne·mesh·vaa·maw·shi māwd·ro* lentils cooked in a stock made from smoked ribs, combined with onions, capsicum, tomato, celery leaves & sour cream
leves *le·vesh* soup – soups play an important part in Hungarian cuisine & are inevitably served at lunch (the main meal of the day)
liba *li·bo* goose
libamáj *li·bo·maa·y* goose liver
libamájpástétom *li·bo·maa·y·paash·tay·tawm* goose liver pâté
libazsír *li·bo·zheer* goose fat
lila tölcsérpereszke *li·lo teul·chayr·pe·res·ke* lilac blewit mushroom – wild mushroom with a pungent flavour

M

máj *maa·y* liver
májgaluska *maa·y·go·lush·ko* liver dumplings – egg dumplings made from day-old bread, chicken, veal or pork livers & fried with onion
majonézes krumplisaláta *mo·yaw·nay·zesh krump·li·sho·laa·to* potato salad with mayonnaise
majoranna *mo·yaw·ron·no* marjoram
májusi pereszke *maa·yu·shi pe·res·ke* May blewit mushroom – wild mushroom with a delicate aroma & pleasant taste
mák *maak* poppy seeds
mákos és diós beigli *maa·kawsh aysh di·āwsh be·y·gli* poppy seed & nut rolls traditionally served at Christmas
mákos guba mézzel *maa·kawsh gu·bo mayz·zel* pudding made from poppy seeds, pastry & honey
mákos kifli *maa·kawsh kif·li* croissant-shaped bread roll topped with poppy seeds
mákos metélt *maa·kawsh me·taylt* see **mákos tészta**
mákos palacsinta *maa·kawsh po·lo·chin·to* sweet pancakes with a vanilla sugar & poppy seed filling
mákos rétes *maa·kawsh ray·tesh* strudel with a poppy seed & apple filling
mákos tészta *maa·kawsh tays·to* sweet pasta dish of poppy seeds, sugar & lemon rind tossed with freshly cooked pasta (also **mákos metélt**)

málna *maal·no* raspberry
mandula *mon·du·lo* almond
marcipán *mor·tsi·paan* marzipan –
shaped into elaborate floral cake deco-
rations, or used as the basis for candies
filled with fruit & coated in chocolate
marhahús *mor·ho·hûsh* beef
mazsola *mo·zhaw·lo* sultana
mecseki betyárgombócleves
me·che·ki be·tyaar·gawm·bawts·le·vesh
soup made from meat stock, carrot,
parsley root, celeriac, lard, flour, sour
cream, egg yolk & thyme
meggy *mejj* morello cherry
meggyes rétes *mej·dyesh ray·tesh* strudel
with a morello cherry & walnut filling
meggyleves *mejj·le·vesh* chilled soup of
morello cherries, water, sour cream, dry
red wine, egg yolk, sugar, grated lemon
peel & cinnamon – can be gooseberries,
blackberries, raspberries or redcurrants
menü *me·new* set menu
méz *mayz* honey
mezei nyúl *me·ze·i nyül* hare
mézeskalács *may·zesh·ko·laach*
honey cake
minőségi bor *mi·nêü·shay·gi bawr*
vintage wine
mogyoró *maw·dyaw·rāw* hazelnut
mustár *mush·taar* mustard

N

nagy őzlábgomba *noj êüz·laab·gawm·bo*
parasol mushroom – flavoursome wild
mushroom
napi ajánlat *no·pi o·yaan·lot* daily special
napraforgómag *nop·ro·fawr·gāw·mog*
sunflower seeds
narancs *no·ronch* orange
nokedli *naw·ked·li* see galuska
nyárson sült *nyaar·shawn shewlt*
roasted on a spit
nyers *nyersh* raw

O

olaj *aw·lo·y* oil
olajban sült *aw·lo·y·bon shewlt* fried in oil
ormánsági töltött dagadó
awr·maan·shaa·gi teul·teutt do·go·däw
boned pork spare ribs stuffed with bread,
fried onion, bacon, pig's liver & egg
öntött saláta *eun·teutt sho·laa·to*
lettuce salad with a fried bacon & garlic,
sour cream & vinegar dressing
őszibarack *êü·si·bo·rotsk* peach
őszibarackos rétes *êü·si·bo·rots·kawsh
ray·tesh* peach strudel
őzgerinc erdei ízesítéssel
êüz·ge·rints er·de·i ee·ze·shee·taysh·shel
cured saddle of venison larded with
smoked bacon, flavoured with pepper,
juniper berries, coriander & mustard &
roasted

P

pacal *po·tsol* tripe
pácolt *paa·tsawlt* marinated
palacsinta *po·lo·chin·to*
pancakes – served sweet & savoury as
appetisers, main courses & desserts
pálinka *paa·lin·ko*
brandy made from a variety of fruits
palóc leves *po·lâwts le·vesh*
soup made from cubed leg of mutton (or
beef), French beans, potato, onion, lard,
paprika, bay leaf & caraway
paprika *pop·ri·ko* capsicum • red pepper
paprikás *pop·ri·kaash* stew made of lean
meat (such as veal, chicken or rabbit)
capsicum, onion & tomato simmered in
a fatty paprika & sour cream gravy
— **krumpli** *krump·li* potatoes, capsicum
& tomatoes cooked in a smoked bacon,
onion, garlic & paprika base
paradicsom *po·ro·di·chawm* tomato
pecsenye *pe·che·nye* roasted
petrezselyem *pet·re·zhe·yem* parsley
petrezselyemgyökér
pet·re·zhe·yem·dyeu·kayr parsley root
petrezselymes újkrumpli
pet·re·zhe·y·mesh ü·y·krump·li
new potatoes fried in oil seasoned with
parsley & salt
pikáns *pi·kaansh* savoury
pils *pilsh* pale lager-style beer
pirospaprika *pi·rawsh·pop·ri·ko*
paprika – the quintessential & highly
prized Hungarian spice served in
dishes or placed on the table in
sprinklers to garnish dishes

menu decoder

179

pisztráng *pist·raang* trout
pogácsa *paw·gaa·cho* small circular sweet or savoury pastries preferably eaten hot
ponty *pawnt'* carp
pontyszeletek hagymás káposztával *pawnt'·se·le·tek hoj·maash kaa·paws·taa·vol* carp fillets fried with bacon then topped with sauerkraut, white wine & pepper & baked
pörkölt *peur·keult* diced meat stew with a fatty paprika-laden gravy of onion, capsicum & tomato
prézlis nudli *prayz·lish nud·li* boiled cylindrical noodles made from mashed potato, egg, flour, butter & breadcrumbs
pulyka *pu·y·ko* turkey
püspökkenyér *pewsh·peuk·ke·nyayr* cake consisting of candied fruit, raisins & nuts in a sponge base

R

rántás *raan·taash* heavy roux made of pork lard & flour often added to cooked vegetables or soups
rántott *raan·tawtt* 'crumbed' – coating of meat, fish, cheese or vegetables with flour, beaten eggs and breadcrumbs before deep-frying
— **csirke** *chir·ke* 'crumbed chicken' – chicken pieces are battered & deep-fried after the wings are stuffed with chicken liver
— **karfiol** *kor·fi·awl* crumbed deep-fried cauliflower florets
— **libamájszeletek** *li·bo·maa·y·se·le·tek* crumbed deep-fried goose liver
— **ponty** *pawnt'* crumbed carp fillets – traditional Christmas fare
— **sertésborda** *sher·taysh·bawr·do* Hungarian version of the Wiener Schnitzel but with a crumbed pork cutlet
— **sonkás palacsinta** *shawn·kaash po·lo·chin·to* ground ham flavoured with paprika, folded into pancake squares then crumbed & fried
répa *ray·po* carrot
rétes *ray·tesh* strudel – one of the most famous Hungarian dishes – fillings include poppy seeds, quark with semolina & raisins, peach, cherry & walnut
ribizli *ri·biz·li* redcurrants
rizs *rizh* rice
roston sült *rawsh·tawn shewlt* grilled
rózsapaprika *rāw·zho·pop·ri·ko* spicy, medium-coarse, bright red paprika

S

sajt *sho·y·t* cheese
sárgabarack *shaar·go·bo·rotsk* apricot
sárga rókagomba *shaar·go rāw·ko·gawm·bo* chanterelle mushroom – very tasty mushroom sometimes added to **pörkölt** & **paprikás** dishes
sárgadinnye *shaar·go·din'·nye* honeydew melon
sárgarépafőzelék *shaar·go·ray·po·fēū·ze·layk* diced carrots cooked in butter, sugar, salt, marrow stock, flour & milk
savanyú *sho·vo·nyū* sour
— **káposzta** *kaa·paws·to* sauerkraut
— **nyúlgerinc** *nyūl·ge·rints* saddle of hare larded with bacon & cooked in a piquant sauce of onion, butter, sour cream, sugar, lemon juice & mustard
— **uborka** *u·bawr·ko* pickled gherkins
serpenyős *sher·pe·nyēūsh* pan-fried
sertéshús *sher·taysh·hūsh* pork
só *shāw* salt
somlói galuska *shawm·lāw·i go·lush·ko* decadent dessert made from layered jam rolls topped with raisins, walnuts, jam, cocoa powder & cream then smothered in vanilla custard & rum syrup
sonka *shawn·ko* ham
sonkás kocka *shawn·kaash kots·ko* chopped ham mixed with butter, eggs, sour cream & pasta then baked
sonkával töltött gomba *shawn·kaa·vol teul·teutt gawm·bo* mushroom caps stuffed with smoked ham in a paprika-flavoured cheese sauce & grilled
soproni lakodalmas leves *shawp·raw·ni lo·kaw·dol·mosh le·vesh* 'Sopron wedding soup' with chicken, carrot, parsley root, celeriac, cabbage, mushrooms, garlic, onion, ginger & vermicelli
sóska *shāwsh·ko* sorrel
sóskafőzelék *shāwsh·ko·fēū·ze·layk* creamed sorrel with butter, salt, flour, marrow stock, cream & sugar
sovány *shaw·vaan'* lean
sötét trombitagomba *sheu·tayt trawm·bi·to·gawm·bo* trumpet of death mushroom – tasty wild mushroom

spárga *shpaar*·go asparagus
spárgás bárányborda *shpaar*·gaash *baa*·raan'·*bawr*·do lamb cutlets with asparagus tips & mushrooms
spenót *shpe*·nāwt spinach
stíriai metélt *shtee*·ri·o·i *me*·taylt
 boiled quark & sour cream dumplings baked with butter, sugar, sour cream, egg yolks & lemon rind
sült shewlt baked
 — **csirke** *chir*·ke roast chicken
 — **újkrumpli** *ū*·y·*krump*·li
 new potatoes fried whole or in slices
sütemény *shew*·te·mayn' pastry

Sz

szaft soft juice (of meat or fruit)
szaftos *sof*·tawsh juicy (meat or fruit)
szalonna *so*·lawn·no bacon
szalonnás rántotta
 so·lawn·naash *raan*·tawt·to
 egg poured over fried onions, chopped bacon & sausages then scrambled
száraz bor *saa*·roz bawr dry wine
szárazbab *saa*·roz·bob dried beans
szárított *saa*·ree·tawtt dried
szegedi tarhonyás hús
 se·ge·di *tor*·haw·nyaash hūsh
 diced pork cooked with onion, paprika, capsicum, tomato & fried pasta pellets
szegfűszeg *seg*·fēw·seg cloves
székely gulyás *say*·ke·y *gu*·yaash
 stew of sautéed pork, bacon, onion, sauerkraut, paprika & sour cream
szeletelt *se*·le·telt chopped
szentgyörgyhegyi palacsinta
 sent·dyeurj·he·dyi *po*·lo·chin·to
 rolled walnut-cream-filled pancakes baked in custard
szerecsendió *se*·re·chen·di·āw nutmeg
szilva *sil*·vo plums
szilvapálinka *sil*·vo·*paa*·lin·ko
 plum brandy
szilvás gombóc *sil*·vaash *gawm*·bāwts
 potato-based dumplings filled with pitted plums, sugar cubes & cinnamon then boiled
szósz sāws sauce
szőlő *sēu*·lēu grapes

T

tarhonya *tor*·haw·nyo pearl-like grains of pasta made from flour, eggs & salt
tarhonyaleves *tor*·haw·nyo·*le*·vesh soup with tarhonya, tomato, capsicum, potato, onion, paprika & parsley
tej te·y milk
tejföl *te*·y·feul sour cream
tejszínhab *te*·y·seen·hob whipped cream
tekert mákos kifli *te*·kert *maa*·kawsh *kif*·li poppy seed roll in the shape of a knot
téliszalámi *tay*·li·so·laa·mi
 smoked pork salami made with a secret blend of spices
tészta *tays*·to pasta – each dish is made with specially shaped pasta
tócsi *tāw*·chi potato pancakes flavoured with caraway seed
tojás *taw*·yaash egg
tokaji aszú *taw*·ko·yi o·sū prized sweet dessert wine made from aszú grapes infected with 'noble rot' (Botrytis cinera)
tokaji aszú eszencia *taw*·ko·yi o·sū *e*·sen·tsi·o very rare variety of tokaji, mixed with concentrated sugar essence then matured in oak for at least 15 years
tokaji furmint *taw*·ko·yi *fur*·mint
 wine made from the Furmint grape & matured in dry & semisweet styles
tokány *taw*·kaan'
 meat stewed in white wine, tomato paste, onion, garlic, oil & seasonings
torma *tawr*·mo horseradish
torta *tawr*·to cake
tök teuk pumpkin
tökfőzelék *teuk*·fēu·ze·layk creamed pumpkin mixed with onion, dill, butter, flour, paprika, capsicum, vinegar & sour cream
töltelék *teul*·te·layk stuffing
töltött *teul*·teutt stuffed
 — **csirke** *chir*·ke chicken stuffed with bread, fried onion, chicken liver, egg & seasonings then roasted in melted butter
 — **káposzta** *kaa*·paws·to sauerkraut cabbage leaves stuffed with onion, rice & ground pork & cooked with layered sauerkraut, meat stock & a paprika roux
 — **paprika** *pop*·ri·ko capsicums stuffed with onion, rice & ground pork & topped with a tomato sauce

menu decoder

181

— **süllőtekercs tejszínes-paprikás mártással** shewl·lëü·te·kerch te·y·see·nesh·pop·ri·kaash maar·taash·shol rolled zander fillets with mushroom, egg yolk, onion & parsley filling, cooked in a cream & paprika sauce

— **tök kapormártással** teuk ko·pawr·maar·taash·shol marrow stuffed with minced pork, rice & egg, topped with dill, lemon juice, lemon rind & sour cream sauce & baked

túró tū·rāw quark – smooth cottage cheese usually made from cow's milk

túróscsusza tū·rāwsh·chu·so freshly cooked noodles served with sour cream, dill, quark and fried bacon

túrós pogácsa tū·rāwsh paw·gaa·cho made from a dough of quark, flour, baking powder, butter, salt & lard

túrós rétes tū·rāwsh ray·tesh strudel with a filling of quark, semolina & raisins

tüdő tew·dëü lung

tűzdelt fácán tëwz·delt faa·tsaan pheasant larded with smoked bacon & roasted in redwine gravy

Ty

tyúkhúsleves tyük·hūsh·le·vesh chicken soup with carrot, kohlrabi & parsley & celery roots

U

uborka u·bawr·ko cucumber
unicum u·ni·kum dark bitter herb schnapps with extracts from over 40 different roots & herbs
ürühús ew·rew·hūsh mutton

V

vadas libamell vo·dosh li·bo·mell goose breast marinated in vinegar, juniper berries, peppercorns, bay leaves, onion, carrot & parsley root then roasted with bacon, goose fat, mustard & sour cream

vaddisznó vod·dis·nāw wild boar
vadhús vod·hūsh venison
vaj vo·y butter
vajas kifli vo·yosh kif·li butter croissant
vajas pogácsa vo·yosh paw·gaa·cho pogácsa made from a dough of flour, sugar, butter, yeast, egg yolks & sour cream
vanília vo·nee·li·o vanilla
vargabéles vor·go·bay·lesh dessert with layered ribbon pasta & strudel dough topped with a custard-like quark, sour cream, lemon rind, egg & vanilla sugar mixture
véres vay·reshh rare
virsli virsh·li thin sausage
vörösbor veu·reush·bawr red wine
vörösszárnyú keszeg veu·reush·saar·nyū ke·seg golden shiner (fish)

Z

zeller zel·ler celery
zellerlevél zel·ler·le·vayl celery leaves
zöldbab zeuld·bob green beans
zöldbabfőzelék zeuld·bob·fëü·ze·layk cooked green beans, with onion, parsley, butter, flour, garlic, paprika, sour cream & vinegar
zöldbableves zeuld·bob·le·vesh green bean soup
zöldborsóleves zeuld·bawr·shāw·le·vesh soup of garden peas, paprika & parsley, served with egg or liver dumplings
zöldség zeuld·shayg vegetable
zöldségleves zeuld·shayg·le·vesh soup made from onion, carrot, parsley, tomato, capsicum & paprika

Zs

zsemle zhem·le bread roll
zsemlegombóc zhem·le·gawm·bāwts dumplings made from milk-soaked bread, lard, eggs & flour
zsír zheer lard
zsírban sült zheer·bon shewlt fried in lard
zsíros zhee·rawsh fat

SAFE TRAVEL > essentials
a legfontosabb kifejezések

emergencies

szükséghelyzetek

Help!	Segítség!	she·geet·shayg
Stop!	Álljon meg!	aall·yawn meg
Go away!	Menjen innen!	men·yen in·nen
Thief!	Tolvaj!	tawl·voy
Fire!	Tűz!	tēwz
Watch out!	Vigyázzon!	vi·dyaaz·zawn

Call the police!
 Hívja a rendőrséget!   heev·yo o rend·ēūr·shay·get
Call a doctor!
 Hívjon orvost!   heev·yawn awr·vawsht
Call an ambulance!
 Hívja a mentőket!   heev·yo o men·tēū·ket
It's an emergency!
 Sürgős esetről van szó.   shewr·gēūsh e·shet·rēūl von sāw
There's been an accident!
 Baleset történt.   bo·le·shet teur·taynt
Could you please help?
 Tudna segíteni?   tud·no she·gee·te·ni
Can I use your phone?
 Használhatom a   hos·naal·ho·tawm o
 telefonját?   te·le·fawn·yaat

signs

Baleseti ambulancia	bo·le·she·ti om·bu·lon·tsi·yo	Emergency Department
Kórház	kāwr·haaz	Hospital
Rendőrség	rend·ēūr·shayg	Police Station

essentials

183

I'm lost.
Eltévedtem. — el·tay·ved·tem

Where are the toilets?
Hol a vécé? — hawl o vay·tsay

Is it safe ...?	*Biztonságos ...?*	biz·tawn·shaa·gawsh ...
at night	*éjszaka*	ay·so·ko
for gay people	*melegek számára*	me·le·gek saa·maa·ro
for travellers	*turisták számára*	tu·rish·taak saa·maa·ro
for women	*nők számára*	nēūk saa·maa·ro
on your own	*egyedül*	e·dye·dewl

police

rendőrség

Where's the police station?
Hol a rendőrség? — hawl o rend·ēū·shayg

I want to report an offence.
Bűncselekményt szeretnék bejelenteni. — bēwn·che·lek·maynyt se·ret·nayk be·ye·len·te·ni

It was him/her.
Ő volt az. — ēū vawlt oz

I have insurance.
Van biztosításom. — von biz·taw·shee·taa·shawm

I've been ...		
He/She has been ...		
assaulted	*Megtámadtak.*	meg·taa·mod·tok
raped	*Megerőszakoltak.*	meg·e·rēū·so·kawl·tok
ripped off	*Becsaptak.*	be·chop·tok
robbed	*Kiraboltak.*	ki·ro·bawl·tok

He/She tried to ... me.	*Megpróbált ...*	meg·präw·baalt ...
assault	*megtámadni*	meg·taa·mod·ni
rape	*megerőszakolni*	meg·e·rēū·so·kawl·ni
rob	*kirabolni*	ki·ro·bawl·ni

SAFE TRAVEL

My ... was/were stolen.	Ellopták ...	el·lawp·taak ...
I've lost my ...	Elvesztettem ...	el·ves·tet·tem ...
backpack	a hátizsákomat	o haa·ti·zhaa·kaw·mot
bags	a csomagjaimat	o chaw·mog·yo·i·mot
credit card	a hitelkártyámat	o hi·tel·kaar·tyaa·mot
handbag	a kézitáskámat	o kay·zi·taash·kaa·mot
jewellery	az ékszereimet	oz ayk·se·re·i·met
money	a pénzemet	o payn·ze·met
papers	az irataimat	oz i·ro·to·i·mot
travellers cheques	az utazási csekkjeimet	oz u·to·zaa·shi chekk·ye·i·met
passport	az útlevelemet	oz ūt·le·ve·le·met
purse	a pénztárcámat	o paynz·taar·tsaa·mot
wallet	a tárcámat	o taar·tsaa·mot

the police may say ...

You're charged with ...	A vád Ön ellen ...	o vaad eun el·len ...
He/She is charged with ...	A vád ellene ...	o vaad el·le·ne ...
assault	testi sértés	tesh·ti shayr·taysh
disturbing the peace	rendzavarás	rend·zo·vo·raash
not having a visa	az, hogy nincs vízuma	oz hawj ninch vee·zu·mo
overstaying your visa	az, hogy túllépte a vízum időtartamát	oz hawj tūl·layp·te o vee·zum i·dēū·tor·to·maat
possession (of illegal substances)	az, hogy (illegális anyagok) birtokában volt	oz hawj (il·le·gaa·lish o·nyo·gawk) bir·taw·kaa·bon vawlt
shoplifting	bolti tolvajlás	bawl·ti tawl·voy·laash
theft	lopás	law·paash
It's a ... fine.	Ez egy ... bírság.	ez ej ... beer·shaag
parking	parkolási	por·kaw·laa·shi
speeding	gyorshajtásért járó	dyawrsh·hoy·taa·shayrt yaa·rāw

essentials

185

What am I accused of?
Mivel vádolnak? — mi·vel *vaa*·dawl·nok

I'm sorry.
Sajnálom. — *shoy*·naa·lawm

I didn't realise I was doing anything wrong.
Nem voltam tudatában annak, hogy valami rosszat csinálok. — nem *vawl*·tom *tu*·do·taa·bon *on*·nok hawj *vo*·lo·mi *raws*·sot *chi*·naa·lawk

I didn't do it.
Nem csináltam azt. — nem *chi*·naal·tom ozt

Can I pay an on-the-spot fine?
Fizethetek helyszíni bírságot? — *fi*·zet·he·tek *hey*·see·ni *beer*·shaa·gawt

I want to contact my embassy/consulate.
Kapcsolatba akarok lépni a követségemmel/konzulátusommal. — *kop*·chaw·lot·bo *o*·ko·rawk *layp*·ni o *keu*·vet·shay·gem·mel/ *kawn*·zu·laa·tu·shawm·mol

Can I make a phone call?
Telefonálhatok? — *te*·le·faw·naal·ho·tawk

Can I have a lawyer (who speaks English)?
Kaphatok egy ügyvédet (aki beszél angolul)? — *kop*·ho·tawk ej *ewj*·vay·det (*o*·ki *be*·sayl *on*·gaw·lul)

This drug is for personal use.
Ez a szer személyes használatra való. — ez o ser *se*·may·yesh *hos*·naa·lot·ro *vo*·lāw

I have a prescription for this drug.
Van receptem ehhez a gyógyszerhez. — von *re*·tsep·tem *e*·hez o *dyāwj*·ser·hez

health
egészség

doctor

orvos

Where's the nearest …?	Hol a legközelebbi …?	hawl o leg·keu·ze·leb·bi …
dentist	fogorvos	fawg·awr·vawsh
doctor	orvos	awr·vawsh
emergency department	baleseti ügyelet	bo·le·she·ti ew·dye·let
hospital	kórház	kāwr·haaz
medical centre	orvosi rendelő	awr·vaw·shi ren·de·leū
optometrist	szemészet	se·may·set
(night) pharmacist	(éjszaka nyitvatartó) gyógyszertár	(ay·so·ko nyit·vo·tor·tāw) dyāwj·ser·taar

I need a doctor (who speaks English).
(Angolul beszélő) Orvosra van szükségem.
(on·gaw·lul be·say·leū) awr·vawsh·ro von sewk·shay·gem

Could I see a female doctor?
Beszélhetnék egy orvosnővel?
be·sayl·het·nayk ej awr·vawsh·neū·vel

Could the doctor come here?
Ide tudna jönni az orvos?
i·de tud·no yeun·ni oz awr·vawsh

Is there an after-hours emergency number?
Van munkaidő után hívható telefonszám?
von mun·ko·i·dēū u·taan heev·ho·tāw te·le·fawn·saam

I've run out of my medication.
Elfogyott az orvosságom.
el·faw·dyawtt oz awr·vawsh·shaa·gawm

This is my usual medicine.
Ezt az orvosságot szedem.
ezt oz awr·vawsh·shaa·gawt se·dem

My son/daughter weighs (20) kilos.
A fiam/lányom (húsz) kiló. o fi·om/laa·nyawm (hūs) ki·lāw

What's the correct dosage?
Mi a helyes adagolás? mi o he·yesh o·do·gaw·laash

I don't want a blood transfusion.
Nem akarok vérátömlesztést. nem o·ko·rawk vayr·aat·eum·les·taysht

Please use a new syringe/needle.
Kérem, használjon új fecskendőt/tűt. kay·rem hos·naal·yawn ū·y fech·ken·dēūt/tēwt

I have my own syringe.
Van saját fecskendőm tűm. von sho·yaat fech·ken·dēūm tēwm

I've been vaccinated against …	*Be vagyok oltva … ellen.*	be vo·dyawk awlt·vo … el·len
He/She has been vaccinated against …	*Be van oltva … ellen.*	be von awlt·vo … el·len
hepatitis A/B/C	*hepatitis A/B/C*	he·po·ti·tis aa/bay/tsay
meningo-encephalitis	*agyhártya- és agyvelőgyulladás*	oj·haar·tyo·aysh oj·ve·lēū·dyul·lo·daash
tetanus	*tetanusz*	te·to·nus
typhoid	*tífusz*	tee·fus

I need new …	*Új … van szükségem.*	ū·y … von sewk·shay·gem
contact lenses	*kontaktlencsére*	kawn·tokt·len·chay·re
glasses	*szemüvegre*	sem·ew·veg·re

My prescription is …
A receptem … o re·tsep·tem …

How much will it cost?
Mennyibe kerül? men'·nyi·be ke·rewl

Can I have a receipt for my insurance?
Kaphatok egy számlát a biztosító részére? kop·ho·tawk ej saam·laat o biz·taw·shee·tāwm ray·say·re

> **what's up, doc?**
>
> Hungarians have great respect for medical practitioners so be sure to address them correctly. A male doctor should be addressed as *Doktor úr* dawk·tawr ūr (Mr Doctor) and a female doctor as *Doktornő* dawk·tawr·nēū (Madame Doctor), even outside of a medical context.

symptoms & conditions

tünetek és állapotok

I'm sick.
Rosszul vagyok. — raws·sul vo·dyawk

My friend is (very) sick.
A barátom/barátnőm (nagyon) rosszul van. m/f — o bo·raa·tawm/bo·raat·nēūm (no·dyawn) raws·sul von

My son/daughter is (very) sick.
A fiam/lányom (nagyon) rosszul van. — o fi·om/laa·nyawm (no·dyawn) raws·sul von

He/She is having a/an …	… van.	… von
allergic reaction	Allergiás rohama	ol·ler·gi·aash raw·ho·mo
asthma attack	Asztmás rohama	ost·maash raw·ho·mo
epileptic fit	Epilepsziás rohama	e·pi·lep·si·aash raw·ho·mo
heart attack	Szívrohama	seev·raw·ho·mo

I've been …		
injured	Megsérültem.	meg·shay·rewl·tem
vomiting	Hányok.	haa·nyawk

He/She has been …		
injured	Megsérült.	meg·shay·rewlt
vomiting	Hány.	haan'

health

the doctor may say ...

What's the problem?
Mi a probléma?   mi o *prawb*·lay·mo

Where does it hurt?
Hol fáj?   hawl *faa*·y

Do you have a temperature?
Van láza?   von *laa*·zo

How long have you been like this?
Mennyi ideje van ez a   men'·nyi *i*·de·ye von ez o
panasza?   *po*·no·so

Have you had this before?
Volt korábban ilyen   vawlt *kaw*·raab·bon *i*·yen
panasza?   *po*·no·so

Are you sexually active?
Él nemi életet?   ayl *ne*·mi *ay*·le·tet

Have you had unprotected sex?
Közösült   *keu*·zeu·shewlt
védekezés nélkül?   *vay*·de·ke·zaysh *nayl*·kewl

Do you ...?
   drink   *Iszik alkoholt?*   *i*·sik *ol*·kaw·hawlt
   smoke   *Dohányzik?*   *daw*·haan'·zik
   take drugs   *Szed*   sed
                 kábítószert?   *kaa*·bee·tāw·sert

Are you ...?
   allergic to   *Allergiás*   *ol*·ler·gi·aash
   anything   *valamire?*   *vo*·lo·mi·re
   on medication   *Szed valamilyen*   sed *vo*·lo·mi·yen
                 gyógyszert?   *dyāwj*·sert

How long are you travelling for?
Mennyi ideig utazik?   men'·nyi *i*·de·ig *u*·to·zik

You need to be admitted to hospital.
Kórházba kell   *kāwr*·haaz·bo kell
mennie.   *men*·ni·e

the doctor may say ...

You should have it checked when you go home.
Ezt ki kellene vizsgáltatni, ezt ki *kel*·le·ne vizh·gaal·tot·ni
amikor hazaér. o·mi·kawr ho·zo·ayr

You should return home for treatment.
Haza kellene mennie ho·zo *kel*·le·ne *men*·ni·e
orvosi kezelésre. awr·vaw·shi ke·ze·laysh·re

You're a hypochondriac.
Ön hipochonder. eun *hi*·paw·hawn·der

I feel ...
anxious	Félek.	*fay*·lek
depressed	Depressziós hangulatban vagyok.	dep·res·si·*āwsh hon*·gu·lot·bon *vo*·dyawk
dizzy	Szédülök.	*say*·dew·leuk
hot and cold	Melegem van és fázom is.	*me*·le·gem von aysh *faa*·zawm ish
nauseous	Hányingerem van.	*haan'*·in·ge·rem von
shivery	Ráz a hideg.	raaz o *hi*·deg

I feel ...
	... érzem magam.	... *ayr*·zem *mo*·gom
better	Jobban	*yawb*·bon
strange	Furcsán	*fur*·chaan
weak	Gyengének	*dyen*·gay·nek
worse	Rosszabbul	*raws*·sob·bul

It hurts here.
Itt fáj. itt *faa*·y

I'm dehydrated.
Ki vagyok száradva. ki *vo*·dyawk *saa*·rod·vo

I can't sleep.
Nem tudok aludni. nem *tu*·dawk o·lud·ni

I think it's the medication I'm on.
Azt hiszem, a gyógyszer ozt *hi*·sem o *dyāwj*·ser
miatt van, amit szedek. *mi*·ott von o·mit *se*·dek

health

I'm on medication for ...
　... gyógyszert szedek.　　　　　　　... dyāwj·sert se·dek

He/She is on medication for ...
　... gyógyszert szed.　　　　　　　... dyāwj·sert sed

I have (a) ...
cold	Meg vagyok fázva.	meg vo·dyawk faaz·vo
cough	Köhögök.	keu·heu·geuk
diabetes	Cukorbeteg vagyok.	tsu·kawr·be·teg vo·dyawk
headache	Fáj a fejem.	faa·y o fe·yem
sore throat	Fáj a torkom.	faa·y o tawr·kawm

He/She has (a) ...
cold	Meg van fázva.	meg von faaz·vo
cough	Köhög.	keu·heug
diabetes	Cukorbeteg.	tsu·kawr·be·teg
headache	Fáj a feje.	faa·y o fe·ye
sore throat	Fáj a torka.	faa·y o tawr·ko

I have (a) ...　　... van.　　... von
asthma	Asztmám	ost·maam
constipation	Székrekedésem	sayk·re·ke·day·shem
diarrhoea	Hasmenésem	hosh·me·nay·shem
fever	Lázam	laa·zom
nausea	Hányingerem	haan'·in·ge·rem

He/She has (a) ...　　... van.　　... von
asthma	Asztmája	ost·maa·ya
constipation	Székrekedése	sayk·re·ke·day·she
diarrhoea	Hasmenése	hosh·me·nay·she
fever	Láza	laa·zo
nausea	Hányingere	haan'·in·ge·re

SAFE TRAVEL

women's health

nők egészsége

(I think) I'm pregnant.
 (Azt hiszem) Terhes vagyok. (ozt *hi*·sem) *ter*·hesh *vo*·dyawk

I'm on the pill.
 Fogamzásgátlót szedek. *faw*·gom·zaash·gaat·lāwt *se*·dek

I haven't had my period for (six) weeks.
 (Hat) hete nem jött meg (hot) *he*·te nem yeutt meg
 a menstruációm. o *mensht*·ru·aa·tsi·āwm

I've noticed a lump here.
 Észrevettem itt egy csomót. *ays*·re·vet·tem itt ej *chaw*·māwt

She's having a baby.
 Szül. sewl

I need …	… van szükségem.	… von *sewk*·shay·gem
a pregnancy test	Terhességi tesztre	*ter*·hesh·shay·gi *test*·re
contraception	Valamilyen fogamzásgátlóra	*vo*·lo·mi·yen *faw*·gom·zaash·gaat·lāw·ro
the morning-after pill	Esemény utáni fogamzásgátló tablettára	*e*·she·mayn' *u*·taa·ni *faw*·gom·zaash·gaat·lāw *tob*·let·taa·ro

---

the doctor may say …

Are you using contraception?
 Használ valamilyen *hos*·naal *vo*·lo·mi·yen
 fogamzásgátlót? *faw*·gom·zaash·gaat·lāwt

Are you menstruating?
 Menstruál? *mensht*·ru·aal

When did you last have your period?
 Mikor volt az utolsó *mi*·kawr vawlt oz *u*·tawl·shāw
 vérzése? *vayr*·zay·she

Are you pregnant?
 Terhes? *ter*·hesh

You're pregnant.
 Terhes. *ter*·hesh

---

health

allergies

allergiák

I'm allergic to ...	Allergiás vagyok ...	ol·ler·gi·aash vo·dyawk ...
He/She is allergic to ...	Allergiás ...	ol·ler·gi·aash ...
antibiotics	az antibiotikumokra	oz on·ti·bi·aw·ti·ku·mawk·ro
anti-inflammatories	a gyulladásgátlókra	o dyul·lo·daash·gaat·lāwk·ro
aspirin	az aszpirinre	oz os·pi·rin·re
bees	a méhekre	o may·hek·re
codeine	a kodeinre	o ko·de·in·re
penicillin	a penicillinre	o pe·ni·tsil·lin·re
pollen	a virágporra	o vi·raag·pawr·ro
sulphur-based drugs	a kén alapanyagú szerekre	o kayn o·lop·o·nyo·gū se·rek·re

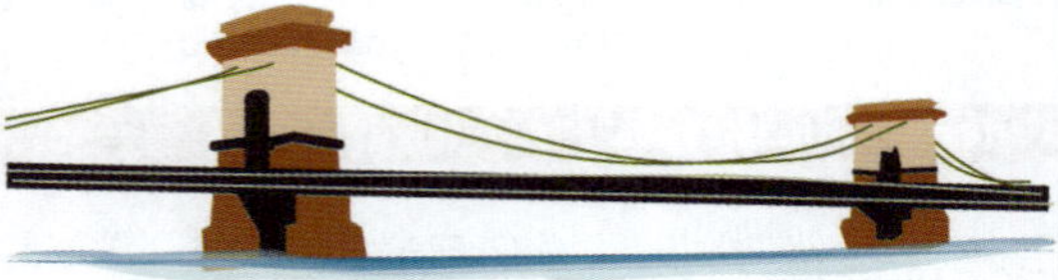

I have a skin allergy.
Bőrallergiám van.   bēūr·ol·ler·gi·aam von

inhaler	inhalálókészülék	in·ho·laa·lāw·kay·sew·layk
injection	injekció	in·yek·tsi·āw
antihistamines	antihisztaminok	on·ti·his·to·mi·nawk

For food-related allergies, see **vegetarian & special meals**, page 173.

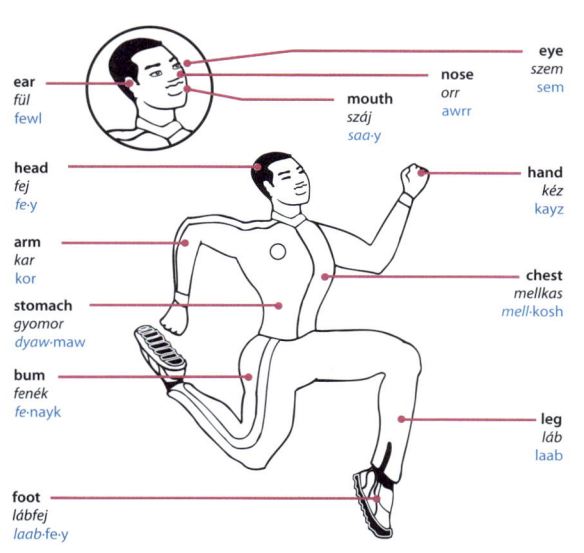

parts of the body

testrészek

My ... hurts.
 Fáj ... faa·y ...
I can't move my ...
 Nem tudom mozgatni ... nem tu·dawm mawz·got·ni ...
I have a cramp in my ...
 Begörcsölt ... be·geur·cheult ...
My ... is swollen.
 Bedagadt ... be·do·gott ...
Ouch!
 Jaj! yo·y

ear fül fewl

head fej fe·y

arm kar kor

stomach gyomor dyaw·maw

bum fenék fe·nayk

foot lábfej laab·fe·y

nose orr awrr

mouth száj saa·y

eye szem sem

hand kéz kayz

chest mellkas mell·kosh

leg láb laab

health

195

alternative treatments

alternatív gyógymódok

I don't use (Western medicine).
 Nem használok nem *hos*·naa·lawk
 (nyugati gyógyítást). (*nyu*·go·ti *dyāw*·dyee·taasht)

I prefer ...	Jobban szeretem ...	*yawb*·bon *se*·re·tem ...
Can I see	Beszélhetek	*be*·sayl·he·tek
someone who	valakivel, aki	*vo*·lo·ki·vel *o*·ki
practices ...	... alkalmaz.	... *ol*·kol·moz
acupuncture	az akupunktúrát	oz o·ku·punk·tū·raat
naturopathy	a természet- gyógyászatot	o *ter*·may·set· dyāw·dyaa·so·tawt
reflexology	a reflexológiát	o *ref*·lek·saw·lāw·gi·aat

pharmacist

gyógyszerész

I need something for (a headache).
 Kérek valamit (fejfájás) *kay*·rek *vo*·lo·mit (*fey*·faa·yaash)
 ellen. *el*·len

Do I need a prescription for (antihistamines)?
 Kell recept kell *re*·tsept
 (antihisztaminokra)? (*on*·ti·his·to·mi·nawk·ro)

I have a prescription.
 Van receptem. von *re*·tsep·tem

How many times a day?
 Naponta hányszor? *no*·pawn·to *haan*'·sawr

Will it make me drowsy?
 Álmos leszek tőle? *aal*·mawsh *le*·sek *tēū*·le

antiseptic	fertőzésgátló	*fer*·tēū·zaysh·gaat·lāw
contraceptives	fogamzásgátló	*faw*·gom·zaash·gaat·lāw
painkillers	fájdalom- csillapító	*faa*·y·do·lawm· chil·lo·pee·tāw
thermometer	lázmérő	*laaz*·may·rēū

the pharmacist may say ...

Twice a day (with food).
   Naponta kétszer no·pawn·to *kayt*·ser
   (étkezés közben). (*ayt*·ke·zaysh *keuz*·ben)

Before/After meals.
   Étkezés előtt/után. *ayt*·ke·zaysh e·lēũt/u·taan

Have you taken this before?
   Szedett már ilyet? se·dett maar *i*·yet

You must complete the course.
   Be kell fejeznie be kell *fe*·yez·ni·e
   a sorozatot. o *shaw*·raw·zo·tawt

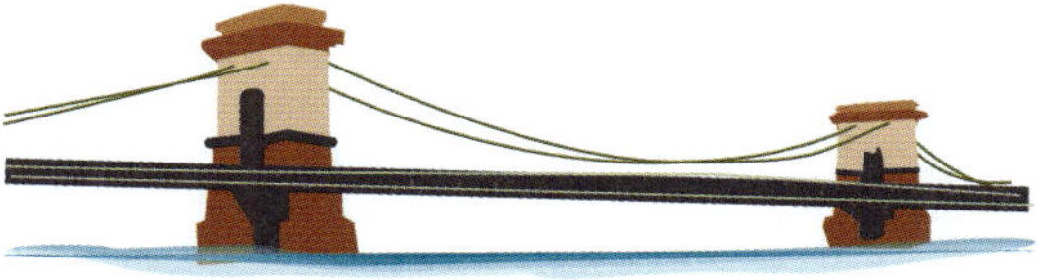

dentist

fogorvos

I need a dentist (who speaks English).
   (Angolul beszélő) (*on*·gaw·lul *be*·say·lēũ)
   Fogorvosra van *fawg*·awr·vawsh·ro von
   szükségem. *sewk*·shay·gem

I have a ...	... a fogam.	... o *faw*·gom
broken tooth	Eltörött	*el*·teu·reutt
cavity	Lukas	*lu*·kosh
toothache	Fáj	*faa*·y

I need a/an ...	Kérek ...	*kay*·rek ...
anaesthetic	érzéstelenítőt	*ayr*·zaysh·te·le·nee·tēũt
filling	tömést	*teu*·maysht

health

197

the dentist may say ...

Open wide.
Nyissa ki nagyra a száját.   nyish·sho ki noj·ro o saa·yaat

This won't hurt a bit.
Ez egyáltalán nem   ez e·dyaal·to·laan nem
fog fájni.   fog faa·y·ni

Bite down on this.
Harapjon rá.   ho·rop·yawn raa

Don't move.
Ne mozduljon.   ne mawz·dul·yawn

Rinse!
Öblítsen!   eub·leet·shen

Come back, I haven't finished!
Jöjjön vissza, még nem   yeuy·yeun vis·so mayg nem
vagyunk kész.   vo·dyunk kays

I've lost a filling.
Kiesett a tömés.   ki·e·sett o teu·maysh

My dentures are broken.
Eltörött a műfogsorom.   el·teu·reutt o mēw·fawg·shaw·rawm

My gums hurt.
Fáj az ínyem.   faa·y oz ee·nyem

I don't want it extracted.
Nem akarom kihúzatni.   nem o·ko·rawm ki·hū·zot·ni

DICTIONARY > english–hungarian

A few Hungarian words have different masculine and feminine forms, such as 'teacher'. These are marked with ⓜ or ⓕ. You'll also find words marked as adjective ⓐ, noun ⓝ, verb ⓥ, singular sg, plural pl, informal inf and polite pol where necessary. Words which take word endings, such as the Hungarian words for 'about' and 'our', are shown with their different endings. To work out which one to use, look at the **a–z phrasebuilder** and **vowel harmony**, page 14.

A

aboard *a fedélzeten* o·fe·dayl·ze·ten
abortion *abortusz* o·bawr·tus
about *-ról/-ről* ·rāwl/·rēūl
above *fölött* feu·leutt
abroad *külföldön* kewl·feul·deun
accident *baleset* bol·e·shet
accommodation *szállás* saal·laash
account (bank) *számla* saam·lo
across *át* aat
activist *aktivista* ok·ti·vish·to
actor *színész* see·nays
acupuncture *akupunktúra* o·ku·punk·tū·ro
adaptor *adapter* o·dop·ter
addiction *függőség* fewg·gēū·shayg
address *cím* tseem
administration *adminisztráció* od·mi·nist·raa·tsi·āw
admission (price) *belépő* be·lay·pēū
admit *beenged* be·en·ged
adult ⓝ *felnőtt* fel·nēūtt
advertisement *hirdetés* hir·de·taysh
advice *tanács* to·naach
aerobics *aerobic* e·raw·bik
aeroplane *repülőgép* re·pew·lēū·gayp
Africa *Afrika* of·ri·ko
after *után* u·taan
(this) afternoon *(ma) délután* (mo) dayl·u·taan
aftershave *borotválkozás utáni arcszesz* baw·rawt·vaal·kaw·zaash u·taa·ni orts·ses
again *megint* me·gint
age ⓝ *kor* kawr
(three days) ago *(három nappal) ezelőtt* (haa·rawm nop·pol) ez·e·lēūtt

agree *egyetért* e·dyet·ayrt
agriculture *mezőgazdaság* me·zēū·goz·do·shaag
ahead *előre* e·lēū·re
AIDS *AIDS* ayds
air *levegő* le·ve·gēū
air-conditioned *légkondicionált* layg·kawn·di·tsi·aw·naalt
air-conditioning *légkondicionálás* layg·kawn·di·tsi·aw·naa·laash
airline *légitársaság* lay·gi·taar·sho·shaag
airmail *légiposta* lay·gi·pawsh·to
airplane *repülőgép* re·pew·lēū·gayp
airport *repülőtér* re·pew·lēū·tayr
airport tax *repülőtéri adó* re·pew·lēū·tay·ri o·dāw
aisle (plane etc) *folyosó* faw·yaw·shāw
alarm clock *ébresztőóra* ayb·res·tēū·āw·ro
alcohol *alkohol* ol·kaw·hawl
all *minden* min·den
allergy *allergia* ol·ler·gi·o
alley *köz* keuz
almond *mandula* mon·du·lo
almost *majdnem* moyd·nem
alone *egyedül* e·dye·dewl
already *már* maar
also *is* ish
altar *oltár* awl·taar
altitude *magasság* mo·gosh·shaag
always *mindig* min·dig
ambassador *nagykövet* noj·keu·vet
ambulance *mentő* men·tēū
America *Amerika* o·me·ri·ko
American football *amerikai futball* o·me·ri·ko·i fut·ball

199

anaemia *vérszegénység* vayr·se·gayn'·shayg
anarchist *anarchista* o·nor·hish·to
ancient *régi* ray·gi
and *és* aysh
angry *mérges* mayr·gesh
animal *állat* aal·lot
ankle *boka* baw·ko
another *másik* maa·shik
answer ⓝ *válasz* vaa·los
ant *hangya* hon·dyo
anteroom *előszoba* e·lēü·saw·bo
antibiotics *antibiotikumok* on·ti·bi·aw·ti·ku·mawk
antinuclear *antinukleáris* on·ti·nuk·le·aa·rish
antique ⓝ *antik* on·tik
antiseptic ⓝ *antiszeptikus* on·ti·sep·ti·kush
any *bármilyen* baar·mi·yen
apartment *lakás* lo·kaash
appendix (body) *vakbél* vok·bayl
apple *alma* ol·mo
appointment *megbeszélt időpont* meg·be·saylt i·dēü·pawnt
apricot *sárgabarack* shaar·go·bo·rotsk
April *április* aap·ri·lish
archaeological *régészeti* ray·gay·se·ti
architect *építész* ay·pee·tays
architecture *építészet* ay·pee·tay·set
argue *vitatkozik* vi·tot·kaw·zik
arm (body) *kar* kor
aromatherapy *aromaterápia* o·raw·mo·te·raa·pi·o
arrest ⓥ *letartóztatás* le·tor·tāwz·to·taash
arrivals *érkezés* ayr·ke·zaysh
arrive *érkezik* ayr·ke·zik
art *művészet* mēw·vay·set
art gallery *galéria* go·lay·ri·o
artist *művész* mēw·vays
ashtray *hamutartó* ho·mu·tor·tāw
Asia *Ázsia* aa·zhi·o
ask (a question) *kérdez* kayr·dez
ask (for something) *kér* kayr
asparagus *spárga* shpaar·go
aspirin *aszpirin* os·pi·rin
asthma *asztma* ost·mo
at *-nál/-nél* ·naal/·nayl
athletics *atlétika* ot·lay·ti·ko
atmosphere *atmoszféra* ot·maws·fay·ro
aubergine *padlizsán* pod·li·zhaan
August *augusztus* o·u·gus·tush

aunt *nagynéni* noj·nay·ni
Australia *Ausztrália* o·ust·raa·li·o
Australian Rules Football *ausztrál futball* o·ust·raal fut·ball
Austria *Ausztria* o·ust·ri·o
Austro-Hungarian Empire *Osztrák-Magyar Monarchia* awst·raak·mo·dyor maw·nor·hi·o
automated teller machine (ATM) *bankautomata* bonk·o·u·taw·mo·to
autumn *ősz* ēūs
avenue *fasor* fo·shawr
avocado *avokádó* o·vaw·kaa·dāw
awful *borzalmas* bawr·zol·mosh

B

B&W (film) *fekete-fehér* fe·ke·te·fe·hayr
baby *baba* bo·bo
baby food *babaeledel* bo·bo·e·le·del
baby powder *babahintőpor* bo·bo·hin·tēü·pawr
babysitter *bébiszitter* bay·bi·sit·ter
back (body) *hát* haat
back (position) *vissza* vis·so
backpack *hátizsák* haa·ti·zhaak
bacon *szalonna* so·lawn·no
bad *rossz* rawss
bag *táska* taash·ko
baggage *poggyász* pawd'·dyaas
baggage allowance *ingyen szállítható poggyász* in·dyen saal·leet·ho·tāw pawd'·dyaas
baggage claim *poggyászkiadó* pawd'·dyaas·ki·o·dāw
bakery *pékség* payk·shayg
balance (account) *egyenleg* e·dyen·leg
balcony *erkély* er·kay
ball (sport) *labda* lob·do
ballet *balett* bo·lett
banana *banán* bo·naan
band (music) *együttes* e·dyewt·tesh
bandage *kötés* keu·taysh
Band-Aid *ragtapasz* rog·to·pos
bank (institution) *bank* bonk
bank account *bankszámla* bonk·saam·lo
banknote *bankjegy* bonk·yej
baptism *keresztelő* ke·res·te·lēü
bar *bár* baar
bar work *bárban végzett munka* baar·bon vayg·zett mun·ko
barber *borbély* bawr·bay

baseball baseball bayz·bāwl
basket kosár kaw·shaar
basketball kosárlabda kaw·shaar·lob·do
bath ⓝ fürdő fewr·dēu
bathing suit fürdőruha fewr·dēu·ru·ho
bathroom fürdőszoba fewr·dēu·saw·bo
battery (car) akkumulátor
 ok·ku·mu·laa·tawr
battery (general) elem e·lem
be lenni len·ni
beach strand shtrond
beach volleyball
 strandon játszott röplabda
 shtron·dawn yaat·sawtt reup·lob·do
bean bab bob
beansprout babcsíra bob·chee·ro
beautiful szép sayp
beauty salon kozmetikai szalon
 kawz·me·ti·ko·i so·lawn
because mert mert
bed ágy aaj
bed linen ágynemű aaj·ne·mēw
bedding ágyfelszerelés
 aaj·fel·se·re·laysh
bedroom hálószoba haa·lāw·saw·bo
bee méh mayh
beef marhahús mor·ho·hūsh
beer sör sheur
beer cellar söröző sheu·reu·zēū
beetroot cékla tsayk·lo
before előtt e·lēūtt
beggar koldus kawl·dush
behind mögött meu·geutt
Belgium Belgium bel·gi·um
below alatt o·lott
beside mellett mel·lett
best legjobb leg·yawbb
bet fogadás faw·go·daash
better jobb yawbb
between között keu·zeutt
bible Biblia bib·li·o
bicycle bicikli bi·tsik·li
big nagy noj
bigger nagyobb no·dyawbb
biggest legnagyobb leg·no·dyawbb
bike chain biciklilánc bi·tsik·li·laants
bike lock biciklizár bi·tsik·li·zaar
bike path bicikliút bi·tsik·li·ūt
bike shop biciklibolt bi·tsik·li·bawlt
bill (restaurant etc) számla saam·lo
binoculars látcső laat·chēū
bird madár mo·daar

birth certificate
 születési anyakönyvi kivonat
 sew·le·tay·shi o·nyo·keun'·vi ki·vaw·not
birthday születésnap sew·le·taysh·nop
biscuit keksz keks
bite ⓥ csípés chee·paysh
bite (dog) harap ho·rop
bite (insect) csíp cheep
bitter keserű ke·she·rēw
black fekete fe·ke·te
bladder húgyhólyag hūj·hāw·yog
blanket takaró to·ko·rāw
blind vak vok
blister hólyag hāw·yog
blocked (nose, etc) el van dugulva
 el von du·gul·vo
blocked (road) le van zárva
 le von zaar·vo
blood vér vayr
blood group vércsoport vayr·chaw·pawrt
blood pressure vérnyomás
 vayr·nyaw·maash
blood test vérvizsgálat vayr·vizh·gaa·lot
blue kék kayk
board (plane, ship) felszáll fel·saall
boarding house penzió pen·zi·āw
boarding pass beszállókártya
 be·saal·lāw·kaar·tyo
boat (big) hajó ho·yāw
boat (small) csónak chāw·nok
body test tesht
boiled forralt fawr·rolt
bone csont chawnt
book ⓝ könyv keun'v
book ⓥ lefoglal le·fawg·lol
booked out minden hely foglalt
 min·den he·y fawg·lolt
bookshop könyvesbolt
 keun'·vesh·bawlt
boot (footwear) bakancs bo·konch
boots (footwear) bakancsok
 bo·kon·chawk
border határ ho·taar
bored unott u·nawtt
boring unalmas u·nol·mosh
borrow kölcsönkér keul·cheun·kayr
botanic garden botanikus kert
 baw·to·ni·kush kert
both mindkettő/mindkét
 mind·ket·tēū/mind·kayt
bottle üveg ew·veg
bottle opener sörnyitó sheur·nyi·tāw

bottle shop alkoholos italokat árusító bolt ol·kaw·haw·lawsh i·to·law·kot aa·ru·shee·täw bawlt
bottom (body) fenék fe·nayk
bottom (position) alj ol·y
bowl tál taal
box doboz daw·bawz
boxer shorts bokszernadrág bawk·ser·nod·raag
boxing boksz bawks
boy fiú fi·ū
boyfriend barát bo·raat
bra melltartó mell·tor·täw
brakes fék fayk
brandy brandy bren·di
brave bátor baa·tawr
bread kenyér ke·nyayr
bread roll zsemle zhem·le
break ⓥ szünet sew·net
break down ⓥ elromlik el·rawm·lik
breakfast reggeli reg·ge·li
breast (body) mell mell
breathe lélegzik lay·leg·zik
bribe ⓝ kenőpénz ke·nëū·paynz
bridge híd heed
bridle kantár kon·taar
briefcase aktatáska ok·to·taash·ko
brilliant ragyogó ro·dyaw·gäw
bring hoz hawz
broccoli brokkoli brawk·käw·li
brochure brosúra braw·shū·ro
broken eltörött el·teu·reutt
broken down elromlott el·rawm·lawtt
bronchitis hörghurut heurg·hu·rut
brother (older) báty baat'
brother (younger) öcs euch
brown barna bor·no
bruise ⓝ horzsolás hawr·zhaw·laash
brush ⓝ kefe ke·fe
Brussels sprout kelbimbó kel·bim·bäw
bucket vödör veu·deur
Buddhist buddhista budd·hish·to
budget költségvetés keult·shayg·ve·taysh
buffet büfé bew·fay
bug poloska paw·lawsh·ko
build épít ay·peet
builder építőmester ay·pee·tëū·mesh·ter
building épület ay·pew·let
Bulgaria Bulgária bul·gaa·ri·o
bull bika bi·ko
bumbag övtáska euv·taash·ko
burn ⓝ ég ayg

burnt megégett meg·ay·gett
bus busz bus
bus station buszállomás bus·aal·law·maash
bus stop buszmegálló bus·meg·aal·läw
bush farm tanya to·nyo
business üzlet ewz·let
business class business class biz·nis kloss
business trip üzleti út ewz·le·ti ūt
businessman üzletember ewz·let·em·ber
businesswoman üzletasszony ewz·let·os·sawn'
busker vándorkomédiás vaan·dawr·kaw·may·di·aash
busy elfoglalt el·fawg·lolt
but de de
butcher hentes hen·tesh
butcher's shop hentesüzlet hen·tesh·ewz·let
butter vaj vo·y
butterfly pillangó pil·lon·gäw
button gomb gawmb
buy vesz ves

C

cabbage káposzta kaa·paws·to
cable car drótkötélpálya-kabin dräwt·keu·tayl·paa·yo·ko·bin
café kávézó kaa·vay·zäw
cake sütemény shew·te·mayn'
cake shop cukrászda tsuk·raas·do
calculate számol saa·mawl
calculator számológép saa·maw·läw·gayp
calendar naptár nop·taar
call ⓥ felhív fel·heev
camera fényképezőgép fayn'·kay·pe·zëū·gayp
camera shop fényképezőgép-bolt fayn'·kay·pe·zëū·gayp·bawlt
camp ⓥ kempingezik kem·pin·ge·zik
camp site táborhely taa·bawr·he·y
camping ground kemping kem·ping
camping store kempingfelszerelést árusító üzlet kem·ping·fel·se·re·laysht aa·ru·shee·täw ewz·let
can (be able) képes/tud kay·pesh/tud
can (permission) -hat/-het ·hot/·het
can (tin) doboz daw·bawz
can opener konzervnyitó kawn·zerv·nyi·täw
Canada Kanada ko·no·do

canal csatorna cho·tawr·no
cancel töröl teu·reul
cancer rák raak
candle gyertya dyer·tyo
candy cukorka tsu·kawr·ko
cantaloupe kantalupdinnye kon·to·lup·din'·nye
canteen (place) kantin kon·tin
capital city főváros fēū·vaa·rawsh
capsicum paprika pop·ri·ko
car autó o·u·tāw
car hire autóbérelés o·u·tāw·bay·re·laysh
car owner's title autó tulajdonlapja o·u·tāw tu·lo·y·dawn·lop·yo
car park parkoló por·kaw·lāw
car registration autó regisztrációja o·u·tāw re·gist·raa·tsi·āw·yo
caravan lakókocsi la·kàw·kaw·chi
cardiac arrest szívleállás seev·le·aal·laash
cards (playing) kártyázás kaar·tyaa·zaash
care (for someone) törődik teu·rēū·dik
carpenter ács aach
carriage kocsi kaw·chi
carrot répa ray·po
carry visz vis
carton kartondoboz kor·tawn·daw·bawz
cash ⓝ készpénz kays·paynz
cash a cheque bevált csekket be·vaalt chek·ket
cash register pénztárgép paynz·taar·gayp
cashew kesudió ke·shu·di·āw
cashier pénztáros paynz·taa·rawsh
casino kaszinó ko·si·nāw
cassette kazetta ko·zet·to
castle vár vaar
casual work alkalmi munka ol·kol·mi mun·ko
cat macska moch·ko
cathedral székesegyház say·kesh·ej·haaz
Catholic katolikus ko·taw·li·kush
cauliflower karfiol kor·fi·awl
cave barlang bor·long
CD CD tsay·day
celebration ünneplés ewn·nep·laysh
cellphone mobil telefon maw·bil te·le·fawn
cemetery temető te·me·tēū
cent cent tsent
centimetre centiméter tsen·ti·may·ter
centre központ keuz·pawnt
ceramics kerámia ke·raa·mi·o

cereal reggelire fogyasztott gabonanemű reg·ge·li·re faw·dyos·tawtt go·baw·no·ne·mēw
certificate bizonyítvány bi·zaw·nyeet·vaan'
chain lánc laants
chair szék sayk
chairlift (scenic) libegő li·be·gēū
chairlift (skiing) sífelvonó shee·fel·vaw·nāw
champagne pezsgő pezh·gēū
championships bajnokság bo·y·nawk·shaag
chance esély e·shay
change (coins) apró op·rāw
change money ⓥ pénzt vált paynzt vaalt
changing room (in shop) próbafülke prāw·bo·fewl·ke
charming elbűvölő el·bēw·veu·lēū
chat up leszólít le·sāw·leet
cheap olcsó awl·chāw
cheat csaló cho·lāw
check (banking) csekk chekk
check (bill) számla saam·lo
check ⓥ ellenőriz el·len·ēū·riz
check-in (procedure) bejelentkezés be·ye·lent·ke·zaysh
checkpoint ellenőrzőpont el·len·ēūr·zēū·pawnt
cheese sajt shoyt
cheese shop sajtüzlet shoyt·ewz·let
chef szakács so·kaach
chemist (pharmacist) gyógyszerész dyāwj·se·raysh
chemist (pharmacy) gyógyszertár dyāwj·ser·taar
cheque (banking) csekk chekk
cherry cseresznye che·res·nye
chess sakk shokk
chessboard sakktábla shokk·taab·lo
chest (body) mellkas mell·kosh
chestnut gesztenye ges·te·nye
chewing gum rágógumi raa·gāw·gu·mi
chicken (live) csirke chir·ke
chicken (meat) csirkehús chir·ke·hūsh
chicken pox bárányhimlő baa·raan'·him·lēū
chickpea csicseriborsó chi·che·ri·bawr·shāw
child gyerek dye·rek
child seat gyerekülés dye·rek·ew·laysh

203

childminding gyermekmegőrzés
 dyer·mek·meg·eűr·zaysh
children gyerekek dye·re·kek
chilli csili chi·li
chilli sauce csiliszósz chi·li·sāws
China Kína kee·no
chiropractor hátgerincmasszázzsal
 gyógyító haat·ge·rints·mos·saazh·zhol
 dyāw·dyee·tāw
chocolate csokoládé chaw·kaw·laa·day
choose választ vaa·lost
chopping board vágódeszka
 vaa·gāw·des·ko
Christian ⓐ keresztény ke·res·tayn'
Christian name keresztnév ke·rest·nayv
Christmas karácsony ko·raa·chawn'
Christmas Day karácsony napja
 koo·raa·chawn' nop·yo
Christmas Eve karácsonyeste
 koo·raa·chawn'·esh·te
church templom temp·lawm
cider almalé ol·mo·lay
cigar szivar si·vor
cigarette cigaretta tsi·go·ret·to
cigarette lighter öngyújtó eun·dyū·y·tāw
cinema mozi maw·zi
circus cirkusz tsir·kus
citizenship állampolgárság
 aal·lom·pawl·gaar·shaag
city város vaa·rawsh
city centre városközpont
 vaa·rawsh·keuz·pawnt
city district kerület ke·rew·let
civil rights polgárjogok
 pawl·gaar·yaw·gawk
class (rank) osztály aws·taa·y
class system osztályrendszer
 aws·taa·y·rend·ser
classical klasszikus klos·si·kush
clean ⓐ tiszta tis·to
clean ⓥ tisztít tis·teet
cleaning takarítás to·ko·ree·taash
client ügyfél ewj·fayl
cliff szikla sik·lo
climb ⓥ mászik maa·sik
cloakroom ruhatár ru·ho·taar
clock óra āw·ro
cloister kolostor kaw·lawsh·tawr
close ⓥ becsuk be·chuk
closed zárva zaar·vo
clothesline ruhaszárítókötél
 ru·ho·saa·ree·tāw·keu·tayl

clothing ruházat ru·haa·zot
clothing store ruházlet ru·ho·ewz·let
cloud felhő fel·heū
cloudy felhős fel·heūsh
clutch (car) kuplung kup·lung
coach (sport) edző ed·zēū
coast tengerpart ten·ger·port
coat kabát kō·baat
cocaine kokain kaw·ko·in
cockroach csótány chāw·taan'
cocktail koktél kawk·tayl
cocoa kakaó ko·ko·āw
coconut kókuszdió kāw·kus·di·āw
coffee kávé kaa·vay
coins pénzérmék paynz·ayr·mayk
cold ⓝ & ⓐ hideg hi·deg
(have a) cold meg van fázva
 meg vun faaz·vo
colleague kolléga kawl·lay·go
collect call 'R' beszélgetés
 er be·sayl·ge·taysh
college egyetem e·dye·tem
colour szín seen
comb ⓝ fésű fay·shēw
come jön yeun
comedy vígjáték veeg·yaa·tayk
comfortable kényelmes kay·nyel·mesh
commission jutalék yu·to·layk
communications (profession)
 híradástechnikus
 heer·o·daash·teh·ni·kush
communion áldozás aal·daw·zaash
communist kommunista
 kawm·mu·nish·to
companion társ taarsh
company (firm) társaság taar·sho·shaag
compass iránytű i·raan'·tēw
complain panaszkodik po·nos·kaw·dik
complaint panasz po·nos
complimentary (free) ingyenes
 in·dye·nesh
computer számítógép saa·mee·tāw·gayp
computer game számítógépes játék
 saa·mee·tāw·gay·pesh yaa·tayk
concert koncert kawn·tsert
concussion agyrázkódás
 oj·raaz·kāw·daash
conditioner (hair) hajápoló szer
 ho·y·aa·paw·lāw ser
condom óvszer ōwv·ser
conference (big) konferencia
 kawn·fe·ren·tsi·o

conference (small) *értekezlet*
  ayr·te·kez·let
confession *gyónás* dyāw·naash
confirm (a booking) *megerősít*
  meg·e·rēū·sheet
congratulations *gratulálok*
  gro·tu·laa·lawk
conjunctivitis *kötőhártya-gyulladás*
  keu·tēū·haar·tyo·dyul·lo·daash
connection *kapcsolat* kop·chaw·lot
conservative ⓝ *konzervatív*
  kawn·zer·vo·teev
constipation *székrekedés*
  sayk·re·ke·daysh
consulate *konzulátus* kawn·zu·laa·tush
contact lens solution *kontaktlencse-oldat* kawn·tokt·len·che·awl·dot
contact lenses *kontaktlencse*
  kawn·tokt·len·che
contraceptives *fogamzásgátló*
  faw·gom·zaash·gaat·lāw
contract ⓝ *szerződés* ser·zēū·daysh
convenience store *sokáig nyitvatartó vegyesbolt* shaw·kaa·ig nyit·vo·tor·tāw ve·dyesh·bawlt
convent *kolostor* kaw·lawsh·tawr
cook ⓝ *szakács* so·kaach
cook ⓥ *főz* fēūz
cookie *aprósütemény*
  ap·rāw·shew·te·mayn'
cooking *főzés* fēū·zaysh
cool (temperature) *hűvös* hēw·veush
corkscrew *csavarhúzó* cho·vor·hū·zāw
corn *kukorica* ku·kaw·ri·tso
corner *sarok* sho·rawk
cornflakes *kukoricapehely*
  ku·kaw·ri·tso·pe·he·y
corrupt *korrupt* kawr·rupt
cost ⓥ *kerül* ke·rewl
cotton *pamut* po·mut
cotton balls *vattalabdácskák*
  vot·to·lob·daach·kaak
cotton buds *vattacsomók*
  vot·to·chaw·māwk
cough ⓥ *köhög* keu·heug
cough medicine *köhögés elleni szer*
  keu·heu·gaysh el·le·ni ser
count ⓥ *számol* saa·mawl
counter (at bar) *bárpult* baar·pult
country (nation) *ország* awr·saag
countryside *vidék* vi·dayk
county *megye* me·dye

coupon *kupon* ku·pawn
courgette *cukkini* tsuk·kee·ni
court (legal) *bíróság* bee·rāw·shaag
court (sport) *pálya* paa·yo
couscous *kuszkusz* kus·kus
cover charge *terítékért felszámolt díj*
  te·ree·tay·kayrt fel·saa·mawlt dee·y
cow *tehén* te·hayn
cracker (biscuit) *sós keksz* shawsh keks
crafts *kézművesség* kayz·mēw·vesh·shayg
crash ⓝ *összeütközés*
  eus·se·ewt·keu·zaysh
crazy *őrült* ēū·rewlt
cream (food) *tejszín* te·y·seen
crèche *bölcsőde* beul·chēū·de
credit *hitel* hi·tel
credit card *hitelkártya* hi·tel·kaar·tyo
cricket (sport) *krikett* kri·kett
Croatia *Horvátország* hawr·vaat·awr·saag
crop *termés* ter·maysh
cross *kereszt* ke·rest
crowded *zsúfolt* zhū·fawlt
cucumber *uborka* u·bawr·ko
cup *csésze* chay·se
cupboard *szekrény* sek·rayn'
currency exchange *valutaátváltás*
  vo·lu·to·aat·vaal·taash
current (electricity) *áram* aa·rom
current affairs *aktuális ügyek*
  ok·tu·aa·lish ew·dyek
curry *curry* keur·ri
custom *szokás* saw·kaash
customs *vám* vaam
cut ⓥ *vág* vaag
cutlery *evőeszközök* e·vēū·es·keu·zeuk
CV *szakmai önéletrajz*
  sok·mo·i eun·ay·let·ro·y·z
cycle ⓥ *biciklizik* bi·tsik·li·zik
cycling *biciklizés* bi·tsik·li·zaysh
cyclist *biciklista* bi·tsik·lish·to
cystitis *húgyhólyaggyulladás*
  hūj·hāw·yog·dyul·lo·daash
Czech Republic *Csehország* che·awr·saag

D

dad *apu* o·pu
daily *naponta* no·pawn·to
dance ⓥ *táncol* taan·tsawl
dance house *táncház* taants·haaz
dance workshop *táncműhely*
  taants·mēw·he·y

D

dancing tánc taants
dangerous veszélyes ve·say·yesh
dark sötét sheu·tayt
date (appointment) randevú ron·de·vū
date (day) dátum daa·tum
date (fruit) datolya do·taw·yo
date (go out with) ⓥ jár yaar
date of birth születési idő sew·le·tay·shi i·dēū
daughter lány laan'
dawn hajnal ho·y·nol
day nap nop
day after tomorrow holnapután hawl·nop·u·taan
day before yesterday tegnapelőtt teg·nop·e·lēūtt
dead halott ho·lawtt
deaf süket shew·ket
deal (cards) oszt awst
December december de·tsem·ber
decide eldönt el·deunt
deep mély may·y
deforestation erdőírtás er·dēū·ir·taash
degrees (temperature) fok fawk
delay késés kay·shaysh
delicatessen csemegeüzlet che·me·ge·ewz·let
deliver kézbesít kayz·be·sheet
democracy demokrácia de·mawk·raa·tsi·o
demonstration (protest) tüntetés tewn·te·taysh
Denmark Dánia daa·ni·o
dental floss fogselyem fawg·she·yem
dentist fogorvos fawg·awr·vawsh
deodorant dezodor de·zaw·dawr
depart elutazik el·u·to·zik
department store áruház aa·ru·haaz
departure indulás in·du·laash
departure gate indulási kapu in·du·laa·shi ko·pu
deposit (bank) foglaló fawg·lo·lōw
descendent leszármazott le·saar·mo·zawtt
desert ⓝ sivatag shi·vo·tog
design modell maw·dell
dessert desszert des·sert
destination úti cél ū·ti tsayl
details részletek rays·le·tek
diabetes cukorbetegség tsu·kawr·be·teg·shayg
dial tone vonal vaw·nol
diaper pelenka pe·len·ko

diaphragm rekeszizom re·kes·i·zawm
diarrhoea hasmenés hosh·me·naysh
diary határidőnapló ho·taar·i·dēū·nop·lōw
dice kocka kawts·ko
dictionary szótár sōw·taar
die meghal meg·hol
diet diéta di·ay·to
different különböző kew·leun·beu·zēū
difficult nehéz ne·hayz
digital ⓐ digitális di·gi·taa·lish
dining car étkezőkocsi ayt·ke·zēū·kaw·chi
dinner vacsora vo·chaw·ro
direct közvetlen keuz·vet·len
direct-dial közvetlen tárcsázás keuz·vet·len taar·chaa·zaash
direction irány i·raan'
director igazgató i·goz·go·tōw
dirty piszkos pis·kawsh
disabled (physically) mozgássérült mawz·gaash·shay·rewlt
disco diszkó dis·kōw
discount árengedmény aar·en·ged·mayn'
discrimination megkülönböztetés meg·kew·leun·beuz·te·taysh
disease betegség be·teg·shayg
dish (plate) edény e·dayn'
dishcloth mosogatórongy maw·shaw·go·tōw·rawnj
disk (CD-ROM) CD-lemez tsay·day·le·mez
disk (floppy) hajlékonylemez ho·y·lay·kawn'·le·mez
diving búvárkodás bū·vaar·kaw·daash
diving equipment búvárfelszerelés bū·vaar·fel·se·re·laysh
divorced elvált el·vaalt
(be) dizzy szédül say·dewl
do csinál chi·naal
doctor orvos awr·vawsh
doctor's surgery orvosi rendelő awr·vaw·shi ren·de·lēū
documentary dokumentumfilm daw·ku·men·tum·film
dog kutya ku·tyo
dole munkanélküli-segély mun·ko·nayl·kew·li·she·gay
doll baba bo·bo
dollar dollár dawl·laar
door ajtó oy·tōw
dope (drugs) narkó nor·kōw
double dupla dup·lo
double bed dupla ágy dup·lo aaj

double room *dupla ágyas szoba* dup·lo·aa·dyosh saw·bo
down (location) *lent* lent
downhill *lefelé* le·fe·lay
dozen *tucat* tu·tsot
drama *dráma* draa·mo
dream ⓝ *álom* aa·lawm
dress ⓝ *ruha* ru·ho
dried *szárított* saa·ree·tawtt
dried fruit *szárított gyümölcs* saa·ree·tawtt dyew·meulch
drink (alcoholic) *alkohol* ol·kaw·hawl
drink ⓝ *ital* i·tol
drink ⓥ *iszik* i·sik
drive ⓥ *vezet* ve·zet
drivers licence *jogosítvány* yaw·gaw·sheet·vaan'
drug addiction *kábítószer-függőség* kaa·bee·täw·ser·fewg·gëü·shayg
drug dealer *kábítószer-kereskedő* kaa·bee·täw·ser·ke·resh·ke·dëü
drug trafficking *kábítószer-kereskedelem* kaa·bee·täw·ser·ke·resh·ke·de·lem
drug user *kábítószer-fogyasztó* kaa·bee·täw·ser·faw·dyos·täw
drugs (illicit) *kábítószerek* kaa·bee·täw·se·rek
drum ⓝ *dob* dawb
drunk *részeg* ray·seg
dry (clothes) ⓥ *szárít* saa·reet
dry ⓐ *száraz* saa·roz
duck *kacsa* ko·cho
dummy (pacifier) *cumi* tsu·mi
DVD *DVD* day·vay·day

E

each *minden* min·den
ear *fül* fewl
early *korán* kaw·raan
earn *keres* ke·resh
earplugs *füldugó* fewl·du·gäw
earrings *fülbevaló* fewl·be·va·läw
Earth *Föld* feuld
earthquake *földrengés* feuld·ren·gaysh
east *kelet* ke·let
Easter *húsvét* húsh·vayt
easy *könnyű* keun'·nyëw
eat *eszik* e·sik
economy class *turistaosztály* tu·rish·to·aws·taa·y
ecstacy (drug) *eksztázi* eks·taa·zi

eczema *ekcéma* ek·tsay·mo
editor *szerkesztő* ser·kes·tëü
education *oktatás* awk·to·taash
egg *tojás* taw·yaash
eggplant *padlizsán* pod·li·zhaan
election *választás* vaa·los·taash
electrical store *elektromos szaküzlet* e·lekt·raw·mawsh sok·ewz·let
electricity *villany* vil·lon'
elevator *lift* lift
email *e-mail* ee·mayl
embankment *töltés* teul·taysh
embarrassed *zavarban van* zo·vor·bon von
embassy *nagykövetség* noj·keu·vet·shayg
embroidery *hímzés* heem·zaysh
emergency *vészhelyzet* vays·he·y·zet
emotional *érzelmes* ayr·zel·mesh
employee *munkavállaló* mun·ko·vaal·lo·läw
employer *munkáltató* mun·kaal·to·täw
empty *üres* ew·resh
end ⓝ *vég* vayg
endangered species *veszélyeztetett faj* ve·say·yez·te·tett fo·y
engaged (for a man) *vőlegény* vëü·le·gayn'
engaged (for a woman) *menyasszony* men'·os·sawn'
engaged (telephone) *foglalt* fawg·lolt
engagement (to be married) *eljegyzés* el·yej·zaysh
engine *motor* maw·tawr
engineer ⓝ *mérnök* mayr·neuk
engineering *műszaki tudományok* mëw·so·ki tu·daw·maa·nyawk
England *Anglia* ong·li·o
English *angol* on·gawl
enjoy oneself *jól érzi magát* yäwl ayr·zi mo·gaat
enough *elég* e·layg
enter *belép* be·layp
entertainment guide *programmagazin* prawg·rom·mo·go·zin
entry *bejárat* be·yaa·rot
envelope *boríték* baw·ree·tayk
environment *környezet* keur·nye·zet
epilepsy *epilepszia* e·pi·lep·si·o
equal opportunity *egyenlő esélyek* e·dyen·lëü e·shay·yek
equality *egyenlőség* e·dyen·lëü·shayg
equipment *felszerelés* fel·se·re·laysh

escalator mozgólépcső *mawz·gäw·layp·chêü*
estate agency ingatlanügynökség *in·got·lon·ewj·neuk·shayg*
euro euró *e·u·rāw*
Europe Európa *e·u·rāw·po*
euthanasia eutanázia *e·u·to·naa·zi·o*
evening este *esh·te*
every minden *min·den*
everyone mindenki *min·den·ki*
everything minden *min·den*
exactly pontosan *pawn·taw·shon*
example példa *payl·do*
excellent kitűnő *ki·tēw·nēū*
excess (baggage) túlsúly *tūl·shū·y*
exchange money pénzt vált *paynzt vaalt*
exchange rate átváltási árfolyam *aat·vaal·taa·shi aar·faw·yom*
excluded nincs benne *ninch ben·ne*
exhaust (car) kipufogó *ki·pu·faw·gäw*
exhibition kiállítás *ki·aal·lee·taash*
exit ⓝ kijárat *ki·yaa·rot*
expensive drága *draa·go*
experience tapasztalat *to·pos·to·lot*
exploitation kizsákmányolás *ki·zhaak·maa·nyaw·laash*
express ⓐ expressz *eks·press*
extension (visa) (vízum)hosszabbítás *(vee·zum·)haws·sob·bee·taash*
eye szem *sem*
eye drops szemcsepp *sem·chepp*
eyes szemek *se·mek*

F

fabric anyag *o·nyog*
face (body) arc *orts*
factory gyár *dyaar*
factory worker gyári munkás *dyaa·ri mun·kaash*
fall (autumn) ősz *ēūs*
fall ⓥ esés *e·shaysh*
family család *cho·laad*
famous híres *hee·resh*
fan (machine) ventilátor *ven·ti·laa·tawr*
fan (sport) szurkoló *sur·kaw·lāw*
fanbelt ékszíj *ayk·see·y*
far messze *mes·se*
fare viteldíj *vi·tel·dee·y*
farm ⓝ gazdaság *goz·do·shaag*
farmer gazda *goz·do*

fashion divat *di·vot*
fast ⓐ gyors *dyawrsh*
fat ⓐ kövér *keu·vayr*
father apa *o·po*
father-in-law após *o·pāwsh*
faucet csap *chop*
fault (someone's) hiba *hi·bo*
faulty hibás *hi·baash*
fax machine fax *foks*
February február *feb·ru·aar*
feed ⓥ etet *e·tet*
feel (touch) tapogat *to·paw·got*
feeling érzés *ayr·zaysh*
feelings érzelmek *ayr·zel·mek*
female nőnemű *nēū·ne·mèw*
fence kerítés *ke·ree·taysh*
fencing (sport) vívás *vee·vaash*
ferry ⓝ komp *kawmp*
festival fesztivál *fes·ti·vaal*
fever láz *laaz*
few kevés *ke·vaysh*
fiancé vőlegény *vēū·le·gayn'*
fiancée menyasszony *men'·os·sawn'*
fiction fikció *fik·tsi·āw*
fig füge *few·ge*
fight ⓝ verekedés *ve·re·ke·daysh*
fill megtölt *meg·teult*
fillet filé *fi·lay*
film (camera/cinema) ⓝ film *film*
film speed fényérzékenység *fayn'·ayr·zay·ken'·shayg*
filtered szűrt *sêwrt*
find talál *to·laal*
fine ⓝ bírság *beer·shaag*
fine ⓐ jól *yāwl*
finger ujj *u·y*
finish ⓝ befejezés *be·fe·ye·zaysh*
finish ⓥ befejez *be·fe·yez*
Finland Finnország *finn·awr·saag*
fire ⓝ tűz *tēwz*
firewood tűzifa *tēw·zi·fo*
first ⓐ első *el·shēū*
first class első osztály *el·shēū aws·taa·y*
first-aid kit elsősegély-láda *el·shēū·she·gay·laa·do*
first name keresztnév *ke·rest·nayv*
fish ⓝ hal *hol*
fish shop halas *ho·losh*
fishing halászat *ho·laa·sot*
fishmonger halárus *hol·aa·rush*
flag zászló *zaas·lāw*
flannel flanell *flo·nell*

208

flashlight villanófény *vil·lo·naw-fayn'*
flat (apartment) lakás *lo·kaash*
flat ⓐ lapos *lo·pawsh*
flea bolha *bawl·ho*
fleamarket bolhapiac *bawl·ho·pi·ots*
flight repülőjárat *re·pew·lëû·yaa·rot*
flood ⓝ árvíz *aar·veez*
floor padló *pod·lāw*
floor (storey) emelet *e·me·let*
florist virágos *vi·raa·gawsh*
flour liszt *list*
flower virág *vi·raag*
flu influenza *inf·lu·en·zo*
fly ⓥ repül *re·pewl*
foggy ködös *keu·deush*
folk art népművészet *nayp·mêw·vay·set*
folk dancing népi tánc *nay·pi taants*
follow követ *keu·vet*
food ennivaló *en·ni·vo·lāw*
food supplies élelmiszerkészlet
  ay·lel·mi·ser·kays·let
foot lábfej *laab·fe·y*
football (soccer) football *fut·ball*
footpath gyalogösvény
  dyo·lawg·eush·vayn'
foreign külföldi *kewl·feul·di*
forest erdő *er·dêu*
forever örökre *eu·reuk·re*
forget elfelejt *el·fe·le·yt*
forgive megbocsát *meg·baw·chaat*
fork villa *vil·lo*
fortnight két hét *kayt hayt*
fortune teller jövendőmondó
  yeu·ven·dêu·mawn·dāw
foul (football) szabálytalanság
  so·baa·y·to·lon·shaag
foyer előcsarnok *e·lêu·chor·nawk*
fragile törékeny *teu·ray·ken'*
France Franciaország *fron·tsi·o·awr·saag*
free (available) szabad *so·bod*
free (gratis) ingyenes *in·dye·nesh*
freedom szabadság *so·bod·shaag*
freeze fagyaszt *faw·dyost*
fresh friss *frish*
Friday péntek *payn·tek*
fridge fridsider *fri·ji·der*
fried zsírban sült *zheer·bon shewlt*
friend barát/barátnő ⓜ/ⓕ
  bo·raat/bo·raat·nêu
from -tól/-től *tāwl/·têûl*
frost fagy *foj*
frozen fagyasztott *fo·jos·tawtt*

fruit gyümölcs *dyew·meulch*
fruit picking gyümölcsszedés
  dyew·meulch·se·daysh
fry süt *shewt*
frying pan serpenyő *sher·pe·nyêû*
full tele *te·le*
full-time teljes munkaidejű
  tel·yesh mun·ko·i·de·yêw
fun jó mulatság *yāw mu·lot·shaag*
(have) fun jól érzi magát
  yāwl ayr·zi mo·gaat
funeral temetés *te·me·taysh*
funny mulatságos *mu·lot·shaa·gawsh*
furniture bútor *bū·tawr*
future ⓝ jövő *yeu·vêû*

G

game (football) meccs *mech*
game (sport) játszma *yaats·mo*
garage gárázs *go·raazh*
garbage szemét *se·mayt*
garbage can szemétvödör
  se·mayt·veu·deur
garden kert *kert*
gardener kertész *ker·tays*
gardening kertészkedés *ker·tays·ke·daysh*
garlic fokhagyma *fawk·hoj·mo*
gas (for cooking) gáz *gaaz*
gas (LPG) autógáz *o·u·tāw·gaaz*
gas (petrol) benzin *ben·zin*
gas cartridge gázpatron *gaaz·pot·rawn*
gastroenteritis gyomor-bél hurut
  dyaw·mawr·bayl·hu·rut
gate (airport, etc) kapu *ko·pu*
gauze géz *gayz*
gay meleg *me·leg*
gearbox sebességváltó
  she·besh·shayg·vaal·tāw
Germany Németország *nay·met·awr·saag*
get kap *kop*
get off (a train etc) leszáll *le·saall*
gift ajándék *o·yaan·dayk*
gig hakni *hok·ni*
gin gin *jin*
girl lány *laan'*
girlfriend barátnő *bo·raat·nêu*
give ad *od*
glandular fever mirigyláz *mi·rij·laaz*
glass (container) üveg *ew·veg*
glasses (spectacles) szemüveg
  sem·ew·veg

glove kesztyű *kes*·tyēw
glue ragasztó *ro*·gos·tāw
go megy *mej*
go out elmegy szórakozni *el*·mej *sāw*·ro·kawz·ni
go out with jár valakivel *yaar vo*·lo·ki·vel
go shopping elmegy vásárolni *el*·mej *vaa*·shaa·rawl·ni
goal (frame) kapu *ko*·pu
goal (scored) gól *gāwl*
goalkeeper kapus *ko*·push
goat kecske *kech*·ke
god (general) isten *ish*·ten
goggles (skiing) síszemüveg *shee*·sem·ew·veg
goggles (swimming) úszószemüveg *ū*·sāw·sem·ew·veg
gold ⓝ arany *o*·ron'
golf ball golflabda *gawlf*·lob·do
golf course golfpálya *gawlf*·paa·yo
good jó *yāw*
government kormány *kawr*·maan'
gram gramm *gromm*
grandchild unoka *u*·naw·ko
grandfather nagypapa *noj*·po·po
grandmother nagymama *noj*·mo·mo
grapefruit grépfrút *grayp*·frút
grapes szőlő *sëü*·lëü
grass fű *fēw*
grateful hálás *haa*·laash
grave sír *sheer*
gray szürke *sewr*·ke
great (fantastic) nagyszerű *noj*·se·rēw
Great Plain Nagyalföld *noj*·ol·feuld
green zöld *zeuld*
greengrocer zöldséges *zeuld*·shay·gesh
grey szürke *sewr*·ke
grocery élelmiszerbolt *ay*·lel·mi·ser·bawlt
ground floor földszint *feuld*·sint
groundnut földimogyoró *feul*·di·maw·dyaw·rāw
grow nő *nēü*
g-string tanga *ton*·go
guaranteed garantált *go*·ron·taalt
guess ⓥ kitalál *ki*·to·laal
guesthouse vendégház *ven*·dayg·haaz
guide (audio) fejhallgatós vezető *fe*·y·holl·go·tāwsh *ve*·ze·tēü
guide (person) idegenvezető *i*·de·gen·ve·ze·tēü
guidebook útikönyv *ū*·ti·keun'v

guide dog vakvezető kutya *vok*·ve·ze·tēü *ku*·tyo
guided tour csoportos utazás *chaw*·pawr·tawsh *u*·to·zaash
guilty bűnös *bēw*·neush
guitar gitár *gi*·taar
gum fogíny *fawg*·een'
gun puska *push*·ko
gym (fitness room) sportterem *shpawrt*·te·rem
gym (gymnasium) tornaterem *tawr*·no·te·rem
gymnastics torna *tawr*·no
gynaecologist nőgyógyász *nēü*·dyāw·dyaas

H

hair haj *ho*·y
hairbrush hajkefe *ho*·y·ke·fe
haircut hajvágás *ho*·y·vaa·gaash
hairdresser fodrász *fawd*·raas
halal iszlám rítus szerint levágott *is*·laam *ree*·tush *se*·rint *le*·vaa·gawtt
half fél *fayl*
hallucination hallucináció *hol*·lu·tsi·naa·tsi·āw
ham sonka *shawn*·ko
hammer kalapács *ko*·lo·paach
hammock függőágy *fewg*·gēü·aaj
hand kéz *kayz*
handbag kézitáska *kay*·zi·taash·ko
handball kézilabda *kay*·zi·lob·do
handicrafts kézművesség *kayz*·mēw·vesh·shayg
handkerchief zsebkendő *zheb*·ken·dēü
handlebars kormány *kawr*·maan'
handmade kézzel gyártott *kayz*·zel *dyaar*·tawtt
handsome jóképű *yāw*·kay·pēw
happy boldog *bawl*·dawg
harassment zaklatás *zok*·lo·taash
harbour kikötő *ki*·keu·tēü
hard (not soft) kemény *ke*·mayn'
hard-boiled keményre főtt *ke*·mayn'·re feütt
hardware store vas- és edénybolt *vosh aysh e*·dayn'·bawlt
hash hasis *ho*·shish
hat kalap *ko*·lop
have van neki *von ne*·ki
hay fever szénanátha *say*·no·naat·ho

hazelnut mogyoró *maw·dyaw·rāw*
he ő *ēü*
head fej *fe·y*
headache fejfájás *fe·y·faa·yaash*
headlights fényszórók *fayn'·sāw·rāwk*
health egészség *e·gays·shayg*
hear hall *holl*
hearing aid hallókészülék *hol·lāw·kay·sew·layk*
heart szív *seev*
heart attack szívroham *seev·raw·hom*
heart condition szívbaj *seev·bo·y*
heat ⓝ forróság *fawr·rāw·shaag*
heated fűtött *few·teutt*
heater fűtőkészülék *few·tēü·kay·sew·layk*
heating fűtés *few·taysh*
heavy nehéz *ne·hayz*
helmet sisak *shi·shok*
help ⓝ segítség *she·geet·shayg*
help ⓥ segít *she·geet*
hepatitis májgyulladás *maa·y·dyul·lo·daash*
her (ownership) őt *ēüt*
herb gyógyfű *dyāwj·fēw*
herbalist gyógyfűkereskedő *dyāwj·fēw·ke·resh·ke·dēü*
here itt *itt*
heroin heroin *he·raw·in*
herring hering *he·ring*
high magas *mo·gosh*
high school gimnázium *gim·naa·zi·um*
highchair etetőszék *e·te·tēü·sayk*
highway országút *awr·saag·üt*
hike kirándul *ki·raan·dul*
hiking kirándulás *ki·raan·du·laash*
hiking boots túrabakancs *tü·ro·bo·konch*
hiking route túraútvonal *tü·ro·üt·vaw·nol*
hill domb *dawmb*
him őt *ēüt*
Hindu hindu *hin·du*
hire bérel *bay·rel*
his övé *eu·vay*
historical történelmi *teur·tay·nel·mi*
history történelem *teur·tay·ne·lem*
hitchhike stoppol *shtawp·pawl*
HIV HIV *hiv*
hockey hoki *haw·ki*
holiday ünnepnap *ewn·nep·nop*
holidays szabadság *so·bod·shaag*
home otthon *awtt·hawn*
homeless hajléktalan *ho·y·layk·to·lon*
homemaker háztartásbeli *haaz·tor·taash·be·li*
homeopathy homeopátia *ho·meu·aw·paa·ti·o*
homestead tanya *to·nyo*
homosexual homoszexuális *haw·maw·sek·su·aa·lish*
honey méz *mayz*
honeymoon nászút *naas·üt*
horoscope horoszkóp *haw·raws·kāwp*
horse ló *lāw*
horse riding lovaglás *law·vog·laash*
horse-riding school lovagóiskola *law·vog·lāw·ish·kaw·lo*
hospital kórház *kāwr·haaz*
hospitality vendéglátás *ven·dayg·laa·taash*
hot forró *fawr·rāw*
hot water forró víz *fawr·rāw veez*
hotel szálloda *saal·law·do*
hour óra *āw·ro*
house ház *haaz*
housework házi munka *haa·zi mun·ko*
how hogyan *haw·dyon*
how much mennyi *men'·nyi*
hug ⓥ megölel *meg·eu·lel*
huge hatalmas *ho·tol·mosh*
human resources emberi erőforrások *em·be·ri e·rēü·fawr·raa·shawk*
human rights emberi jogok *em·be·ri yaw·gawk*
humanities humán tudományok *hu·maan tu·daw·maa·nyawk*
hundred száz *saaz*
Hungarian magyar *mo·dyor*
Hungary Magyarország *mo·dyor·awr·saag*
hungry éhes *ay·hesh*
hunting vadászat *vo·daa·sot*
hurt ⓥ megsért *meg·shayrt*
husband férj *fayr·y*

I

I én *ayn*
ice jég *yayg*
ice axe jégcsákány *yayg·chaa·kaan'*
ice cream fagylalt *foj·lolt*
ice-cream parlour fagylaltozó *foj·lol·taw·zāw*
ice hockey jéghoki *yayg·haw·ki*
identification azonosítás *o·zaw·naw·shee·taash*

211

identification card (ID) személyi
   igazolvány se·may·yi i·go·zawl·vaan'
idiot hülye hew·ye
if ha ho
ill beteg be·teg
immigration bevándorlás
   be·vaan·dawr·laash
important fontos fawn·tawsh
impossible lehetetlen le·he·tet·len
in -ban/-ben ·bon/·ben
in a hurry siet shi·et
in front of előtt e·lēutt
included beleértve be·le·ayrt·ve
income tax jövedelemadó
   yeu·ve·de·lem·o·dāw
India India in·di·o
indicator mutató mu·to·tāw
indigestion gyomorrontás
   dyaw·mawr·rawn·taash
indoor fedett fe·dett
industry ipar i·por
infection fertőzés fer·tēū·zaysh
inflammation gyulladás dyul·lo·daash
influenza influenza inf·lu·en·zo
information információ
   in·fawr·maa·tsi·āw
ingredient hozzávaló hawz·zaa·vo·lāw
inject bead injekcióban
   be·od in·yek·tsi·āw·bon
injection injekció in·yek·tsi·āw
injured sérült shay·rewlt
injury sérülés shay·rew·laysh
inn fogadó faw·go·dāw
inner tube belső cső bel·shēū chēū
innocent ártatlan aar·tot·lon
inside bent bent
instructor oktató awk·to·tāw
insurance biztosítás biz·taw·shee·taash
interesting érdekes ayr·de·kesh
intermission szünet sew·net
international nemzetközi nem·zet·keu·zi
Internet Internet in·ter·net
Internet café Internet kávézó
   in·ter·net kaa·vay·zāw
interpreter tolmács tawl·maach
interview ⓝ beszélgetés be·sayl·ge·taysh
invite meghív meg·heev
Ireland Írország eer·awr·saag
iron (for clothes) vasaló vo·sho·lāw
island sziget si·get
Israel Izrael iz·ro·el
it az oz

IT informatika in·fawr·mo·ti·ko
Italy Olaszország o·los·awr·saag
itch ⓝ viszketés vis·ke·taysh
itemised tételes tay·te·lesh
itinerary útvonal út·vaw·nol
IUD fogamzásgátló hurok
   faw·gom·zaash·gaat·lāw hu·rawk

J

jacket dzseki je·ki
jail börtön beur·teun
jam dzsem jem
January január yo·nu·aar
Japan Japán yo·paan
jar üveg ew·veg
jaw állkapocs aall·ko·pawch
jealous féltékeny fayl·tay·ken'
jeans farmer for·mer
jeep dzsip jip
jet lag hosszú repülőút okozta fáradtság
   haws·sū re·pew·lēū·út aw·kawz·to
   faa·rott·shaag
jewellery ékszerek ayk·se·rek
Jewish zsidó zhi·dāw
job állás aal·laash
jogging kocogás kaw·tsaw·gaash
joke ⓝ vicc vits
journalist újságíró úy·shaag·ee·rāw
journey utazás u·to·zaash
judge ⓝ bíró bee·rāw
juice gyümölcslé dyew·meulch·lay
July július yū·li·ush
jump ⓥ ugrik ug·rik
jumper (sweater) pulóver pu·lāw·ver
jumper leads indítókábel
   in·dee·tāw·kaa·bel
June június yū·ni·ush

K

ketchup ketchup ke·cheup
key kulcs kulch
keyboard billentyűzet bil·len·tyēw·zet
kick ⓥ rúg rūg
kidney vese ve·she
kilo kiló ki·lāw
kilogram kilogramm ki·lāw·gromm
kilometre kilométer ki·lāw·may·ter
kind (nice) kedves ked·vesh
kindergarten óvoda āw·vaw·do

king király *ki*·raa·y
kiosk kioszk *ki*·awsk
kiss (friendly) ⓝ puszi *pu*·si
kiss (friendly) ⓥ megpuszil *meg*·pu·sil
kiss (intimate) ⓝ csók chāwk
kiss (intimate) ⓥ megcsókol *meg*·chāw·kawl
kitchen konyha *kawn'*·ho
kiwifruit kivi *ki*·vi
knee térd tayrd
knife kés kaysh
know (a fact) tud tud
know (be aquainted with) ismer *ish*·mer
kosher kóser *kāw*·sher

L

labourer munkás *mun*·kaash
lace csipke *chip*·ke
lake tó tāw
lamb bárány *baa*·raan'
land ⓝ föld feuld
landlady háztulajdonosnő *haaz*·tu·loy·daw·nawsh·nēū
landlord háztulajdonos *haaz*·tu·loy·daw·nawsh
language nyelv nyelv
laptop laptop *lop*·tawp
large nagy noj
last (previous) előző *e*·lēū·zēū
last week a múlt héten *o* mült *hay*·ten
late késő *kay*·shēū
later később *kay*·shēūbb
laugh ⓥ nevet *ne*·vet
launderette önkiszolgáló mosószalon *eun*·ki·sawl·gaa·lāw *maw*·shāw·so·lawn
laundry (clothes) mosnivaló *mawsh*·ni·vo·lāw
laundry (place) mosoda *maw*·shaw·do
laundry (room) mosóhelyiség *maw*·shāw·he·yi·shayg
law törvény *teur*·vayn'
law (study, profession) jog yawg
lawyer jogász *yaw*·gaas
laxative hashajtó *hosh*·ho·y·tāw
lazy lusta *lush*·to
leader vezető *ve*·ze·tēū
leaf levél *le*·vayl
learn tanul *to*·nul
leather bőr bēūr
lecturer egyetemi oktató *e*·dye·te·mi *awk*·to·tāw

ledge perem *pe*·rem
leek póréhagyma *pāw*·ray·hoj·mo
left (direction) balra *bol*·ro
left luggage (office) csomagmegőrző *chaw*·mog·meg·ēūr·zēū
left-wing baloldali *bol*·awl·do·li
leg láb laab
legal törvényes *teur*·vay·nyesh
legislation törvényhozás *teur*·vayn'·haw·zaash
legume hüvelyes *hew*·ve·yesh
lemon citrom *tsit*·rawm
lemonade limonádé *li*·maw·naa·day
lens lencse *len*·che
lentil lencse *len*·che
lesbian ⓝ leszbikus *les*·bi·kush
less kevésbé *ke*·vaysh·bay
letter (mail) levél *le*·vayl
lettuce saláta *sho*·laa·to
liar hazug *ho*·zug
library könyvtár *keun'v*·taar
lice tetvek *tet*·vek
licence engedély *en*·ge·day·y
license plate number rendszám *rend*·saam
lie (not stand) fekszik *fek*·sik
life élet *ay*·let
life jacket mentőmellény *men*·tēū·mel·layn'
lift (elevator) lift lift
light ⓝ fény fayn'
light (colour) világos *vi*·laa·gawsh
light (not heavy) könnyű *keun'*·nyēw
light bulb égő *ay*·gēū
light meter fénymérő *fayn'*·may·rēū
lighter öngyújtó *eun*·dyū·y·tāw
like ⓥ szeret *se*·ret
lime (fruit) apró zöld citrom *op*·rāw zeuld *tsit*·rawm
linen (material) lenvászon *len*·vaa·sawn
linen (sheets etc) vászonnemük *vaa*·sawn·ne·mēwk
lip balm ajakbalzsam *o*·yok·bol·zhom
lips ajak *o*·yok
lipstick rúzs rüj
liquor store szeszes italokat árusító üzlet *se*·sesh *i*·to·law·kot *aa*·ru·shee·tāw *ewz*·let
listen hallgat *holl*·got
little (quantity) kevés *ke*·vaysh
little (size) kicsi *ki*·chi
Little Plain Kisalföld *kish*·ol·feuld

live ⓥ *lakik* lo·kik
liver *máj* maa·y
lizard *gyík* dyeek
local *helyi* he·yi
lock ⓝ *zár* zaar
lock ⓥ *bezár* be·zaar
locked *be van zárva* be von zaar·vo
lollies *nyalóka* nyo·làw·ko
long *hosszú* haws·sü
look ⓥ *néz* nayz
look after *gondját viseli* gawnd·yaat vi·she·li
look for *keres* ke·resh
lookout *kilátó* ki·laa·taw
loose *laza* lo·zo
loose change *aprópénz* op·ràw·paynz
lose *elveszít* el·ve·seet
lost *elveszett* el·ve·sett
lost property office *talált tárgyak hivatala* to·laalt taar·dyok hi·vo·to·lo
(a) lot *sok* shawk
loud *hangos* hon·gawsh
love ⓝ *szerelem* se·re·lem
love ⓥ *szeret* se·ret
lover *szerető* se·re·tēū
low *alacsony* o·lo·chawn'
lubricant *kenőanyag* ke·nēū·o·nyog
luck *szerencse* se·ren·che
lucky *szerencsés* se·ren·chaysh
luggage *poggyász* pawd'·dyaas
luggage lockers *poggyászmegőrző automata* pawd'·dyaas·meg·ēūr·zēū o·u·taw·mo·to
luggage tag *poggyászcímke* pawd'·dyaas·tseem·ke
lump *csomó* chaw·màw
lunch *ebéd* e·bayd
lung *tüdő* tew·dēū
luxury *a luxus* luk·sush

M

machine *gép* gayp
Madam *asszonyom* os·saw·nyawm
magazine *képes folyóirat* kay·pesh faw·yàw·i·rot
mail ⓝ *posta* pawsh·to
mailbox *postaláda* pawsh·to·laa·do
main *fő* fēū
main road *főút* fēū·üt
make *csinál* chi·naal
make-up *smink* shmink

mammogram *mammogram* mom·maw·grom
man (male) *férfi* fayr·fi
manager (team) *menedzser* me·ne·jer
manager (business) *üzletvezető* ewz·let·ve·ze·tēū
mandarin *mandarin* mon·do·rin
mango *mangó* mon·gàw
manor house *udvarház* ud·vor·haaz
mansion *urasági kastély* u·ro·shaa·gi kosh·tay
manual worker *kétkezi munkás* kayt·ke·zi mun·kaash
many *sok* shawk
map (of country) *térkép* tayr·kayp
map (of town) *várostérkép* vaa·rawsh·tayr·kayp
March *március* maar·tsi·ush
margarine *margarin* mor·go·rin
marijuana *marihuána* mo·ri·hu·aa·no
marital status *családi állapot* cho·laa·di aal·lo·pawt
market *piac* pi·ots
marmalade *narancslekvár* no·ronch·lek·vaar
marriage *házasság* haa·zosh·shaag
married (for a man) *nős* nēūsh
married (for a woman) *férjezett* fayr·ye·zett
marry (for a man) *megnősül* meg·nēū·shewl
marry (for a woman) *férjhez megy* fayr·y·hez mej
martial arts *küzdősportok* kewz·dēū·shpawr·tawk
mass (Catholic) *mise* mi·she
massage *masszázs* mos·saazh
masseur *masszőr* mos·sēūr
masseuse *masszőrnő* mos·sēūr·nēū
mat *gyékény* dyay·kayn'
match (sports) *meccs* mech
matches (for lighting) *gyufa* dyu·fo
mattress *matrac* mot·rots
May *május* maa·yush
maybe *talán* to·laan
mayonnaise *majonéz* mo·yaw·nayz
mayor *polgármester* pawl·gaar·mesh·ter
me *én/engem/nekem/velem* ayn/en·gem/ne·kem/ve·lem
meal *étkezés* ayt·ke·zaysh
measles *kanyaró* ko·nyo·ràw
meat *hús* hüsh

mechanic szerelő *se·re·leü*
media média *may·di·o*
medicine (medication) orvosság
    awr·vawsh·shaag
medicine (profession) orvostudomány
    awr·vawsh·tu·daw·maan'
meditation meditálás *me·di·taa·laash*
meet találkozik *to·laal·kaw·zik*
melon dinnye *din'·nye*
member tag *tog*
memorial emlékmű *em·layk·mëw*
menstruation menstruáció
    mensht·ru·aa·tsi·āw
menu étlap *ayt·lop*
message üzenet *ew·ze·net*
metal @ fém *faym*
metre méter *may·ter*
metro (train) metró *met·rāw*
metro station metróállomás
    met·rāw·aal·law·maash
microwave (oven) mikrohullámú sütő
    mik·raw·hul·laa·mū shew·tēū
midday dél *dayl*
midnight éjfél *ay·fayl*
migraine migrén *mig·rayn*
military @ hadsereg *hod·she·reg*
military service katonai szolgálat
    ko·taw·no·i sawl·gaa·lot
milk tej *te·y*
millimetre milliméter *mil·li·may·ter*
million millió *mil·li·āw*
mince @ darálthús *do·raalt·hūsh*
mineral water ásványvíz *aash·vaan'·veez*
minute perc *perts*
mirror tükör *tew·keur*
miscarriage spontán vetélés
    shpawn·taan ve·tay·laysh
Miss Kisasszony *kish·os·sawn'*
miss (feel absence of) hiányzik neki
    hi·aan'·zik ne·ki
mistake @ hiba *hi·bo*
mix ⓥ összekever *eus·se·ke·ver*
mobile phone mobil telefon
    maw·bil te·le·fawn
modem modem *maw·dem*
modern modern *maw·dern*
moisturiser hidratáló készítmény
    hid·ro·taa·lāw kay·seet·mayn'
monastery kolostor
    kaw·lawsh·tawr
Monday hétfő *hayt·fēū*
money pénz *paynz*

monk szerzetes *ser·ze·tesh*
Montenegro Montenegro
    mawn·te·neg·rāw
month hónap *hāw·nop*
monument emlékmű *em·layk·mëw*
moon hold *hawld*
more több *teubb*
morning reggel *reg·gel*
morning sickness reggeli rosszullét
    reg·ge·li raws·sul·layt
mosque mecset *me·chet*
mosquito szúnyog *sū·nyawg*
motel motel *maw·tel*
mother anya *o·nyo*
mother-in-law anyós *o·nyāwsh*
motorbike motor *maw·tawr*
motorboat motorcsónak
    maw·tawr·chāw·nok
motorcycle motorbicikli
    maw·tawr·bi·tsik·li
motorway autópálya *o·u·tāw·paa·yo*
mountain bike hegyikerékpár
    he·dyi·ke·rayk·paar
mountain path hegyi ösvény
    he·dyi eush·vayn'
mountain range hegylánc *hed'·laants*
mountaineering hegymászás
    hed'·maa·saash
mouse egér *e·gayr*
mouth száj *saa·y*
movie film *film*
Mr Úr *ūr*
Mrs Asszony *os·sawn'*
mud sár *shaar*
muesli müzli *mewz·li*
mum anyu *o·nyu*
mumps mumpsz *mumps*
murder @ meggyilkol *meg·dyil·kawl*
murder ⓥ gyilkosság *dyil·kawsh·shaag*
muscle izom *i·zawm*
museum múzeum *mū·ze·um*
mushroom gomba *gawm·bo*
music zene *ze·ne*
music shop zeneműbolt
    ze·ne·mëw·bawlt
musician zenész *ze·nays*
Muslim muszlim *mus·lim*
mussel kagyló *koj·lāw*
mustard mustár *mush·taar*
mute néma *nay·mo*
my -m/-vowel+m ·m/·(vowel)+m

N

nail clippers körömvágó
  keu·reum·vaa·gäw
name név nayv
name (family) családnév cho·laad·nayv
name (first/given) keresztnév ke·rest·nayv
napkin szalvéta sol·vay·to
nappy pelenka pe·len·ko
nappy rash kipállás ki·paal·laash
national park nemzeti park
  nem·ze·ti pork
nationality nemzetiség nem·ze·ti·shayg
nature természet ter·may·set
naturopathy természetgyógyászat
  ter·may·set·dyäw·dyaa·sot
nausea hányinger haan'·in·ger
near közelében keu·ze·lay·ben
nearby a közelben o keu·zel·ben
nearest a legközelebbi o leg·keu·ze·leb·bi
necessary szükséges sewk·shay·gesh
neck nyak nyok
necklace nyaklánc nyok·laants
nectarine sima héjú őszibarack
  shi·mo hay·yü ëü·si·bo·rotsk
need ⓥ szüksége van sewk·shay·ge von
needle (sewing) varrótű vor·räw·tëw
needle (syringe) injekciós tű
  in·yek·tsi·äwsh tëw
negative ⓐ negatív ne·go·teev
neither sem shem
net háló haa·läw
Netherlands Hollandia hawl·lon·di·o
never soha shaw·ho
new új ü·y
New Year's Day újév napja ü·y·ayv nop·yo
New Year's Eve szilveszter sil·ves·ter
New Zealand Új-Zéland ü·y·zay·lond
news hírek hee·rek
newsagency újságárus ü·y·shaag·aa·rush
newspaper újság ü·y·shaag
newsstand újságárus ü·y·shaag·aa·rush
next (month) jövő (hónap)
  yeu·vëü (häw·nop)
next to mellett mel·lett
nice szép sayp
nickname becenév be·tse·nayv
night éjszaka ay·so·ko
night out éjszakai szórakozás
  ay·so·ko·i säw·ro·kaw·zaash
nightclub éjszakai mulatóhely
  ay·so·ko·i mu·lo·täw·he·y

no nem nem
no vacancy nincs üres szoba
  ninch ew·resh saw·bo
noisy zajos zo·yawsh
none egy sem ej shem
nonsmoking nemdohányzó
  nem·daw·haan'·zäw
noodles metélt me·taylt
noon dél dayl
north észak ay·sok
Norway Norvégia nawr·vay·gi·o
nose orr awrr
not nem nem
notebook jegyzetfüzet yej·zet·few·zet
nothing semmi shem·mi
November november naw·vem·ber
now most mawsht
nuclear energy atomenergia
  o·tawm·e·ner·gi·o
nuclear testing atomkísérletek
  o·tawm·kee·shayr·le·tek
nuclear waste radioaktív hulladék
  raa·di·äw·ok·teev hul·lo·dayk
number szám saam
numberplate rendszámtábla
  rend·saam·taab·lo
nun apáca o·paa·tso
nurse ápolónő aa·paw·läw·nëü
nut dió di·äw

O

oats zab zob
ocean óceán äw·tse·aan
October október awk·täw·ber
off (spoiled) megromlott meg·rawm·lawtt
office iroda i·raw·do
office worker irodai dolgozó
  i·raw·do·i dawl·gaw·zäw
often gyakran dyok·ron
oil olaj aw·lo·y
oil (fuel) kőolaj këü·aw·lo·y
old (person) öreg eu·reg
old (thing) régi ray·gi
olive olajbogyó aw·lo·y·baw·dyäw
olive oil olívaolaj aw·lee·vo·aw·lo·y
Olympic Games olimpiai játékok
  aw·lim·pi·o·i yaa·tay·kawk
omelette omlett awm·lett
on -/on/-/ön/-en -awn/-eun/-en
on time időben i·dëü·ben
once egyszer ej·ser

one *egy* ej
one-way (ticket) *csak oda* chok aw·do
onion *hagyma* hoj·mo
only *csak* chok
open (person) ⓐ *nyitott* nyi·tawtt
open (location) ⓐ *nyitva* nyit·vo
open ⓥ *kinyit* ki·nyit
open air museum *szabadtéri múzeum* so·bod·tay·ri mū·ze·um
opening hours *nyitvatartás* nyit·vo·tor·taash
opera *opera* aw·pe·ro
opera house *operaház* aw·pe·ro·haaz
operation (medical) *műtét* mēw·tayt
operator *operátor* aw·pe·raa·tawr
opinion *vélemény* vay·le·mayn'
opposite *ellenkező* el·len·ke·zēū
optometrist *szemész* se·mays
or *vagy* voj
orange (colour) *narancssárga* no·ronch·shaar·go
orange (fruit) *narancs* no·ronch
orange juice *narancslé* no·ronch·lay
orchestra *zenekar* ze·ne·kor
order ⓝ *sorrend* shawr·rend
order ⓥ *rendel* ren·del
ordinary *közönséges* keu·zeun·shay·gesh
orgasm *orgazmus* awr·goz·mush
original *eredeti* e·re·de·ti
other *másik* maa·shik
our *-nk/vowel+nk* -nk/-(vowel)+nk
out of order *nem működik* nem mēw·keu·dik
outing *kirucannás* ki·ruts·tso·naash
outside *kint* kint
ovarian cyst *petefészek-ciszta* pe·te·fay·sek·tsis·to
ovary *petefészek* pe·te·fay·sek
oven *sütő* shew·tēū
overcoat *kabát* ko·baat
overdose *túladagolás* tūl·o·do·gaw·laash
overnight *egész éjjel* e·gays ay·yel
overseas *a tengeren túl* o ten·ge·ren tūl
owe *tartozik* tor·taw·zik
owner *tulajdonos* tu·lo·y·daw·nawsh
oxygen *oxigén* awk·si·gayn
oyster *osztriga* awst·ri·go
ozone layer *ózonréteg* āw·zawn·ray·teg

P

pacemaker *szívritmusszabályozó* seev·rit·mush·so·baa·yaw·zāw
pacifier (dummy) *cumi* tsu·mi
package *csomag* chaw·mog
packet *csomag* chaw·mog
padlock *lakat* lo·kot
page *oldal* awl·dol
pain ⓝ *fájdalom* faa·y·do·lawm
painful *fájdalmas* faa·y·dol·mosh
painkiller *fájdalomcsillapító* faa·y·do·lawm·chil·lo·pee·tāw
painter *festő* fesh·tēū
painting (a work) *festmény* fesht·mayn'
painting (the art) *festészet* fesh·tay·set
pair (couple) *pár* paar
palace *palota* po·law·to
pan *serpenyő* sher·pe·nyēū
pants (trousers) *nadrág* nod·raag
panty liners *egészségügyi betét* e·gays·shayg·ew·dyi be·tayt
pantyhose *harisnyanadrág* ho·rish·nyo·nod·raag
pap smear *méhnyakrák-szűrővizsgálat* mayh·nyok·raak·sēw·rēū·vizh·gaa·lot
paper *papír* po·peer
paperwork *papírmunka* po·peer·mun·ko
paprika *paprika* pop·ri·ko
paraplegic *deréktól lefelé bénult* de·rayk·tāwl le·fe·lay bay·nult
parcel *csomag* chaw·mog
parents *szülők* sew·lēūk
park ⓝ *park* pork
park (a car) ⓥ *parkol* por·kawl
parliament *parlament* por·lo·ment
parlour *szalon* so·lawn
part (component) *rész* rays
part-time *részmunkaidős* rays·mun·ko·i·dēūsh
party (night out) *parti* por·ti
party (politics) *párt* paart
pass ⓥ *átmegy* aat·mej
passenger *utas* u·tosh
passionfruit *golgotavirág gyümölcse* gawl·gaw·to·vi·raag dyew·meul·che
passport *útlevél* ūt·le·vayl
passport number *útlevél száma* ūt·le·vayl saa·mo
past ⓝ *múlt* mūlt
pasta *tészta* tays·to

pastry cukrászsütemény
    tsuk-raas-shew-te-mayn'
path ösvény *eush-vayn'*
pay ⓥ fizet *fi-zet*
payment kifizetés *ki-fi-ze-taysh*
pea borsó *bawr-shāw*
peace béke *bay-ke*
peach őszibarack *ēū-si-bo-rotsk*
peak (mountain) csúcs *chūch*
peanut földi mogyoró
    feul-di maw-dyaw-rāw
pear körte *keur-te*
pedal ⓝ pedál *pe-daal*
pedestrian gyalogos *dyo-law-gawsh*
pedestrian crossing zebra *ze-bro*
pen golyóstoll *gaw-yāwsh-tawll*
pencil ceruza *tse-ru-zo*
penis pénisz *pay-nis*
penknife bicska *bich-ko*
pensioner nyugdíjas *nyug-dee-yosh*
people emberek *em-be-rek*
pepper (bell) paprika *pop-ri-ko*
pepper (black) bors *bawrsh*
per cent százalék *saa-zo-layk*
perfect tökéletes *teu-kay-le-tesh*
performance előadás *tel-ye-sheet-mayn'*
perfume parfüm *por-fewm*
period pain menstruációs hasfájás
    menssht-ru-aa-tsi-āwsh hosh-faa-yaash
permission engedély *en-ge-day*
permit engedély *en-ge-day*
person személy *se-may*
petition kérvény *kayr-vayn'*
petrol benzin *ben-zin*
petrol station benzinkút *ben-zin-kūt*
pharmacist gyógyszerész *dyāwj-se-raysh*
pharmacy gyógyszertár *dyāwj-ser-taar*
phone book telefonkönyv
    te-le-fawn-keun'v
phone box telefonfülke *te-le-fawn-fewl-ke*
phonecard telefonkártya
    te-le-fawn-kaar-tyo
photo fénykép *fayn'-kayp*
(take a) photo fényképez *fayn'-kay-pez*
photographer fényképész *fayn'-kay-pays*
photography fényképezés
    fayn'-kay-pe-zaysh
phrasebook kifejezésgyűjtemény
    ki-fe-ye-zaysh-dyēw-y'-te-mayn'
pickaxe csákány *chaa-kaan'*
pickles savanyúságok
    sho-vo-nyū-shaa-gawk

pickpocket zsebtolvaj *zheb-tawl-vo-y*
picnic piknik *pik-nik*
pie pástétom *paash-tay-tawm*
piece darab *do-rob*
pier mólo *māw-lāw*
pig disznó *dis-nāw*
pill tabletta *tob-let-to*
the pill fogamzásgátló tabletta
    faw-gom-zaash-gaat-lāw tob-let-to
pillow párna *paar-no*
pillowcase párnahuzat *paar-no-hu-zot*
pineapple ananász *o-no-naas*
pink rózsaszín *rāw-zho-seen*
pistachio pisztácia *pis-taa-tsi-o*
place hely *he-y*
place of birth születési hely
    sew-le-tay-shi he-y
plane repülőgép *re-pew-lēū-gayp*
planet bolygó *baw-y-gāw*
plant ⓝ növény *neu-vayn'*
plastic műanyag *mēw-o-nyog*
plate tányér *taa-nyayr*
plateau fennsík *fenn-sheek*
platform peron *pe-rawn*
play (theatre) színdarab *seen-do-rob*
play cards kártyázik *kaar-tyaa-zik*
play guitar gitározik *gi-taa-raw-zik*
plug dugó *du-gāw*
plum szilva *sil-vo*
PO box postafiók *pawsh-to fi-awk*
poached egg mindkét oldalán
    megsütött tükörtojás *mind-kayt
    awl-do-laan meg-shew-teutt
    tew-keur-taw-yaash*
pocket zseb *zheb*
pocket knife zsebkés *zheb-kaysh*
poetry költészet *keul-tay-set*
point ⓝ pont *pawnt*
point ⓥ mutat *mu-tot*
poisonous mérgező *mayr-ge-zēū*
Poland Lengyelország *len-dyel-awr-saag*
police rendőrség *rend-ēūr-shayg*
police officer rendőr *rend-ēūr*
police headquarters
    rendőr-főkapitányság
    rend-ēūr fēū-ko-pi-taan'-shaag
police station rendőrség *rend-ēūr-shayg*
policy politika *paw-li-ti-ko*
politician politikus *paw-li-ti-kush*
politics politika *paw-li-ti-ko*
pollen virágpor *vi-raag-pawr*
pollution szennyezés *sen'-nye-zaysh*

pool (game) biliárd *bi·li·aard*
pool (swimming) úszómedence *ú·sāw·me·den·tse*
poor szegény *se·gayn'*
popular népszerű *nayp·se·rēw*
pork disznóhús *dis·nāw·hūsh*
pork sausage disznóhúsból készült kolbász *dis·nāw·hūsh·bāwl kay·sewlt kawl·baas*
port kikötő *ki·keu·tēu*
positive pozitív *paw·zi·teev*
possible lehetséges *le·het·shay·gesh*
postage postaköltség *pawsh·to·keult·shayg*
postcard levelezőlap *le·ve·le·zēū·lop*
postcode postai irányítószám *pawsh·to·i i·raa·nyee·tāw·saam*
poster plakát *plo·kaat*
post office postahivatal *pawsh·to·hi·vo·tol*
pot (cooking) edény *e·dayn'*
potato krumpli *krump·li*
pottery fazekasáru *fo·ze·kosh·aa·ru*
pound (money, weight) font *fawnt*
poverty szegénység *se·gayn'·shayg*
powder por *pawr*
Prague Prága *praa·go*
prawn garnélarák *gor·nay·lo·raak*
prayer ima *i·mo*
prayer book imakönyv *i·mo·keun'v*
prefer jobban szeret *yawb·bon se·ret*
pregnancy test kit terhességi teszt *ter·hesh·shay·gi test*
pregnant terhes *ter·hesh*
premenstrual tension menstruáció előtti feszültség *mensht·ru·aa·tsi·āw e·lēūt·ti fe·sewlt·shayg*
prepare készít *kay·seet*
prescription recept *re·tsept*
present (gift) ajándék *o·yaan·dayk*
present (time) jelen *ye·len*
president elnök *el·neuk*
pressure nyomás *nyaw·maash*
pretty csinos *chi·nawsh*
price ár *aar*
priest pap *pop*
prime minister miniszterelnök *mi·nis·ter·el·neuk*
printer (computer) nyomtató *nyawm·to·tāw*
prison börtön *beur·teun*
prisoner rab *rob*
private magán *mo·gaan*

problem probléma *prawb·lay·mo*
produce ⓥ termel *ter·mel*
profit ⓝ haszon *ho·sawn*
program program *prawg·rom*
prohibited tilos *ti·lawsh*
projector vetítő *ve·tee·tēū*
promenade sétány *shay·taan'*
promise ⓥ megígér *meg·ee·gayr*
prostitute prostituált *prawsh·ti·tu·aalt*
protect megvéd *meg·vayd*
protected species védett faj *vay·dett fo·y*
protest ⓝ tiltakozás *til·to·kaw·zaash*
protest ⓥ tiltakozik *til·to·kaw·zik*
provisions élelmiszer *ay·lel·mi·ser*
prune ⓝ aszalt szilva *o·solt sil·va*
pub pub *pob*
public gardens nyilvános park *nyil·vaa·nawsh pork*
public relations közönséggel való kapcsolattartás *keu·zeun·shayg·gel vo·lāw kop·chaw·lot·tor·taash*
public telephone nyilvános telefon *nyil·vaa·nawsh te·le·fawn*
public toilet nyilvános vécé *nyil·vaa·nawsh vay·tsay*
publishing könyvkiadás *keun'v·ki·o·daash*
pull húz *hūz*
pump ⓝ szivattyú *si·vott'·tyū*
pumpkin tök *teuk*
puncture ⓝ defekt *de·fekt*
pure tiszta *tis·to*
purple sötétlila *sheu·tayt·li·lo*
purse pénztárca *paynz·taar·tso*
push ⓥ tol *tawl*
put tesz *tes*

Q

quadriplegic teljesen béna *tel·ye·shen bay·no*
qualifications képesítések *kay·pe·shee·tay·shek*
quality minőség *mi·nēū·shayg*
quarantine karantén *ko·ron·tayn*
quarter negyed *ne·dyed*
quay rakpart *rok·port*
queen királynő *ki·raa·y·nēū*
question ⓝ kérdés *kayr·daysh*
queue ⓝ sor *shawr*
quick gyors *dyawrsh*
quiet csendes *chen·desh*
quit felmond *fel·mawnd*

R

rabbit nyúl nyūl
race (sport) verseny ver·shen'
racetrack versenypálya ver·shen'·paa·yo
racing bike versenybicikli ver·shen'·bi·tsik·li
racism fajgyűlölet foy·dyēw·leu·let
racquet ütő ew·tēū
radiator fűtőtest fēw·tēū·tesht
radio rádió raa·di·āw
radish retek re·tek
railway station vasútállomás vo·shūt·aal·law·maash
rain ⓝ eső e·shēū
raincoat esőkabát e·shēū·ko·baat
raisin mazsola mo·zhaw·lo
rally nagygyűlés noj·dyēw·laysh
ranch állattenyésztő-telep aal·lot·te·nyays·tēū·te·lep
rape ⓝ nemi erőszak ne·mi e·rēū·sok
rape ⓥ megerőszakol meg·e·rēū·so·kawl
rare (food) véres vay·resh
rare (uncommon) ritka rit·ko
rash kiütés ki·ew·taysh
raspberry málna maal·no
rat patkány pot·kaan'
rave ⓝ rave buli rayv bu·li
raw nyers nyersh
razor borotva baw·rawt·vo
razor blade borotvapenge baw·rawt·vo·pen·ge
read olvas awl·vosh
reading olvasás awl·vo·shaash
ready kész kays
real estate agent ingatlanügynök in·got·lon·ewj·neuk
realistic realisztikus re·o·lis·ti·kush
rear (location) hátsó haat·shāw
reason (explanation) ok awk
receipt nyugta nyug·to
recently nemrég nem·rayg
recommend ajánl o·yaanl
record ⓥ feljegyez fel·ye·dyez
recording felvétel fel·vay·tel
recyclable újrafelhasználható ū·y·ro·fel·hos·naal·ho·tāw
recycle újrafelhasznál ū·y·ro·fel·hos·naal
red piros pi·rawsh
red wine vörösbor veu·reush·bawr
referee bíró bee·rāw
reference referencia re·fe·ren·tsi·o

reflexology reflexológia ref·lek·saw·lāw·gi·o
refrigerator fridzsider fri·ji·der
refugee menekült me·ne·kewlt
refund ⓝ visszatérítés vis·so·tay·ree·taysh
refuse ⓥ visszautasít vis·so·u·to·sheet
regional regionális re·gi·o·naa·lish
(by) registered mail ajánlott levél o·yaan·lawtt le·vayl
rehydration salts folyadékpótló sók faw·yo·dayk·pāwt·lāw shāwk
reiki reiki re·i·ki
relationship kapcsolat kop·chaw·lot
relax lazít lo·zeet
relic ereklye e·rek·ye
religion vallás vol·laash
religious vallásos vol·laa·shawsh
remote távoli taa·vaw·li
remote control távirányító taav·i·raa·nyee·tāw
rent ⓥ bérel bay·rel
repair ⓥ megjavít meg·yo·veet
republic köztársaság keuz·taar·sho·shaag
reservation (booking) foglalás fawg·lo·laash
rest ⓥ pihen pi·hen
restaurant étterem ayt·te·rem
résumé (CV) szakmai önéletrajz sok·mo·i eun·ay·let·royz
retired nyugalmazott nyu·gol·mo·zawtt
return (come back) visszatér vis·so·tayr
return (ticket) oda-vissza aw·do·vis·so
reverse-charge call 'R' beszélgetés er be·sayl·ge·taysh
review ⓝ áttekintés aat·te·kin·taysh
rhythm ritmus rit·mush
rib borda bawr·do
rice rizs rizh
rich (wealthy) gazdag goz·dog
ride ⓝ lovaglás law·vog·laash
ride (horse) ⓥ lovagol law·vo·gawl
right (correct) helyes he·yesh
right (direction) jobbra yawbb·ro
right-wing jobboldali yawbb·awl·do·li
ring (on finger) gyűrű dyēw·rēw
ring (phone) cseng cheng
ring road körgyűrű keur·dyēw·rēw
rip-off ⓝ kifosztás ki·faws·taash
risk ⓝ kockázat kawts·kaa·zot
river folyó faw·yāw
road út ūt
road map térkép tayr·kayp

rob *kirabol* ki·ro·bawl
rock ⓝ *szikla* sik·lo
rock music *rock* rawk
rock climbing *sziklamászás* sik·lo·maa·saash
rock group *rockegyüttes* rawk·ke·dyewt·tesh
rockmelon *kantalupdinnye* kon·to·lup·din'·nye
roll (bread) *zsemle* zhem·le
rollerblading *görkorcsolyázás* geur·kawr·chaw·yaa·zaash
Roma *roma* raw·mo
Roma music *cigányzene* tsi·gaan'·ze·ne
Romania *Románia* raw·maa·ni·o
romantic *romantikus* raw·mon·ti·kush
room *szoba* saw·bo
room number *szobaszám* saw·bo·saam
rope *kötél* keu·tayl
round ⓐ *kerek* ke·rek
roundabout *körforgalom* keur·fawr·go·lawm
route *útvonal* üt·vaw·nol
rowing *evezés* e·ve·zaysh
rubbish *szemét* se·mayt
rubella *rubeola* ru·be·aw·lo
rug *szőnyeg* sëü·nyeg
rugby *rögbi* reug·bi
ruins *romok* raw·mawk
rule ⓝ *szabály* so·baa·y
rum *rum* rum
run ⓥ *fut* fut
running *futás* fu·taash
runny nose *nátha* naat·ho
Russia *Oroszország* aw·raws·awr·saag

S

sad *szomorú* saw·maw·rū
saddle *nyereg* nye·reg
safe ⓝ *páncélszekrény* paan·tsayl·sek·rayn'
safe ⓐ *biztonságos* biz·tawn·shaa·gawsh
safe sex *biztonságos szex* biz·tawn·shaa·gawsh seks
saint *szent* sent
salad *saláta* sho·laa·to
salami *szalámi* so·laa·mi
salary *fizetés* fi·ze·taysh
sale *kiárusítás* ki·aa·ru·shee·taash
sales tax *forgalmi adó* fawr·gol·mi o·däw
salmon *lazac* lo·zots
salt *só* shäw

same *ugyanaz* u·dyon·oz
sand *homok* haw·mawk
sandal *szandál* son·daal
sanitary napkin *egészségügyi törlőkendő* e·gays·shayg·ew·dyi teur·lëü·ken·dëü
sardine *szardínia* sor·dee·ni·o
Saturday *szombat* sawm·bot
sauce *szósz* säws
saucepan *nyeles serpenyő* nye·lesh sher·pe·nyëü
sauna *szauna* so·u·no
sausage (thick) *kolbász* kawl·baas
sausage (thin) *virsli* virsh·li
say ⓥ *mond* mawnd
scalp *fejbőr* fe·y·bëür
scarf *sál* shaal
school *iskola* ish·kaw·lo
science *tudomány* tu·daw·maan'
scientist *természettudós* ter·may·set·tu·däwsh
scissors *olló* awl·läw
score ⓥ *pontot szerez* pawn·tawt se·rez
scoreboard *eredményjelző tábla* e·red·mayn'·yel·zëü taab·lo
Scotland *Skócia* shkäw·tsi·o
scrambled *habart* ho·bort
sculpture *szobrászat* sawb·raa·sot
sea *tenger* ten·ger
seasick *tengeribeteg* ten·ge·ri·be·teg
seaside *tengerpart* ten·ger·port
season *évszak* ayv·sok
seat *ülés* ew·laysh
seatbelt *biztonsági öv* biz·tawn·shaa·gi euv
second ⓝ *pillanat* pil·lo·not
second ⓐ *második* maa·shaw·dik
second class *másodosztály* maa·shawd·aws·taa·y
second-hand *használt* hos·naalt
second-hand shop *használtcikk kereskedés* hos·naalt·tsikk ke·resh·ke·daysh
secretary *titkár* ⓜ tit·kaar *titkárnő* ⓕ tit·kaar·nëü
see *lát* laat
self-employed *önálló* eun·aal·läw
selfish *önző* eun·zëü
self-service *önkiszolgáló* eun·ki·sawl·gaa·läw
sell *elad* el·od
send *küld* kewld
sensible *értelmes* ayr·tel·mesh

sensual érzéki *ayr*-zay-ki
separate külön *kew*-leun
September szeptember *sep*-tem-ber
Serbia Szerbia *ser*-bi-o
serious komoly *kaw*-maw-y
service kiszolgálás *ki*-sawl-gaa-laash
service charge kiszolgálási díj
 ki-sawl-gaa-laa-shi *dee*-y
service station benzinkút *ben*-zin-kūt
serviette szalvéta *sol*-vay-to
several több teubb
sew varr vorr
sex (activity) szex seks
sex (gender) nem nem
sexism szexizmus *sek*-siz-mush
sexy szexi *sek*-si
shade árnyék *aar*-nyayk
shadow árnyék *aar*-nyayk
shampoo sampon *shom*-pawn
shape @ forma *fawr*-mo
share (a dorm etc) egy ...ben/ban lakik
 ej ...*-ben/-ban lo*-kik
share (with) osztozik *aws*-taw-zik
shave ⓥ borotválkozik
 baw-rawt-vaal-kaw-zik
shaving cream borotvakrém
 baw-rawt-vo-kraym
she ő ēū
sheep birka *bir*-ko
sheet (bed) lepedő *le*-pe-dēū
shelf polc pawlts
shiatsu siacu *shi*-o-tsu
shingles (illness) övsömör *euv*-sheu-meur
ship hajó *ho*-yāw
shirt ing ing
shoe cipő *tsi*-pēū
shoe shop cipőbolt *tsi*-pēū-bawlt
shoes cipők *tsi*-pēūk
shoot lő lēū
shop @ üzlet *ewz*-let
shop ⓥ vásárol *vaa*-shaa-rawl
shopping vásárlás *vaa*-shaar-laash
shopping centre bevásárlóközpont
 be-vaa-shaar-lāw-keuz-pawnt
short (height) alacsony *o*-lo-chawn'
shortage hiány *hi*-aan'
shorts sort shawrt
shoulder váll vaall
shout ⓥ kiabál *ki*-o-baal
show @ show shāw
show ⓥ mutat *mu*-tot
shower zuhany *zu*-hon'

shrine szentély *sen*-tay
shut @ be van zárva be von *zaar*-vo
shy szégyenlős *say*-dyen-lēūsh
sick beteg *be*-teg
side oldal *awl*-dol
sign @ felirat *fel*-i-rot
signature aláírás *o*-laa-ee-raash
silk @ selyem *she*-yem
silver @ ezüst *e*-zewsht
SIM card SIM-kártya *sim*-kaar-tyo
similar hasonló *ho*-shawn-lāw
simple egyszerű *ej*-se-rēw
since ... (time) ...óta ...*āw*-to
sing énekel *ay*-ne-kel
Singapore Szingapúr *sin*-go-pūr
singer énekes/énekesnő ⓜ/ⓕ
 ay-ne-kesh/*ay*-ne-kesh-nēū
single (person) egyedülálló
 e-dye-dewl-aal-lāw
single room egyágyas szoba
 ej-aa-dyosh *saw*-bo
singlet trikó *tri*-kāw
sister (older) nővér *nēū*-vayr
sister (younger) húg hūg
sit ül ewl
size méret *may*-ret
skate ⓥ korcsolyázik *kawr*-chaw-yaa-zik
skate @ korcsolya *kawr*-chaw-yo
skateboarding gördeszkázás
 geur-des-kaa-zaash
ski ⓥ síel *shee*-el
skiing síelés *shee*-e-laysh
skim milk sovány tej *shaw*-vaan' *te*-y
skin bőr bēūr
skirt szoknya *sawk*-nyo
skull koponya *kaw*-paw-nyo
sky ég ayg
sleep ⓥ alszik *ol*-sik
sleeping bag hálózsák *haa*-lāw-zhaak
sleeping berth fekhely *fek*-he-y
sleeping car hálókocsi *haa*-lāw-kaw-chi
sleeping pills altató *ol*-to-tāw
sleepy álmos *aal*-mawsh
slice @ szelet *se*-let
slide film diafilm *di*-o-film
Slovakia Szlovákia *slaw*-vaa-ki-o
Slovenia Szlovénia *slaw*-vay-ni-o
slow lassú *losh*-shū
slowly lassan *losh*-shon
small kicsi *ki*-chi
smaller kisebb *ki*-shebb
smallest legkisebb *leg*-ki-shebb

smell ⓝ *szag* sog
smile ⓥ *mosolyog* maw-shaw-yawg
smoke ⓥ *dohányzik* daw-haan'-zik
snack *snack* snekk
snack bar *falatozó* fo-lo-taw-zäw
snail *csiga* chi-go
snake *kígyó* kee-dyäw
snorkelling *légzőcsöves könnyűbúvárkodás* layg-zēū-cheu-vesh keun'-nyēw-bū-vaar-kaw-daash
snow ⓝ *hó* häw
snow pea *hóbogyó* häw-baw-dyäw
snowboarding *hódeszkázás* häw-des-kaa-zaash
soap *szappan* sop-pon
soap opera *szappanopera* sop-pon-aw-pe-ro
soccer *futball* fut-boll
social welfare *társadalmi jólét* taar-sho-dol-mi yäw-layt
socialist *szocialista* saw-tsi-o-lish-to
sock *zokni* zawk-ni
socks *zoknik* zawk-nik
soft drink *üdítőital* ew-dee-tēū-i-tol
soft-boiled *lágy* laaj
soldier *katona* ko-taw-no
some *néhány* nay-haan'
someone *valaki* vo-lo-ki
something *valami* vo-lo-mi
sometimes *néha* nay-ho
son *fiú* fi-ū
song *dal* dol
soon *hamarosan* ho-mo-raw-shon
sore ⓐ *fájós* faa-yäwsh
soup *leves* le-vesh
sour cream *tejföl* te-y-feul
south *dél* dayl
souvenir *szuvenír* su-ve-neer
souvenir shop *ajándékbolt* o-yaan-dayk-bawlt
Soviet Union *Szovjetunió* sov-yet-u-ni-äw
soy milk *szójatej* säw-yo-te-y
soy sauce *szójaszósz* säw-yo-säws
spa *gyógyfürdő* dyäwj-fewr-dēū
space (room) *hely* he-y
Spain *Spanyolország* shpo-nyawl-awr-saag
sparkling wine *habzóbor* hob-zäw-bawr
speak *beszél* be-sayl
special ⓐ *különleges* kew-leun-le-gesh
specialist *specialista* shpe-tsi-o-lish-to
speed (velocity) *sebesség* she-besh-shayg

speed limit *megengedett sebességhatár* meg-en-ge-dett she-besh-shayg-ho-taar
speedometer *sebességmérő* she-besh-shayg-may-rēū
spider *pók* päwk
spinach *spenót* shpe-näwt
spoiled (gone off) *elrontott* el-rawn-tawtt
spoke ⓝ *küllő* kewl-lēū
spoon *kanál* ko-naal
sport *sport* shpawrt
sports store/shop *sportbolt* shpawrt-bawlt
sportsperson *sportoló* shpawr-taw-läw
sprain ⓝ *ficam* fi-tsom
spring (coil) *rugó* ru-gäw
spring (season) *tavasz* to-vos
square (town) *tér* tayr
stadium *stadion* shto-di-awn
stairway *lépcső* layp-chēū
stale *állott* aal-lawtt
stamp ⓝ *bélyeg* bay-yeg
stand-by ticket *készenléti jegy* kay-sen-lay-ti yej
star ⓝ *csillag* chil-log
(four-)star *(négy)csillagos* (nayj-)chil-lo-gawsh
start ⓝ *kezdet* kez-det
start ⓥ *elkezd* el-kezd
station *állomás* aal-law-maash
stationer *papírbolt* po-peer-bawlt
statue *szobor* saw-bawr
stay (at a hotel) ⓥ *lakik* lo-kik
stay (in one place) ⓥ *marad* mo-rod
steak (beef) *pecsenye* pe-che-nye
steal *lop* lawp
steep *meredek* me-re-dek
step ⓝ *lépés* lay-paysh
stereo *sztereó* ste-re-äw
still water *állóvíz* aal-läw-veez
**stock (food) (élelmiszer)készlet* (ay-lel-mi-ser-)kays-let
stockings *harisnya* ho-rish-nyo
stolen *ellopták* el-lawp-taak
stomach *gyomor* dyaw-mawr
stomachache *gyomorfájás* dyaw-mawr-faa-yaash
stone *kő* kēū
stoned (drugged) *be van lőve* be von lēū-ve
stop (bus, tram etc) *megálló* meg-aal-läw
stop (cease) *abbahagy* ob-bo-hoj

223

stop (prevent) *megakadályoz* meg·o·ko·daa·yawz
storm *vihar* vi·hor
story *történet* teur·tay·net
stove *tűzhely* tēwz·he·y
straight *egyenes* e·dye·nesh
strange *furcsa* fur·cho
stranger *idegen* i·de·gen
strawberry *eper* e·per
stream *patak* po·tok
street *utca* ut·tso
street market *utcai piac* ut·tso·i pi·ots
strike ⓝ *sztrájk* straa·y·k
string *zsinór* zhi·nāwr
stroke (health) *agyvérzés* oj·vayr·zaysh
stroller *gyerekkocsi* dye·rek·kaw·chi
strong *erős* e·rēūsh
stubborn *makacs* mo·koch
student *diák* di·aak
studio *stúdió* shtū·di·āw
stupid *buta* bu·to
style *stílus* shtee·lush
subtitles *felirat* fel·i·rot
suburb *városrész* vaa·rawsh·rays
subway (pedestrian) *aluljáró* o·lul·yaa·rāw
subway (train) *metró* met·rāw
sugar *cukor* tsu·kawr
suitcase *bőrönd* bēū·reund
sultana *mazsola* mo·zhaw·lo
summer *nyár* nyaar
sun *nap* nop
sunblock *napolaj* nop·aw·lo·y
sunburn *leégés* le·ay·gaysh
Sunday *vasárnap* vo·shaar·nop
sunglasses *napszemüveg* nop·sem·ew·veg
sunny *napos* no·pawsh
sunrise *napkelte* nop·kel·te
sunset *napnyugta* nop·nyug·to
sunstroke *napszúrás* nop·sū·raash
supermarket *élelmiszer-áruház* ay·lel·mi·ser·aa·ru·haaz
superstition *babona* bo·baw·no
supporter (politics) *támogató* taa·maw·go·tāw
supporter (sport) *szurkoló* sur·kaw·lāw
surf ⓥ *szörf* seurf
surface mail (land) *vonattal szállított posta* vaw·not·tol saal·lee·tawtt pawsh·to
surface mail (sea) *hajóval szállított posta* ho·yāw·vol saal·lee·tawtt pawsh·to
surfboard *szörfdeszka* seurf·des·ko
surfing *szörfölés* seur·feu·laysh
surname *vezetéknév* ve·ze·tayk·nayv
surprise ⓝ *meglepetés* meg·le·pe·taysh
sweater *pulóver* pu·lāw·ver
Sweden *Svédország* shvayd·awr·saag
sweet ⓐ *édes* ay·desh
sweets *édességek* ay·desh·shay·gek
swelling *duzzanat* duz·zo·not
swim ⓥ *úszik* ū·sik
swimming *úszás* ū·saash
swimming pool *uszoda* u·saw·do
swimsuit *fürdőruha* fewr·dēū·ru·ho
Switzerland *Svájc* shvaa·y·ts
synagogue *zsinagóga* zhi·no·gāw·go
synthetic *szintetikus* sin·te·ti·kush
syringe *fecskendő* fech·ken·dēū

T

table *asztal* os·tol
table tennis *pingpong* ping·pawng
tablecloth *asztalterítő* os·tol·te·ree·tēū
tail *farok* fo·rawk
tailor *szabó* so·bāw
take *vesz* ves
talk ⓥ *beszél* be·sayl
tall *magas* mo·gosh
tampon *tampon* tom·pawn
tanning lotion *barnító krém* bor·nee·tāw kraym
tap *csap* chop
tap water *csapvíz* chop·veez
tasty *finom* fi·nawm
tax *adó* o·dāw
taxi *taxi* tok·si
taxi stand *taxiállomás* tok·si·aal·law·maash
tea *tea* te·o
teacher ⓜ *tanár* to·naar
teacher ⓕ *tanárnő* to·naar nēū
team *csapat* cho·pot
teaspoon *teáskanál* te·aash·ko·naal
technique *technika* teh·ni·ko
teeth *fogak* faw·gok
telegram *távirat* taav·i·rot
telephone ⓝ *telefon* te·le·fawn
telephone ⓥ *telefonál* te·le·faw·naal
telephone box *telefonfülke* te·le·fawn·fewl·ke

telephone centre telefonközpont
 te·le·fawn·keuz·pawnt
telescope távcső taav·chēū
television televízió te·le·vee·zi·āw
tell mond mawnd
temperature (fever) hőmérséklet
 hēū·mayr·shayk·let
temple (body) halánték ho·laan·tayk
tennis tenisz te·nis
tennis court teniszpálya te·nis·paa·yo
tent sátor shaa·tawr
tent peg sátorcövek shaa·tawr·tseu·vek
terrible borzalmas bawr·zol·mosh
test ⓝ teszt test
thank megköszön meg·keu·seun
that (one) az oz
theatre színház seen·haaz
theatre performance előadás
 e·lēū·daash
their -k/-vowel+k ·k/·(vowel)+k
there ott awtt
there isn't nincs ninch
there aren't nincsenek nin·che·nek
thermal bath termálfürdő
 ter·maal·fewr·dēū
thermal spring melegvízű forrás
 me·leg·vee·zēw fawr·raash
these ezek e·zek
they ők ēūk
thick vastag vosh·tog
thief tolvaj tawl·vo·y
thin vékony vay·kawn'
think gondol gawn·dawl
third harmadik hor·mo·dik
thirsty szomjas sawm·yosh
this (one) ez ez
those azok o·zawk
thread fonal faw·nol
throat torok taw·rawk
thrush (health) hüvelygomba
 hew·ve·y·gawm·bo
thunderstorm zivatar zi·vo·tor
Thursday csütörtök chew·teur·teuk
ticket jegy yej
ticket collector jegyszedő yej·se·dēū
ticket dispenser sorszámkiadó automata
 shawr·saam·ki·o·dāw o·u·taw·mo·to
ticket machine jegykiadó automata
 yej·ki·o·dāw o·u·taw·mo·to
ticket office jegypénztár yej·paynz·taar
tide árapály aar·o·paa·y
tight szoros saw·rawsh

time ⓝ idő i·dēū
time difference időeltolódás
 i·dēū·el·taw·lāw·daash
timetable menetrend me·net·rend
tin (can) doboz daw·bawz
tin opener konzervnyitó kawn·zerv·nyi·tāw
tiny pici pi·tsi
tip (gratuity) borravaló bawr·ro·vo·lāw
tired fáradt faa·rott
tissues szövetek seu·ve·tek
to -hez/-hoz/-höz/-nak/-nek
 ·hez/·hawz/·heuz/·nok/·nek
toast ⓝ pirítós pi·ree·tāwsh
toaster kenyérpirító ke·nyayr·pi·ree·tāw
tobacco dohány daw·haan'
tobacconist dohánybolt daw·haan'·bawlt
tobogganing bobozás baw·baw·zaash
today ma mo
toe lábujj laab·uyy
tofu szójababsajt sāw·yo·bob·shoyt
together együtt e·dyewtt
toilet vécé vay·tsay
toilet paper vécépapír vay·tsay·po·peer
token érmet ayr·mayt
tollway fizető autópálya
 fi·ze·tēū o·u·tāw·paa·yo
tomato paradicsom po·ro·di·chawm
tomato sauce ketchup ke·cheup
tomorrow holnap hawl·nop
tomorrow afternoon holnap délután
 hawl·nop dayl·u·taan
tomorrow evening holnap este
 hawl·nop esh·te
tomorrow morning holnap reggel
 hawl·nop reg·gel
tongue nyelv nyelv
tonight ma este mo esh·te
too túl tūl
tooth fog fawg
toothache fogfájás fawg·faa·yaash
toothbrush fogkefe fawg·ke·fe
toothpaste fogkrém fawg·kraym
toothpick fogpiszkáló fawg·pis·kaa·lāw
torch (flashlight) zseblámpa zheb·laam·po
touch ⓥ megérint meg·ay·rint
tour ⓝ túra tū·ro
tourist turista tu·rish·to
tourist office turistairoda
 tu·rish·to·i·raw·do
towards felé fe·lay
towel törülköző teu·rewl·keu·zēū
tower torony taw·rawn'

town hall *városháza* vaa-rawsh-haa-zo
toxic waste *toxikus hulladék* tawk-si-kush hul-lo-dayk
toy shop *játékbolt* yaa-tayk-bawlt
track (path) *ösvény* eush-vayn'
track (sport) *versenypálya* ver-shen'-paa-yo
trade ⓝ *kereskedelem* ke-resh-ke-de-lem
tradesperson *kereskedő* ke-resh-ke-dēū
traffic *forgalom* fawr-go-lawm
traffic light *közlekedési lámpa* keuz-le-ke-day-shi laam-po
trail ⓝ *csapás* cho-paash
train ⓝ *vonat* vaw-not
train station *vasútállomás* vo-shūt-aal-law-maash
tram *villamos* vil-lo-mawsh
transit lounge *tranzitváró* tron-zit-vaa-rāw
translate *fordít* fawr-deet
transport ⓝ *közlekedés* keuz-le-ke-daysh
travel ⓥ *utazás* u-to-zaash
travel agency *utazási iroda* u-to-zaa-shi i-raw-do
travellers cheque *utazási csekk* u-to-zaa-shi chekk
travel sickness *tengeribetegség* ten-ge-ri-be-teg-shayg
treasury *kincstár* kinch-taar
tree *fa* fo
trip (journey) *utazás* u-to-zaash
trolley *kocsi* kaw-chi
trousers *nadrág* nod-raag
truck *kamion* ko-mi-awn
trust *bizalom* bi-zo-lawm
try ⓥ *megpróbál* meg-prāw-baal
T-shirt *póló ing* pāw-lāw-ing
tube (tyre) *gumitömlő* gu-mi-teum-lēū
Tuesday *kedd* kedd
tumour *daganat* do-go-not
tuna *tonhal* tawn-hol
tune ⓝ *dallam* dol-lom
turkey *pulyka* pu-y-ko
turn ⓥ *fordul* fawr-dul
TV *tévé* tay-vay
tweezers *csipesz* chi-pes
twice *kétszer* kayt-ser
twin beds *két ágy* kayt aaj
twins *ikrek* ik-rek
two *kettő* ket-tēū
two (of something) *két* kayt
type ⓝ *típus* tee-push
typical *tipikus* ti-pi-kush
tyre *autógumi* o-u-tāw-gu-mi

U

Ukraine *Ukrajna* uk-ro-y-no
ultrasound *ultrahang* ult-ro-hong
umbrella *esernyő* e-sher-nyēū
uncomfortable *kényelmetlen* kay-nyel-met-len
understand *megért* meg-ayrt
underwear *alsónemű* ol-shāw-ne-mēw
unemployed *munkanélküli* mun-ko-nayl-kew-li
unfair *igazságtalan* i-goz-shaag-to-lon
uniform ⓝ *egyenruha* e-dyen-ru-ho
universe *világegyetem* vi-laag-e-dye-tem
university *egyetem* e-dye-tem
unleaded *ólommentes* āw-lawm-men-tesh
unsafe *nem biztonságos* nem biz-tawn-shaa-gawsh
until *-ig* ig
unusual *szokatlan* saw-kot-lon
up *fel* fel
uphill *felfelé* fel-fe-lay
urgent *sürgős* shewr-gēūsh
urinary infection *húgyhólyaggyulladás* hūj-hāw-yog-dyul-lo-daash
USA *USA* u-sho
useful *hasznos* hos-nawsh
uterus *méh* mayh

V

vacancy *üresedés* ew-re-she-daysh
vacant *üres* ew-resh
vacation *vakáció* vo-kaa-tsi-āw
vaccination *oltás* awl-taash
vagina *hüvely* hew-ve-y
validate *érvényesít* ayr-vay-nye-sheet
valley *völgy* veulj
valuable *a értékes* ayr-tay-kesh
value ⓝ *érték* ayr-tayk
van *kis csukott teherautó* kish chu-kawtt te-her-o-u-tāw
VAT (valued added tax) *ÁFA (árufogalmi adó)* aa-fo (aa-ru-fawr-gol-mi o-dāw)
veal *borjúhús* bawr-yū-hūsh
vegetable ⓝ *zöldség* zeuld-shayg
vegetarian ⓝ *vegetáriánus* ve-ge-taa-ri-aa-nush
vein *véna* vay-no

venereal disease *nemi betegség* ne·mi be·teg·shayg
venue *hely* he·y
very *nagyon* no·dyawn
video recorder *videorekorder* vi·de·äw·re·kawr·der
video tape *videokazetta* vi·de·äw·ko·zet·to
Vienna *Bécs* baych
view ⓝ *kilátás* ki·laa·taash
village *falu* fo·lu
vine *szőlőtő* sēū·lēū·tēū
vinegar *ecet* e·tset
vineyard *szőlő* sēū·lēū
virus *vírus* vee·rush
visa *vízum* vee·zum
visit ⓥ *látogatás* laa·taw·go·taash
vitamins *vitaminok* vi·to·mi·nawk
vodka *vodka* vawd·ko
voice *hang* hong
Voivodina *Vajdaság* vo·y·do·shaag
volleyball *röplabda* reup·lob·do
volume (quantity) *mennyiség* men'·nyi·shayg
volume (sound) *hangerő* hong·e·rēū
vote ⓥ *szavaz* so·voz

W

wage *munkabér* mun·ko·bayr
wait for *vár* vaar
waiter *pincér* pin·tsayr
waiting room *várószoba* vaa·rāw·saw·bo
wake up *felébreszt* fel·ayb·rest
walk ⓥ *sétál* shay·taal
wall *fal* fol
want *akar* o·kor
war *háború* haa·baw·rū
wardrobe *ruhásszekrény* ru·haash·sek·rayn'
warm *meleg* me·leg
warn *figyelmeztet* fi·dyel·mez·tet
wash (oneself) *mosakszik* maw·shok·sik
wash (something) *megmos* meg·mawsh
washing machine *mosógép* maw·shāw·gayp
watch ⓝ *óra* āw·ro
watch ⓥ *néz* nayz
water *víz* veez
water (medicinal) *gyógyvíz* dyāwj·veez
water bottle *vizesüveg* vi·zesh·ew·veg

water bottle (hot) *melegvizes üveg* me·leg·vi·zesh ew·veg
waterfall *vízesés* veez·e·shaysh
watermelon *görögdinnye* geu·reug·din'·nye
waterproof *vízhatlan* veez·hot·lon
water-skiing *vízisíelés* vee·zi·shee·e·laysh
wave (beach) *hullám* hul·laam
way *út* ūt
we *mi* mi
weak *gyenge* dyen·ge
wealthy *vagyonos* vo·dayw·nawsh
wear *visel* vi·shel
weather *időjárás* i·dēū·yaa·raash
wedding *esküvő* esh·kew·vēū
wedding cake *esküvői torta* esh·kew·vēū·i tawr·to
wedding present *nászajándék* naas·o·yaan·dayk
Wednesday *szerda* ser·do
week *hét* hayt
(this) week *(ezen a) héten* (e·zen o) hay·ten
weekend *hétvége* hayt·vay·ge
weigh *megmér* meg·mayr
weight *súly* shū·y
weights *súlyok* shū·yawk
welcome *üdvözöl* ewd·veu·zeul
welfare *jólét* yāw·layt
well ⓐ *jól* yāwl
west *nyugat* nyu·got
wet ⓐ *nedves* ned·vesh
what *mi* mi
wheel *kerék* ke·rayk
wheelchair *rokkantkocsi* rawk·kont·kaw·chi
when *mikor* mi·kawr
where *hol* hawl
which *melyik* me·yik
whisky *whisky* vis·ki
white *fehér* fe·hayr
white wine *fehérbor* fe·hayr·bawr
who *ki* ki
wholemeal bread *korpás lisztből készült kenyér* kawr·paash list·bēūl kay·sewlt ke·nyayr
why *miért* mi·ayrt
wide *széles* say·lesh
wife *feleség* fe·le·shayg
win ⓥ *nyer* nyer
wind ⓝ *szél* sayl
window *ablak* ob·lok

windscreen *szélvédő sayl*-vay-deū
windsurfing *szörfözés seur*-feu-zaysh
wine *bor* bawr
wine cellar *borpince bawr*-pin-tse
wings *szárny* saarn'
winner *győztes dyeūz*-tesh
winter *tél* tayl
wire ⓝ *drót* drawt
wish ⓥ *kíván kee*-vaan
with *-val/-vel* -vol/-vel
within (an hour) *(egy órán) belül*
 (ej äw-raan) be-lewl
without *nélkül nayl*-kewl
wok *wok* vawk
woman *nő* neū
wonderful *csodálatos*
 chaw-daa-lo-tawsh
wood *fa* fo
wool *gyapjú dyop*-yū
word *szó* sāw
work ⓝ *munka mun*-ko
work ⓥ *dolgozik dawl*-gaw-zik
work experience *szakmai gyakorlat*
 sok-mo-i *dyo*-kawr-lot
workout ⓝ *erőedzés e*-reū-ed-zaysh
work permit *munkavállalási engedély*
 mun-ko-vaal-lo-laa-shi *en*-ge-day-y
workshop *műhely mēw*-he-y
world *világ vi*-laag
World Cup *Világbajnokság*
 vi-laag-bo-y-nawk-shaag
worms *férgek fayr*-gek
(be) worried *aggódik og*-gāw-dik

worship ⓥ *imád i*-maad
wrist *csukló chuk*-lāw
write *ír* eer
writer *író ee*-rāw
wrong *rossz* rawss

Y

year *év* ayv
(this) year *(ebben az) évben*
 (*eb*-ben oz) *ayv*-ben
yellow *sárga shaar*-go
yes *igen i*-gen
yesterday *tegnap teg*-nop
(not) yet *(még) nem* (mayg) nem
yoga *jóga yāw*-go
yogurt *joghurt yawg*-hurt
you sg inf *te* te
you pl inf *ti* ti
you sg pol *Ön* eun
you pl pol *Önök eu*-neuk
young *fiatal fi*-o-tol
your sg inf *-d/-vowel+d ·d/-*(vowel)+d
youth hostel *ifjúsági szálló*
 if-yū-shaa-gi *saal*-lāw

Z

zip/zipper *cipzár tsip*-zaar
zodiac *állatöv aal*-lot-euv
zoo *állatkert aal*-lot-kert
zucchini *cukkini tsuk*-kee-ni

hungarian–english

Words which have different masculine and feminine forms are marked with ⓜ or ⓕ.
You'll also find the English words marked as adjective ⓐ, noun ⓝ, verb ⓥ, singular sg,
plural pl, informal inf and polite pol where necessary.

A, Á

abbahagy ob·bo·hoj *stop (cease)*
ablak ob·lok *window*
ács aach *carpenter*
ad od *give*
adó o·dāw *tax*
ÁFA (áruforgalmi adó)
aa·fo (aa·ru·fawr·gol·mi o·dāw)
VAT (valued added tax)
aggódik og·gāw·dik *(be) worried*
agyrázkódás oj·raaz·kāw·daash
concussion
agyvérzés oj·vayr·zaysh *stroke (health)*
ágy aaj *bed*
—**felszerelés** aaj·fel·se·re·laysh *bedding*
—**nemű** aaj·ne·mēw *bed linen*
ajak o·yok *lips*
ajándék o·yaan·dayk *gift*
—**bolt** o·yaan·dayk·bawlt
souvenir shop
ajánl o·yaanl *recommend*
ajánlott levél o·yaan·lawtt le·vayl
registered mail
ajtó oy·tāw *door*
akar o·kor *want*
akkumulátor ok·ku·mu·laa·tawr
car battery
aktuális ügyek ok·tu·aa·lish ew·dyek
current affairs
alacsony o·lo·chawn' *low • short*
aláírás o·laa·ee·raash *signature*
áldozás aal·daw·zaash *communion*
alj ol·y *bottom (position)*
alkalmi munka ol·kol·mi mun·ko
casual work
állampolgárság
aal·lom·pawl·gaar·shaag *citizenship*
állás aal·laash *job*
állat aal·lot *animal*
—**kert** aal·lot·kert *zoo*
—**öv** aal·lot·euv *zodiac*

állkapocs aall·ko·pawch *jaw*
állomás aal·law·maash *station*
állóvíz aal·lāw·veez *still water*
alma ol·mo *apple*
álmos aal·mawsh *sleepy*
álom aa·lawm *dream* ⓝ
alsónemű ol·shāw·ne·mēw *underwear*
alszik ol·sik *sleep* ⓥ
altató ol·to·tāw *sleeping pills*
aluljáró o·lul·yaa·rāw *pedestrian subway*
Anglia ong·li·o *England*
angol on·gawl *English*
anya o·nyo *mother*
anyós o·nyāwsh *mother-in-law*
anyu o·nyu *mum*
apa o·po *father*
apáca o·paa·tso *nun*
ápolónő aa·paw·lāw·nēū *nurse*
após o·pāwsh *father-in-law*
április aap·ri·lish *April*
apró op·rāw *change (money)*
apró zöld citrom op·rāw zeuld tsit·rawm
lime (fruit)
apu o·pu *dad*
ár aar *price*
áram aa·rom *current (electricity)*
arany o·ron' *gold*
árapály aar·o·paa·y *tide*
arc orts *face (body)*
árengedmény aar·en·ged·mayn' *discount*
árnyék aar·nyayk *shade • shadow*
ártatlan aar·tot·lon *innocent*
áruház aa·ru·haaz *department store*
árvíz aar·veez *flood*
asszony os·sawn' *married woman*
Asszonyom os·saw·nyawm *Madam*
ásványvíz aash·vaan'·veez *mineral water*
aszalt szilva o·solt sil·va *prune (fruit)*
aszpirin os·pi·rin *aspirin*
asztal os·tol *table*
—**terítő** os·tol·te·ree·tēū *tablecloth*
át aat *across*

hungarian–english

229

B

atmoszféra *ot·maws·fay·ro* atmosphere
atomkísérletek *o·tawm·kee·shayr·le·tek* nuclear testing
áttekintés *aat·te·kin·taysh* review ⓥ
átváltási árfolyam *aat·vaal·taa·shi aar·faw·yom* exchange rate
augusztus *a·u·gus·tush* August
autó *o·u·tāw* car
 —**bérelés** *o·u·tāw·bay·re·laysh* car hire
 —**gumi** *o·u·tāw·gu·mi* tyre
 —**pálya** *o·u·tāw·paa·yo* motorway
autó tulajdonlapja *o·u·tāw tu·loy·dawn·lop·yo* car owner's title
az *oz* it • that (one)
azok *o·zawk* those

B

bab *bob* bean
baba *bo·bo* baby • doll
 —**eledel** *bo·bo·e·le·del* baby food
 —**hintőpor** *bo·bo·hin·tēū·pawr* baby powder
bajnokság *boy·nawk·shaag* championships
bakancsok *bo·kon·chawk* boots
baleset *bol·e·shet* accident
baloldali *bol·awl·do·li* left-wing
balra *bol·ro* left (direction)
bank *bonk* bank (institution)
 —**automata** *bonk·o·u·tw·mo·to* automated teller machine (ATM)
 —**jegy** *bonk·yej* banknote
 —**számla** *bonk·saam·lo* bank account
bár *baar* bar
 —**ban végzett munka** *baar·bon vayg·zett mun·ko* bar work
 —**pult** *baar·pult* counter (at bar)
bárány *baa·raan'* lamb
bárányhimlő *baa·raan'·him·lēū* chicken pox
barát *bo·raat* friend ⓜ • boyfriend
barátnő *bo·raat·nēū* friend ⓕ • girlfriend
bármilyen *baar·mi·yen* any
barna *bor·no* brown
báty *baat'* older brother
bead injekcióban *be·od in·yek·tsi·āw·bon* inject
becenév *be·tse·nayv* nickname
Bécs *baych* Vienna
becsuk *be·chuk* close ⓥ
beengedi *be·en·ged* admit • let in
befejez *be·fe·yez* finish ⓥ
befejezés *be·fe·ye·zaysh* finish ⓝ

bejárat *be·yaa·rot* entry
bejelentkezés *be·ye·lent·ke·zaysh* check-in (procedure)
béke *bay·ke* peace
beleértve *be·le·ayrt·ve* included
belép *be·layp* enter
belépő *be·lay·pēū* admission (price)
belül *be·lewl* within
bélyeg *bay·yeg* stamp
bent *bent* inside
benzin *ben·zin* gas • petrol
 —**kút** *ben·zin·kút* petrol/service station
bérel *bay·rel* hire ⓥ • rent ⓥ
beszállókártya *be·saal·lāw·kaar·tyo* boarding pass
beszél *be·sayl* speak • talk
beszélgetés *be·sayl·ge·taysh* interview
beteg *be·teg* ill • sick
betegség *be·teg·shayg* disease
bevált csekket *be·vaalt chek·ket cash a cheque*
bevándorlás *be·vaan·dawr·laash* immigration
be van lőve *be von lēū·ve* stoned (drugged)
be van zárva *be von zaar·vo* locked • shut
bevásárlóközpont *be·vaa·shaar·lāw·keuz·pawnt* shopping centre
bezár *be·zaar* lock ⓥ
bicikli *bi·tsik·li* bicycle
 —**bolt** *bi·tsik·li·bawlt* bike shop
 —**lánc** *bi·tsik·li·laants* bike chain
 —**sta** *bi·tsik·lish·to* cyclist
 —**út** *bi·tsik·li·út* bike path
 —**zár** *bi·tsik·li·zaar* bike lock
 —**zés** *bi·tsik·li·zaysh* cycling
 —**zik** *bi·tsik·li·zik* cycle ⓥ
bicska *bich·ko* penknife
bika *bi·ko* bull
billentyűzet *bil·len·tyēw·zet* keyboard
birka *bir·ko* sheep
bíró *bee·rāw* judge • referee
bíróság *bee·rāw·shaag* court (legal)
bírság *beer·shaag* fine ⓝ
bizalom *bi·zo·lawm* trust
biztonsági öv *biz·tawn·shaa·gi euv* seatbelt
biztonságos *biz·tawn·shaa·gawsh* safe ⓐ
biztonságos szex *biz·tawn·shaa·gawsh seks* safe sex
biztosítás *biz·taw·shee·taash* insurance
bobozás *baw·baw·zaash* tobogganing
boka *baw·ko* ankle
boldog *bawl·dawg* happy

bolhapiac *bawl·ho·pi·ots* fleamarket
bolygó *baw·y·gāw* planet
bor *bawr* wine
borbély *bawr·bay* barber
borda *bawr·do* rib
boríték *baw·ree·tayk* envelope
borjúhús *bawr·yū·hüsh* veal
borotva *baw·rawt·vo* razor
 —krém *baw·rawt·vo·kraym* shaving cream
borotválkozás utáni arcszesz *baw·rawt·vaal·kaw·zaash u·taa·ni orts·ses* aftershave
borpince *bawr·pin·tse* wine cellar
borravaló *bawr·ro·vo·lāw* tip (gratuity)
bors *bawrsh* pepper (black)
borsó *bawr·shāw* pea
borzalmas *bawr·zol·mosh* awful • terrible
botanikus kert *baw·to·ni·kush kert* botanic garden
bölcsőde *beul·chēu·de* crèche
bőr *beür* leather • skin
bőrönd *bëü·reund* suitcase
börtön *beur·teun* jail • prison
busz *bus* bus
 —állomás *bus·aal·law·maash* bus station
 —megálló *bus·meg·aal·lāw* bus stop
buta *bu·to* stupid
bútor *bū·tawr* furniture
bűnös *bēw·neush* guilty

C

CD-lemez *tsay·day·le·mez* CD-ROM
cékla *tsayk·lo* beetroot
ceruza *tse·ru·zo* pencil
cigány *tsi·gaan'* Roma
cigányzene *tsi·gaan'·ze·ne* Roma music
cím *tseem* address
cipőbolt *tsi·pëü·bawlt* shoe shop
cipők *tsi·pëük* shoes
cipzár *tsip·zaar* zip • zipper
citrom *tsit·rawm* lemon
cukkini *tsuk·kee·ni* courgette • zucchini
cukor *tsu·kawr* sugar
cukorbetegség *tsu·kawr·be·teg·shayg* diabetes
cukorka *tsu·kawr·ko* candy
cukrászda *tsuk·raas·do* cake shop
cukrászsütemény *tsuk·raas·shew·te·mayn'* pastry
cumi *tsu·mi* dummy • pacifier

Cs

csak *chok* only
csak oda *chok aw·do* one-way (ticket)
csákány *chaa·kaan'* pickaxe
család *cho·laad* family
 —i állapot *cho·laa·di aal·lo·pawt* marital status
 —név *cho·laad·nayv* family name
csaló *cho·lāw* cheat
csap *chop* faucet • tap
 —víz *chop veez* tap water
csapás *cho·paash* trail
csapat *cho·pot* team
csatorna *cho·tawr·no* canal
Csehország *che·awr·saag* Czech Republic
csekk *chekk* check • cheque
csemegeüzlet *che·me·ge·ewz·let* delicatessen
csendes *chen·desh* quiet
cseng *cheng* ring (phone) ⓥ
cseresznye *che·res·nye* cherry
csésze *chay·se* cup
csicseriborsó *chi·che·ri·bawr·shāw* chickpea
csili *chi·li* chilli
 —szósz *chi·li·sāws* chilli sauce
csillag *chil·log* star
csinál *chi·naal* do • make
csinos *chi·nawsh* pretty
csípés *chee·paysh* bite ⓝ
csipesz *chi·pes* tweezers
csipke *chip·ke* lace
csirkehús *chir·ke·hüsh* chicken (meat)
csodálatos *chaw·daa·lo·tawsh* wonderful
csók *chāwk* kiss (intimate) ⓝ
csokoládé *chaw·kaw·laa·day* chocolate
csomag *chaw·mog* package • packet
 —megőrző *chaw·mog·meg·ëür·zëü* left-luggage office
csónak *chāw·nok* boat (small)
csont *chawnt* bone
csoportos utazás *chaw·pawr·tawsh u·to·zaash* guided tour
csukló *chuk·lāw* wrist
csütörtök *chew·teur·teuk* Thursday

D

daganat *do·go·not* tumour
dal *dol* song
Dánia *daa·ni·o* Denmark
darab *do·rob* piece
darálthús *do·raalt·hüsh* mince

datolya *do*·taw·yo date (fruit)
dátum *daa*·tum date (day)
de *de* but
december *de*·tsem·ber December
defekt *de*·fekt puncture ⓝ
dél *dayl* midday · south
délután *dayl*·u·taan afternoon
deréktól lefelé bénult *de*·rayk·tāwl *le*·fe·lay *bay*·nult paraplegic
dezodor *de*·zaw·dawr deodorant
diafilm *di*·o·film slide film
diák *di*·aak student
dinnye *din*'·nye melon
dió *di*·āw nut
disznó *dis*·nāw pig
—**hús** *dis*·nāw·hūsh pork
—**húsból készült kolbász** *dis*·nāw·hūsh·bāwl *kay*·sewlt *kawl*·baas pork sausage
divat *di*·vot fashion
doboz *daw*·bawz box · can · tin
dohány *daw*·haan' tobacco
—**bolt** *daw*·haan'·bawlt tobacconist
dohányzik *daw*·haan'·zik smoke ⓥ
dokumentumfilm *daw*·ku·men·tum·film documentary
dolgozik *dawl*·gaw·zik work
domb *dawmb* hill
drága *draa*·go expensive
drót *drāwt* wire
drótkötélpálya-kabin *drāwt*·keu·tayl·paa·yo·ko·bin cable car
dugó *du*·gāw plug
dupla *dup*·lo double
dupla ágy *dup*·lo aaj double bed
duplaágyas szoba *dup*·lo·aa·dyosh *saw*·bo double room
duzzanat *duz*·zo·not swelling

E, É

ebéd *e*·bayd lunch
ébresztőóra *ayb*·res·tēū·āw·ro alarm clock
edény *e*·dayn' cooking pot · dish
édes *ay*·desh sweet ⓐ
édességek *ay*·desh·shay·gek sweets
ég *ayg* burn ⓥ
ég *ayg* sky
egész éjjel *e*·gays *ay*·yel overnight
egészség *e*·gays·shayg health
egészségügyi törlőkendő *e*·gays·shayg·ew·dyi *teur*·lēū·ken·dēū sanitary napkin

égő *ay*·gēū light bulb
egy *ej* a/an · one
egyágyas szoba *ej*·aa·dyosh *saw*·bo single room
egydülálló *e*·dye·dewl·aal·lāw single (person) ⓐ
egyedül *e*·dye·dewl alone
egyenes *e*·dye·nesh straight
egyenleg *e*·dyen·leg balance (account)
egyenlőség *e*·dyen·lēū·shayg equality
egyetem *e*·dye·tem college · university
egyetért *e*·dyet·ayrt agree
egy sem *ej* shem none
egyszer *ej*·ser once
egyszerű *ej*·se·rēw simple
együtt *e*·dyewtt together
éhes *ay*·hesh hungry
éjfél *ay*·fayl midnight
éjszaka *ay*·so·ko night
—**i mulatóhely** *ay*·so·ko·i *mu*·lo·tāw·he·y nightclub
—**i szórakozás** *ay*·so·ko·i *sāw*·ro·kaw·zaash night out
ékszerek *ayk*·se·rek jewellery
ékszíj *ayk*·see·y fanbelt
elad *el*·od sell
elég *e*·layg enough
elektromos szaküzlet *e*·lekt·raw·mawsh *sok*·ewz·let electrical store
élelmiszer *ay*·lel·mi·ser provisions
—**bolt** *ay*·lel·mi·ser·bawlt grocery store
élelmiszer-áruház *ay*·lel·mi·ser·aa·ru·haaz supermarket
elem *e*·lem battery (general)
élet *ay*·let life
elfelejt *el*·fe·le·yt forget
elfoglalt *el*·fawg·lolt busy
eljegyzés *el*·yej·zaysh engagement (wedding)
elkezd *el*·kezd start ⓥ
ellenkező *el*·len·ke·zēū opposite
ellenőriz *el*·len·ēū·riz check ⓥ
ellenőrzőpont *el*·len·ēūr·zēū·pawnt checkpoint
ellopták *el*·lawp·taak (be) stolen
elmegy szórakozni *el*·mej *sāw*·ro·kawz·ni go out
elmegy vásárolni *el*·mej *vaa*·shaa·rawl·ni go shopping
elnök *el*·neuk president
előadás *e*·lēū·o·daash play (theatre)
előcsarnok *e*·lēū·chor·nawk foyer
előre *e*·lēū·re ahead
előszoba *e*·lēū·saw·bo anteroom

előtt e-lëütt *before • in front of*
előző e-lëü-zëü *last (previous)*
elromlott el-rawm-lawtt
  broken down • spoiled
első el-shëü *first*
első osztály el-shëü aws-taa-y *first class* (n)
elsősegély-láda el-shëü-she-gay-laa-do
  first-aid kit
elutazik el-u-to-zik *depart*
elvált el-vaalt *divorced*
el van dugulva el von du-gul-vo *blocked*
elveszett el-ve-sett *lost*
emberek em-be-rek *people*
emberi erőforrások em-be-ri
  e-rëü-fawr-raa-shawk *human resources*
emberi jogok em-be-ri yaw-gawk
  human rights
emelet e-me-let *floor • storey*
emlékmű em-layk-mëw
  memorial • monument
én ayn *I*
énekel ay-ne-kel *sing*
énekes ay-ne-kesh *singer* (m)
énekesnő ay-ne-kesh-nëü *singer* (f)
engedély en-ge-day-y
  licence • permission • permit
engem en-gem *me*
ennivaló en-ni-vo-läw *food*
eper e-per *strawberry*
építész ay-pee-tays *architect*
építészet ay-pee-tay-set *architecture*
építőmester ay-pee-tëü-mesh-ter *builder*
épület ay-pëw-let *building*
érdekes ayr-de-kesh *interesting*
erdő er-dëü *forest*
erdőirtás er-dëü-ir-taash *deforestation*
eredeti e-re-de-ti *original*
eredményjelző tábla e-red-mayn'-yel-zëü
  taab-lo *scoreboard*
erkély er-kay *balcony*
érkezés ayr-ke-zaysh *arrivals*
érkezik ayr-ke-zik *arrive*
érmet ayr-mayt *token (public transport)*
erősedzés e-rëü-ed-zaysh *workout*
erős e-rëüsh *strong*
értékes ayr-tay-kesh *valuable*
értekezlet ayr-te-kez-let *conference (small)*
értelmes ayr-tel-mesh *sensible*
érvényesít ayr-vay-nye-sheet *validate*
érzelmek ayr-zel-mek *feelings*
és aysh *and*
esély e-shay *chance*
esernyő e-sher-nyëü *umbrella*
esés e-shaysh *fall (down)*

esküvő esh-kew-vëü *wedding*
  —i torta esh-kew-vëü i tawr-to
  wedding cake
eső e-shëü *rain*
  —kabát e-shëü-ko-baat *raincoat*
este esh-te *evening*
észak ay-sok *north*
eszik e-sik *eat*
etet e-tet *feed*
etetőszék e-te-tëü-sayk *highchair*
étkezés ayt-ke-zaysh *meal*
étkezőkocsi ayt-ke-zëü-kaw-chi *dining car*
étlap ayt-lop *menu*
étterem ayt-te-rem *restaurant*
év ayv *year*
evezés e-ve-zaysh *rowing*
evőeszközök e-vëü-es-keu-zeuk *cutlery*
évszak ayv-sok *season*
expressz eks-press *express* (a)
ez ez *this (one)*
ezek e-zek *these*
ezelőtt ez-e-lëütt *ago*
ezüst e-zewsht *silver*
ezen a héten e-zen o hay-ten *this week*

F

fa fo *tree • wood*
fagy foj *frost*
fagyaszt faw-dyost *freeze*
fagyasztott fo-jos-tawtt *frozen*
fagylalt foj-lolt *ice cream*
fájdalom faa-y-do-lawm *pain*
fájdalomcsillapító
  faa-y-do-lawm-chil-lo-pee-täw *painkiller*
fájós faa-yawsh *sore*
fajgyűlölet fo-y-dyëw-leu-let *racism*
fal fol *wall*
falu fo-lu *village*
fáradt faa-rott *tired*
farmer for-mer *jeans*
fasor fo-shawr *avenue*
fax foks *fax (machine or message)*
február feb-ru-aar *February*
fecskendő fech-ken-dëü *syringe*
fedett fe-dett *indoor*
fehér fe-hayr *white*
fehérbor fe-hayr-bawr *white wine*
fej fe-y *head*
fejbőr fe-y-bëür *scalp*
fejfájás fe-y-faa-yaash *headache*
fék fayk *brakes*
fekete fe-ke-te *black*

fekete-fehér *fe·ke·te·fe·hayr* B&W (film)
fekhely *fek·he·y* sleeping berth
fekszik *fek·sik* lie (not stand)
fel *fel* up
fél *fayl* half
felé *fe·lay* towards
felébreszt *fel·ayb·rest* wake (someone) up
feleség *fe·le·shayg* wife
felhív *fel·heev* call ⓥ
felhő *fel·hēū* cloud
   —s *fel·hēūsh* cloudy
felirat *fel·i·rot* sign • subtitles
felmond *fel·mawnd* quit
felnőtt *fel·nēūtt* adult
felszáll *fel·saall* board (plane, ship etc)
felszerelés *fel·se·re·laysh* equipment
féltékeny *fayl·tay·ken·y* jealous
felvétel *fel·vay·tel* recording (film/music)
fém *faym* metal
fenék *fe·nayk* bottom (body)
fény *fayn·y* light ⓝ
   —érzékenység
   fayn·ayr·zay·ken'·shayg film speed
   —mérő *fayn'·may·rēū* light meter
   —szórók *fayn'·sōw·rāwk* headlights
fénykép *fayn'·kayp* photo
fényképész *fayn'·kay·pays* photographer
fényképez *fayn'·kay·pez* (take a) photo
fényképezés *fayn'·kay·pe·zaysh* photography
fényképezőgép *fayn'·kay·pe·zēū·gayp* camera
fényképezőgép-bolt
  fayn'·kay·pe·zēū·gayp·bawlt camera shop
férfi *fayr·fi* man
férj *fayr·y* husband
férjezett *fayr·ye·zett* married (for a woman)
férjhez megy *fayr·y·hez mej* marry (for a woman)
fertőzés *fer·tēū·zaysh* infection
festészet *fesh·tay·set* painting (the art)
festmény *fesht·mayn'* painting (a work)
festő *fesh·tēū* painter
fésű *fay·shēw* comb ⓝ
fiatal *fi·o·tol* young
ficam *fi·tsom* sprain
figyelmeztet *fi·dyel·mez·tet* warn
Finnország *finn·awr·saag* Finland
finom *fi·nawm* tasty
fiú *fi·ū* boy • son
fizet *fi·zet* pay ⓥ
fizetés *fi·ze·taysh* salary
fizető autópálya
  fi·ze·tēū o·u·tāw·paa·yo tollway

fodrász *fawd·raas* hairdresser
fogadás *faw·go·daash* bet
fogadó *faw·go·dāw* inn
fog *fawg* tooth
   —ak *faw·gok* teeth
   —fájás *fawg·faa·yaash* toothache
   —kefe *fawg·ke·fe* toothbrush
   —krém *fawg·kraym* toothpaste
   —orvos *fawg·awr·vawsh* dentist
fogamzásgátló *faw·gom·zaash·gaat·lāw* contraceptives
fogamzásgátló hurok
  faw·gom·zaash·gaat·lāw hu·rawk IUD
fogamzásgátló tabletta
  faw·gom·zaash·gaat·lāw tob·let·to the pill
foglalás *fawg·lo·laash* reservation (booking)
foglaló *fawg·lo·lāw* deposit
foglalt *fawg·lolt* engaged (telephone)
fok *fawk* degrees (temperature)
fokhagyma *fawk·hoj·mo* garlic
folyó *faw·yāw* river
folyosó *faw·yaw·shāw* aisle • corridor
font *fawnt* pound (money, weight)
fontos *fawn·tawsh* important
fordít *fawr·deet* translate
fordul *fawr·dul* turn ⓥ
forgalmi adó *fawr·gol·mi o·dāw* sales tax
forgalom *fawr·go·lawm* traffic
forralt *fawr·rolt* boiled
forró *fawr·rāw* hot
forróság *fawr·rāw·shaag* heat
forró víz *fawr·rāw veez* hot water
Franciaország *fron·tsi·o·awr·saag* France
friss *frish* fresh
furcsa *fur·cho* strange
fut *fut* run ⓥ
futás *fu·taash* running
fő *fēū* main
Föld *feuld* Earth
föld *feuld* land
   —szint *feuld·sint* ground floor
fölött *feu·leutt* above
főút *fēū·ūt* main road
főváros *fēū·vaa·rawsh* capital city
főz *fēūz* cook ⓥ
főzés *fēū·zaysh* cooking
fű *fēw* grass
füge *few·ge* fig
függőség *fewg·gēū·shayg* addiction
fül *fewl* ear
fülbevaló *fewl·be·va·lāw* earrings
füldugó *fewl·du·gāw* earplugs

fürdő *fewr·deü* bath
 —**ruha** *fewr·deü·ru·ho* swimsuit
 —**szoba** *fewr·deü·saw·bo* bathroom
fűtés *few·taysh* heating
fűtőtest *few·teü·tesht* radiator

G

garantált *go·ron·taalt* guaranteed
garnélarák *gor·nay·lo·raak* prawn
gáz *gaaz* gas
 —**patron** *gaaz·pot·rawn* gas cartridge
gazda *goz·do* farmer
 —**ság** *goz·do·shaag* farm
gazdag *goz·dog* rich (wealthy)
gép *gayp* machine
gesztenye *ges·te·nye* chestnut
géz *gayz* gauze
gimnázium *gim·naa·zi·um* high school
gól *gäwl* goal (scored)
golflabda *gawlf·lob·do* golf ball
golfpálya *gawlf·paa·yo* golf course
golyóstoll *gaw·yāwsh·tawll* ballpoint pen
gomba *gawm·bo* mushroom
gondol *gawn·dawl* think
gördeszkázás *geur·des·kaa·zaash* skateboarding
görkorcsolyázás *geur·kawr·chaw·yaa·zaash* rollerblading
görögdinnye *geu·reug·din'·nye* watermelon
gratulálok *gro·tu·laa·lawk* congratulations

Gy

gyakran *dyok·ron* often
gyalogos *dyo·law·gawsh* pedestrian
gyalogösvény *dyo·lawg·eush·vayn'* footpath
gyapjú *dyop·yū* wool
gyár *dyaar* factory
gyári munkás *dyaa·ri mun·kaash* factory worker
gyékény *dyay·kayn'* mat
gyenge *dyen·ge* weak
gyerek *dye·rek* child
 —**kocsi** *dye·rek·kaw·chi* pram • pushchair • stroller
 —**ülés** *dye·rek·ew·laysh* child seat
gyermekmegőrzés *dyer·mek·meg·eür·zaysh* childminding
gyertya *dyer·tyo* candle
gyilkosság *dyil·kawsh·shaag* murder ⓝ

gyógyfű *dyāwj·few* herb
 —**kereskedő** *dyāwj·few·ke·resh·ke·deü* herbalist
gyógyfürdő *dyāwj·fewr·deü* spa
gyógyszerész *dyāwj·se·raysh* pharmacist
gyógyszertár *dyāwj·ser·taar* pharmacy
gyógyvíz *dyāwj·veez* medicinal water
gyomor *dyaw·mawr* stomach
 —**fájás** *dyaw·mawr·faa·yaash* stomachache
gyomor-bél hurut *dyaw·mawr·bayl hu·rut* gastroenteritis
gyors *dyawrsh* fast ⓐ
győztes *dyeüz·tesh* winner
gyufa *dyu·fo* matches (for lighting)
gyulladás *dyul·lo·daash* inflammation
gyümölcs *dyew·meulch* fruit
gyümölcslé *dyew·meulch·lay* juice
gyűrű *dyew·rew* ring (on finger)

H

ha *ho* if
habart *ho·bort* scrambled
háború *haa·baw·rū* war
habzóbor *hob·zāw·bawr* sparkling wine
hadsereg *hod·she·reg* military
hagyma *hoj·mo* onion
haj *ho·y* hair
 —**ápoló szer** *ho·y·aa·paw·lāw ser* conditioner
 —**kefe** *ho·y·ke·fe* hairbrush
hajlékonylemez *ho·y·lay·kawn'·le·mez* floppy disk
hajléktalan *ho·y·layk·to·lon* homeless
hajnal *ho·y·nol* dawn
hajó *ho·yāw* boat (big)
hajóval szállított posta *ho·yāw·vol saal·lee·tawtt pawsh·to* surface mail (sea)
hajvágás *ho·y·vaa·gaash* haircut
hal *hol* fish ⓝ
 —**as** *ho·losh* fish shop
 —**ászat** *ho·laa·sot* fishing
halánték *ho·laan·tayk* temple (body)
hálás *haa·laash* grateful
hall *holl* hear
 —**gat** *holl·got* listen
 —**ókészülék** *hol·lāw·kay·sew·layk* hearing aid
háló *haa·lāw* net
hálókocsi *haa·lāw·kaw·chi* sleeping car
hálószoba *haa·lāw·saw·bo* bedroom

235

halott ho-lawtt *dead*
hálózsák haa-lāw-zhaak *sleeping bag*
hamarosan ho-mo-raw-shon *soon*
hamutartó ho-mu-tor-tāw *ashtray*
hang hong *voice*
hangerő hong-e-rëü *volume (sound)*
hangos hon-gawsh *loud*
hányinger haan'-in-ger *nausea*
harisnya ho-rish-nyo *stockings*
— **nadrág** ho-rish-nyo-nod-raag *pantyhose*
harmadik hor-mo-dik *third* ⓐ
hashajtó hosh-ho-y-tāw *laxative* ⓝ
hasmenés hosh-me-naysh *diarrhoea*
hasonló ho-shawn-lāw *similar*
használt hos-naalt *second-hand*
— **cikk kereskedés** hos-naalt-tsikk ke-resh-ke-daysh *second-hand shop*
hasznos hos-nawsh *useful*
haszon ho-sawn *profit*
hát haat *back (body)*
hátgerincmasszázzsal gyógyító haat-ge-rints-mos-saazh-zhol dyāw-dyee-tāw *chiropractor*
hátizsák haa-ti-zhaak *backpack*
hátsó haat-shāw *rear (location)*
hatalmas ho-tol-mosh *huge*
határ ho-taar *border*
határidőnapló ho-taar-i-dëü-nop-lāw *diary*
ház haaz *house*
— **asság** haa-zosh-shaag *marriage*
— **i munka** haa-zi mun-ko *housework*
— **tartásbeli** haaz-tor-taash-be-li *homemaker*
— **tulajdonos** haaz-tu-loy-daw-nawsh *landlord*
— **tulajdonosnő** haaz-tu-loy-daw-nawsh-nëü *landlady*
hazug ho-zug *liar*
hegyikerékpár he-dyi-ke-rayk-paar *mountain bike*
hegymászás hed'-maa-saash *mountaineering*
hely hey *place* • *space* • *venue*
helyes he-yesh *right (correct)*
helyi he-yi *local* ⓐ
hentes hen-tesh *butcher*
hét hayt *week*
— **vége** hayt-vay-ge *weekend*
hétfő hayt-fëü *Monday*
hiány hi-aan' *shortage*
hiba hi-bo *(someone's) fault* • *mistake* ⓝ
hibás hi-baash *faulty*

hideg hi-deg *cold* ⓝ&ⓐ
hidratáló készítmény hid-ro-taa-lāw kay-seet-mayn' *moisturiser*
hímzés heem-zaysh *embroidery*
hirdetés hir-de-taysh *advertisement*
hírek hee-rek *news*
híres hee-resh *famous*
hitel hi-tel *credit*
hitelkártya hi-tel-kaar-tyo *credit card*
hó hāw *snow*
— **bogyó** hāw-baw-dyāw *snow pea*
— **deszkázás** hāw-des-kaa-zaash *snow-boarding*
hogyan haw-dyon *how*
hoki haw-ki *hockey*
hol hawl *where*
hold hawld *moon*
holnap hawl-nop *tomorrow*
holnap délután hawl-nop dayl-u-taan *tomorrow afternoon*
holnap este hawl-nop esh-te *tomorrow evening*
holnap reggel hawl-nop reg-gel *tomorrow morning*
holnapután hawl-nop-u-taan *day after tomorrow*
hólyag hāw-yog *blister*
homok ho-mawk *sand*
hónap hāw-nop *month*
Horvátország hawr-vaat-awr-saag *Croatia*
horzsolás hawr-zhaw-laash *bruise* ⓝ
hosszú haws-sü *long*
hosszú repülőút okozta fáradtság haws-sü re-pew-lëü-üt aw-kawz-to faa-rott-shaag *jet lag*
hoz hawz *bring*
hőmérséklet hëü-mayr-shayk-let *temperature (weather)*
hörghurut heurg-hu-rut *bronchitis*
húg hüg *younger sister*
húgyhólyag hüj-hāw-yog *bladder*
húgyhólyaggyulladás hüj-hāw-yog-dyul-lo-daash *cystitis* • *urinary infection*
hullám hul-laam *wave (beach)*
humán tudományok hu-maan tu-daw-maa-nyawk *humanities*
hús hüsh *meat*
húsvét hüsh-vayt *Easter*
hülye hew-ye *idiot*
hüvely hew-ve-y *vagina*
— **gomba** hew-ve-y-gawm-bo *thrush (health)*
hüvelyes hew-ve-yesh *legume*
hűvös hëw-veush *cool (temperature)*

I, Í

idegen *i*-de-gen stranger
 —vezető *i*-de-gen-ve-ze-teü guide ⓝ
idő *i*-deü time ⓝ
 —ben *i*-deü-ben on time
 —eltolódás *i*-deü-el-taw-law-daash time difference
időjárás *i*-deü-yaa-raash weather
ifjúsági szálló *if*-yü-shaag-gi saal-law youth hostel
igazgató *i*-goz-go-täw director
igazságtalan *i*-goz-shaag-to-lon unfair
igen *i*-gen yes
ikrek *ik*-rek twins
ima *i*-mo prayer
imád *i*-maad worship ⓥ
indítókábel *in*-dee-täw-kaa-bel jumper leads
indulás *in*-du-laash departure
indulási kapu *in*-du-laa-shi ko-pu departure gate
informatika *in*-fawr-mo-ti-ko IT
ing ing shirt
ingatlanügynök *in*-got-lon-ewj-neuk estate agent
 —ség *in*-got-lon-ewj-neuk-shayg estate agency
ingyenes *in*-dye-nesh free (no price)
ingyen szállítható poggyász *in*-dyen saal-leet-ho-täw pawd'-dyaas baggage allowance
injekciós tű *in*-yek-tsi-äwsh tew hypodermic needle
ipar *i*-por industry
ír eer write
irány *i*-raan' direction
 —tű *i*-raan'-tew compass
író ee-räw writer
iroda *i*-raw-do office
 —i dolgozó *i*-raw-do-i dawl-gaw-zäw office worker
Írország eer-awr-saag Ireland
is ish also
iskola ish-kaw-lo school
ismer ish-mer know (be acquainted with)
isten ish-ten god (general)
iszik *i*-sik drink ⓥ
iszlám rítus szerint levágott *is*-laam ree-tush se-rint le-vaa-gawtt halal food
ital *i*-tol drink ⓝ
itt itt here
izom *i*-zawm muscle

J

január yo-nu-aar January
jár valakivel yaar vo-lo-ki-vel date • go out with
játszma yaats-mo game (sport)
jég yayg ice
 —csákány yayg-chaa-kaan' ice axe
 —hoki yayg-haw-ki ice hockey
jegy yej ticket
 —kiadó automata yej-ki-o-däw o-u-taw-mo-to ticket machine
 —pénztár yej-paynz-taar ticket office
jelen ye-len present (time)
jó yäw good
jobb yawbb better
jobboldali yawbb-awl-do-li right-wing
jobbra yawbb-ro right (direction)
jog yawg law (study, profession)
jogász yaw-gaas lawyer
jóga yäw-go yoga
jogosítvány yaw-gaw-sheet-vaan' drivers licence
jóképű yäw-kay-pëw handsome
jól yäwl fine ⓐ • well ⓐ
jól érzi magát yäwl ayr-zi mo-gaat have fun
jólét yäw-layt welfare
jó mulatság yäw mu-lot-shaag fun
jön yeun come
jövedelemadó yeu-ve-de-lem-o-däw income tax
jövő yeu-vëü future
jövő (hónap) yeu-vëü (häw-nop) next (month)
július yü-li-ush July
június yü-ni-ush June
jutalék yu-to-layk commission

K

kabát ko-baat coat • overcoat
kábítószerek kaa-bee-täw-se-rek drugs (illicit)
kábítószer-függőség kaa-bee-täw-ser-fewg-gëü-shayg drug addiction
kábítószer-kereskedelem aa-bee-täw-ser-ke-resh-ke-de-lem drug trafficking
kábítószer-kereskedő kaa-bee-täw-ser-ke-resh-ke-dëü drug dealer
kalap ko-lop hat
kamion ko-mi-awn truck
kanál ko-naal spoon

hungarian–english

237

kantalupdinnye *kon·to·lup·din'·nye* cantaloupe • rockmelon
kantin *kon·tin* canteen (place)
kanyaró *ko·nyo·raw* measles
kap *kop* get • receive
kapcsolat *kop·chaw·lot* connection • relationship
káposzta *kaa·paws·to* cabbage
kapu *ko·pu* gate (airport etc) • goal (sport)
kapus *ko·push* goalkeeper
kar *kor* arm (body)
karácsony *ko·raa·chawn'* Christmas
karácsonyeste *koo·raa·chawn'·esh·te* Christmas Eve
karácsony napja *koo·raa·chawn' nop·yo* Christmas Day
karantén *ko·ron·tayn* quarantine
karfiol *kor·fi·awl* cauliflower
kartondoboz *kor·tawn·daw·bawz* carton
kártyázás *kaar·tyaa·zaash* playing cards
katona *ko·taw·no* soldier
—**i szolgálat** *ko·taw·no·i sawl·gaa·lot* military service
kávé *kaa·vay* coffee
kávézó *kaa·vay·zāw* café
kecske *kech·ke* goat
kedd *kedd* Tuesday
kedves *ked·vesh* kind (nice)
kefe *ke·fe* brush
kék *kayk* blue
keksz *keks* biscuit
kelet *ke·let* east
kemény *ke·mayn'* hard (not soft)
—**re főtt** *ke·mayn'·re fēütt* hard-boiled
kemping *kem·ping* camp ground
—**ezik** *kem·pin·ge·zik* camp ⓥ
—**felszerelést árusító üzlet** *kem·ping·fel·se·re·laysht aa·ru·shee·tāw ewz·let* camping store
kenőanyag *ke·nēū·o·nyog* lubricant
kenőpénz *ke·nēū·paynz* bribe ⓥ
kényelmes *kay·nyel·mesh* comfortable
kényelmetlen *kay·nyel·met·len* uncomfortable
kenyér *ke·nyayr* bread
képes *kay·pesh* can (be able)
képes folyóirat *kay·pesh faw·yāw·i·rot* magazine
képesítések *kay·pe·shee·tay·shek* qualifications
kérdés *kayr·daysh* question ⓝ
kerek *ke·rek* round ⓐ
kerék *ke·rayk* wheel
keres *ke·resh* earn • look for

kereskedelem *ke·resh·ke·de·lem* trade ⓝ
kereskedő *ke·resh·ke·dēū* tradesperson
kereszt *ke·rest* cross ⓝ
keresztelő *ke·res·te·lēū* baptism
keresztény *ke·res·tayn'* Christian
keresztnév *ke·rest·nayv* Christian/given name
kert *kert* garden
—**ész** *ker·tays* gardener
—**észkedés** *ker·tays·ke·daysh* gardening
kerül *ke·rewl* cost ⓥ
kerület *ke·rew·let* city district
kés *kaysh* knife
keserű *ke·she·rēw* bitter
késés *kay·shaysh* delay
késő *kay·shēū* late
később *kay·shēūbb* later
kész *kays* ready
készenléti jegy *kay·sen·lay·ti yej* stand-by ticket
készít *kay·seet* prepare
készlet *kays·let* stock (food)
készpénz *kays·paynz* cash ⓝ
kesztyűk *kes·tyēwk* gloves
két *kayt* two (of something)
két ágy *kayt aaj* twin beds
két hét *kayt hayt* fortnight
kétkezi munkás *kayt·ke·zi mun·kaash* manual worker
kétszer *kayt·ser* twice
kettő *ket·tēū* two
kevés *ke·vaysh* few • little
—**bé** *ke·vaysh·bay* less
kéz *kayz* hand
kézbesít *kayz·be·sheet* deliver
kézitáska *kay·zi·taash·ko* handbag
kézművesség *kayz·mēw·vesh·shayg* crafts • handicrafts
kézzel gyártott *kayz·zel dyaar·tawtt* handmade
kezdet *kez·det* start
ki *ki* who
kiabál *ki·o·baal* shout
kiállítás *ki·aal·lee·taash* exhibition
kiárusítás *ki·aa·ru·shee·taash* sale
kicsi *ki·chi* small
kifejezésgyűjtemény *ki·fe·ye·zaysh·dyēw·y·te·mayn'* phrasebook
kifizetés *ki·fi·ze·taysh* payment
kifosztás *ki·faws·taash* rip-off
kígyó *kee·dyāw* snake
kijárat *ki·yaa·rot* exit ⓝ
kikötő *ki·keu·tēū* harbour • port

kilátó *ki*·laa·tàw lookout
kint kint outside
kinyit *ki*·nyit open ⓥ
kipállás *ki*·paal·laash nappy rash
kipufogó *ki*·pu·faw·gàw car exhaust
kirabol *ki*·ro·bawl rob
király *ki*·raa·y king
királynő *ki*·raa·y·nëü queen
kirándul *ki*·raan·dul hike
 —ás *ki*·raan·du·laash hiking
Kisalföld kish·ol·feuld Little Plain
Kisasszony kish·os·sawn' Miss
kis csukott teherautó
 kish chu·kawtt te·her·o·u·tàw van
kisebb *ki*·shebb smaller
kiszolgálás *ki*·sawl·gaa·laash service
 —i díj *ki*·sawl·gaa·laa·shi dee·y
 service charge
kitűnő *ki*·tëw·nëü excellent
kiütés *ki*·ew·taysh rash
kizsákmányolás *ki*·zhaak·maa·nyaw·laash
 exploitation
kocka kawts·ko dice
kockázat kawts·kaa·zot risk ⓝ
kocogás kaw·tsaw·gaash jogging
kocsi kaw·chi carriage · trolley
kókuszdió kàw·kus·di·àw coconut
kolbász kawl·baas sausage (thick)
koldus kawl·dush beggar
kolléga kawl·lay·go colleague
kolostor kaw·lawsh·tawr
 cloister · convent · monastery
komoly kaw·maw·y serious
komp kawmp ferry
kontaktlencse-oldat kawn·tokt·len·che·
 awl·dot contact lens solution
konyha kawn'·ho kitchen
konzulátus kawn·zu·laa·tush consulate
koponya kaw·paw·nyo skull
kor kawr age ⓝ
korán kaw·raan early
korcsolya kawr·chaw·yo skate ⓝ
korcsolyázik kawr·chaw·yaa·zik skate ⓥ
kórház kàwr·haaz hospital
kormány kawr·maan' government
kosár kaw·shaar basket
 —labda kaw·shaar·lob·do basketball
kóser kàw·sher kosher
kő këü stone
ködös keu·deush foggy
köhög keu·heug cough
 —és elleni szer keu·heu·gaysh
 el·le·ni ser cough medicine
kölcsönkér keul·cheun·kayr borrow

költészet keul·tay·set poetry
költségvetés keult·shayg·ve·taysh
 budget
könnyű keun'·nyëw easy · light (weight)
könyv keun'v book
 —esbolt keun'·vesh·bawlt bookshop
 —tár keun'v·taar library
kőolaj këü·aw·lo·y oil (petrol)
környezet keur·nye·zet environment
körte keur·te pear
kötél keu·tayl rope
kötés keu·taysh bandage
kötőhártya-gyulladás keu·tëü·haar·tyo·
 dyul·lo·daash conjunctivitis
kövér keu·vayr fat
követ keu·vet follow
közelében keu·ze·lay·ben near
közlekedés keuz·le·ke·daysh transport
közlekedési lámpa keuz·le·ke·day·shi
 laam·po traffic light
kozmetikai szalon kawz·me·ti·ko·i
 so·lawn beauty salon
közönséges keu·zeun·shay·gesh ordinary
között keu·zeutt between
központ keuz·pawnt centre ⓝ
köztársaság keuz·taar·sho·shaag republic
közvetlen tárcsázás keuz·vet·len
 taar·chaa·zaash direct-dial
krumpli krump·li potato
kukorica ku·kaw·ri·tso corn
kulcs kulch key
küld kewld send
külföldi kewl·feul·di foreign
külföldön kewl·feul·deun abroad
különböző kew·leun·beu·zëü different
különleges kew·leun·le·gesh special
kuplung kup·lung clutch (car)
kutya ku·tyo dog
küzdősportok kewz·dëü·shpawr·tawk
 martial arts

L

láb laab leg
 —fej laab·fe·y foot
 —ujj laab·uy toe
labda lob·do ball (sport)
lágy laaj soft-boiled
lakás lo·kaash apartment
lakat lo·kot padlock
lakik lo·kik stay (at a hotel)
lakik lo·kik live (somewhere)
lakókocsi la·kàw·kaw·chi caravan

239

lány laan' *daughter • girl*
lapos *lo*-pawsh *flat*
lassú *losh*-shū *slow*
lát laat *see*
látogatás *laa*-taw-go-taash *visit*
láz laaz *fever*
lazac *lo*-zots *salmon*
lazít *lo*-zeet *relax*
leégés le-ay-gaysh *sunburn*
lefoglal le-fawg-lol *book* ⓥ
légiposta *lay*-gi-pawsh-to *airmail*
légitársaság *lay*-gi-taar-sho-shaag *airline*
legjobb leg-yawbb *best*
legkisebb leg-ki-shebb *smallest*
légkondicionált layg-kawn-di-tsi-aw-naalt *air-conditioned*
legközelebbi leg-keu-ze-leb-bi *nearest*
legnagyobb leg-no-dyawbb *biggest*
lehetetlen le-he-tet-len *impossible*
lehetséges le-het-shay-gesh *possible*
lélegzik *lay*-leg-zik *breathe*
lencse *len*-che *lens • lentil*
Lengyelország *len*-dyel-awr-saag *Poland*
lenni *len*-ni *be*
lent lent *down (location)*
lenvászon *len*-vaa-sawn *linen (material)*
lépcső *layp*-chēū *stairway*
lepedő *le*-pe-dēū *sheet (bed)*
lépés *lay*-paysh *step* ⓝ
leszáll *le*-saall *get off (train etc)*
leszármazott *le*-saar-mo-zawtt *descendent*
leszbikus *les*-bi-kush *lesbian* ⓝ
leszólít *le*-sāw-leet *chat up*
letartóztatás *le*-tor-tāwz-to-taash *arrest*
le van zárva le von zaar-vo *blocked (road)*
levegő *le*-ve-gēū *air*
levél *le*-vayl *leaf • letter (mail)*
levelezőlap *le*-ve-le-zēū-lop *postcard*
leves *le*-vesh *soup*
libegő *li*-be-gēū *chairlift (scenic)*
liszt list *flour*
ló lāw *horse*
lop lawp *steal*
lovaglás *law*-vog-laash *horse riding • ride* ⓝ
lovaglóiskola *law*-vog-lāw-ish-kaw-lo *horse-riding school*
lő lēū *shoot* ⓥ
lusta *lush*-to *lazy*
luxus *luk*-sush *luxury* ⓐ

M

ma mo *today*
ma este mo esh-te *tonight*
macska *moch*-ko *cat*

madár *mo*-daar *bird*
magán *mo*-gaan *private*
magas *mo*-gosh *high • tall*
magasság *mo*-gosh-shaag *altitude*
magyar *mo*-dyor *Hungarian*
Magyarország *mo*-dyor-awr-saag *Hungary*
máj maa·y *liver*
majdnem *moyd*-nem *almost*
májgyulladás *maa*-y-dyul-lo-daash *hepatitis*
május *maa*-yush *May*
málna *maal*-no *raspberry*
mandula *mon*-du-lo *almond*
mangó *mon*-gāw *mango*
már maar *already*
marad *mo*-rod *stay (in one place)*
március *maar*-tsi-ush *March*
marhahús *mor*-ho-hūsh *beef*
másik *maa*-shik *another • other*
második *maa*-shaw-dik *second* ⓐ
másodosztály *maa*-shawd-aws-taa·y *second class* ⓝ
mászik *maa*-sik *climb* ⓥ
matrac *mot*-rots *mattress*
meccs mech *game • match*
mecset *me*-chet *mosque*
meditálás *me*-di-taa-laash *meditation*
megálló *meg*-aal-lāw *stop (bus, tram etc)*
megbeszélt időpont *meg*-be-saylt i-dēū-pawnt *appointment*
megcsókol *meg*-chāw-kawl *kiss (intimate)* ⓥ
megengedett sebességhatár *meg*-en-ge-dett she-besh-shayg-ho-taar *speed limit*
megérint *meg*-ay-rint *touch* ⓥ
megerősít *meg*-e-rēū-sheet *confirm (booking)*
megerőszakol *meg*-e-rēū-so-kawl *rape* ⓥ
megért *meg*-ayrt *understand*
meg van fázva meg von faaz-vo *have a cold*
meggyilkol *meg*-dyil-kawl *murder* ⓥ
meghal *meg*-hol *die*
meghív *meg*-heev *invite*
megint *me*-gint *again*
megjavít *meg*-yo-veet *repair* ⓥ
megköszön *meg*-keu-seun *thank*
megkülönböztetés *meg*-kew-leun-beuz-te-taysh *discrimination*
meglepetés *meg*-le-pe-taysh *surprise* ⓝ
megmér *meg*-mayr *weigh*
megmos *meg*-mawsh *wash (something)*

még nem *mayg nem* not yet
megnősül *meg-neü-shewl* marry (for a man)
megölel *meg-eu-lel* hug ⓥ
megpróbál *meg-präw-baal* try ⓥ
megpuszil *meg-pu-sil* kiss (friendly) ⓥ
megromlott *meg-rawm-lawtt* off (spoiled)
megsért *meg-shayrt* hurt
megtölt *meg-teult* fill
megvéd *meg-vayd* protect
megy *mej* go
megye *me-dye* county
méh *mayh* bee • uterus
méhnyakrák-szűrővizsgálat *mayh-nyok-raak-sëw-reü-vizh-gaa-lot* pap smear
meleg *me-leg* warm • gay
melegvizes üveg *me-leg-vi-zesh ew-veg* hot water bottle
melegvízű forrás *me-leg-vee-zëw fawr-raash* thermal spring
mell *mell* breast (body)
 —**kas** *mell-kosh* chest (body)
 —**tartó** *mell-tor-täw* bra
mellett *mel-lett* beside
mély *may-y* deep
melyik *me-yik* which
menekült *me-ne-kewlt* refugee
menetrend *me-net-rend* timetable
mennyi *men'-nyi* how much
 —**ség** *men'-nyi-shayg* volume (quantity)
menstruáció *mensht-ru-aa-tsi-äw* menstruation
menstruációs hasfájás *mensht-ru-aa-tsi-äwsh hosh-faa-yaash* period pain
mentő *men-teü* ambulance
 —**mellény** *men-teü-mel-layn'* life jacket
menyasszony *men'-os-sawn'* engaged (for a woman) • fiancée
meredek *me-re-dek* steep
méret *may-ret* size
mérges *mayr-gesh* angry
mérgező *mayr-ge-zëw* poisonous
mérnök *mayr-neuk* engineer ⓝ
mert *mert* because
messze *mes-se* far
metélt *me-taylt* noodles
metró *met-räw* metro • subway
 —**állomás** *met-räw-aal-law-maash* metro/subway station
méz *mayz* honey
mezőgazdaság *me-zëw-goz-do-shaag* agriculture
mi *mi* we • what
miért *mi-ayrt* why

mikor *mi-kawr* when
mikrohullámú sütő *mik-raw-hul-laa-mú shew-teü* microwave ⓝ
millió *mil-li-äw* million
minden *min-den* all • each • every
 —**ki** *min-den-ki* everyone
minden hely foglalt *min-den he-y fawg-lolt* booked out
mindig *min-dig* always
mindkét *mind-kayt* both
mindkét oldalán megsütött tükörtojás *mind-kayt awl-do-laan meg-shew-teutt tew-keur-taw-yaash* poached egg
mindkettő *mind-ket-teü* both
miniszterelnök *mi-nis-ter-el-neuk* prime minister
minőség *mi-neü-shayg* quality
mirigyláz *mi-rij-laaz* glandular fever
mise *mi-she* Catholic mass
mobil telefon *maw-bil te-le-fawn* cellphone • mobile phone
mogyoró *maw-dyaw-räw* hazelnut
móló *mäw-läw* pier
mond *mawnd* say • tell
mosakszik *maw-shok-sik* wash (oneself)
mosnivaló *mawsh-ni-vo-läw* laundry (clothes)
mosoda *maw-shaw-do* laundry (place)
mosógép *maw-shäw-gayp* washing machine
mosóhelyiség *maw-shäw-he-yi-shayg* laundry (room)
mosolyog *maw-shaw-yawg* smile ⓥ
most *mawsht* now
motorcsónak *maw-tawr-chäw-nok* motorboat
mozgássérült *mawz-gaash-shay-rewlt* physically disabled
mozgólépcső *mawz-gäw-layp-chëu* escalator
mozi *maw-zi* cinema
mögött *meu-geutt* behind
mulatságos *mu-lot-shaa-gawsh* funny
múlt *múlt* past ⓝ
múlt héten *múlt hay-ten* last week
munka *mun-ko* work
 —**bér** *mun-ko-bayr* wage
 —**nélküli** *mun-ko-nayl-kew-li* unemployed
 —**nélküli-segély** *mun-ko-nayl-kew-li she-gay* dole
 —**vállalási engedély** *mun-ko-vaal-lo-laa-shi en-ge-day-y* work permit
 —**vállaló** *mun-ko-vaal-lo-läw* employee

munkáltató *mun-kaal-to-täw* employer
munkás *mun-kaash* labourer
mutat *mu-tot* point · show
mutató *mu-to-täw* indicator (car)
műanyag *mëw-o-nyog* plastic ⓐ
műhely *mëw-he-y* workshop
műszaki tudományok *mëw-so-ki tu-daw-maa-nyawk* engineering
műtét *mëw-tayt* operation
művész *mëw-vays* artist
— **et** *mëw-vay-set* art

N

nadrág *nod-raag* pants · trousers
nagy *noj* big
— **mama** *noj-mo-mo* grandmother
— **néni** *noj-nay-ni* aunt
— **obb** *no-dyawbb* bigger
— **on** *no-dyawn* very
— **papa** *noj-po-po* grandfather
— **szerű** *noj-se-rëw* great (fantastic)
Nagyalföld *noj-ol-feuld* Great Plain
nagykövet *noj-keu-vet* ambassador
— **ség** *noj-keu-vet-shayg* embassy
nap *nop* day · sun
— **kelte** *nop-kel-te* sunrise
— **nyugta** *nop-nyug-to* sunset
— **olaj** *nop-aw-lo-y* sunblock
— **onta** *no-pawn-to* daily
— **os** *no-pawsh* sunny
— **szemüveg** *nop-sem-ew-veg* sunglasses
— **szúrás** *nop-sū-raash* sunstroke
— **tár** *nop-taar* calendar
narancs *no-ronch* orange (fruit)
— **lé** *no-ronch-lay* orange juice
— **sárga** *no-ronch-shaar-go* orange (colour)
nászajándék *naas-o-yaan-dayk* wedding present
nászút *naas-üt* honeymoon
nátha *naat-ho* runny nose
nedves *ned-vesh* wet
negyed *ne-dyed* quarter
néha *nay-ho* sometimes
néhány *nay-haan'* some
nehéz *ne-hayz* difficult · heavy
nekem *ne-kem* for me · to me
nem *nem* no · not
nem *nem* sex (gender)
nem biztonságos *nem biz-tawn-shaa-gawsh* unsafe

nemdohányzó *nem-daw-haan'-zäw* nonsmoking
nem működik *nem mëw-keu-dik* out of order
néma *nay-mo* mute
Németország *nay-met-awr-saag* Germany
nemi betegség *ne-mi be-teg-shayg* venereal disease
nemi erőszak *ne-mi e-rëū-sok* rape ⓝ
nemzeti park *nem-ze-ti pork* national park
nemzetiség *nem-ze-ti-shayg* nationality
nemzetközi *nem-zet-keu-zi* international
népi tánc *nay-pi taants* folk dancing
népművészet *nayp-mëw-vay-set* folk art
népszerű *nayp-se-rëw* popular
név *nayv* name ⓝ
nevet *ne-vet* laugh ⓝ
néz *nayz* look · watch
nincs benne *ninch ben-ne* excluded
nincs üres szoba *ninch ew-resh saw-bo* no vacancy
Norvégia *nawr-vay-gi-o* Norway
november *naw-vem-ber* November
nő *nëū* grow
nő *nëū* woman
— **gyógyász** *nëū-dyäw-dyaas* gynaecologist
— **nemű** *nëū-ne-mëw* female
nős *nëūsh* married (for a man)
növény *neu-vayn'* plant
nővér *nëū-vayr* older sister

Ny

nyak *nyok* neck
nyaklánc *nyok-laants* necklace
nyár *nyaar* summer
nyeles serpenyő *nye-lesh sher-pe-nyëū* saucepan
nyelv *nyelv* language · tongue
nyer *nyer* win ⓥ
nyers *nyersh* raw
nyilvános park *nyil-vaa-nawsh* pork public gardens
nyilvános telefon *nyil-vaa-nawsh te-le-fawn* public telephone
nyilvános vécé *nyil-vaa-nawsh vay-tsay* public toilet
nyitva *nyit-vo* open (location)
nyitvatartás *nyit-vo-tor-taash* opening hours
nyomtató *nyawm-to-täw* printer (computer)

nyugalmazott *nyu·gol·mo·zawtt* retired
nyugat *nyu·got* west
nyugdíjas *nyug·dee·yosh* pensioner
nyugta *nyug·to* receipt

O, Ó

oda-vissza *aw·do·vis·so* return (ticket)
ok *awk* reason (explanation)
oktatás *awk·to·taash* education
oktató *awk·to·täw* instructor
október *awk·tāw·ber* October
olaj *aw·lo·y* oil
olajbogyó *aw·lo·y·baw·dyäw* olive
Olaszország *o·los·awr·saag* Italy
olcsó *awl·chäw* cheap
oldal *awl·dol* page · side
olívaolaj *aw·lee·vo·se·lo·y* olive oil
olló *awl·läw* scissors
ólommentes *äw·lawm·men·tesh* unleaded
oltár *awl·taar* altar
oltás *awl·taash* vaccination
olvas *awl·vosh* read
　—**ás** *awl·vo·shaash* reading
opera *aw·pe·ro* opera
　—**ház** *aw·pe·ro·haaz* opera house
operátor *aw·pe·raa·tawr* operator
óra *äw·ro* clock · hour · watch ⓝ
Oroszország *aw·raws·awr·saag* Russia
orr *awrr* nose
ország *awr·saag* country
országút *awr·saag·üt* highway
orvos *awr·vawsh* doctor
　—**i rendelő** *awr·vaw·shi ren·de·lēū* doctor's surgery
　—**ság** *awr·vaw·shaag* medication
　—**tudomány** *awr·vawsh·tu·daw·maan'* medicine (study, profession)
osztály *aws·taa·y* class (rank)
　—**rendszer** *aws·taa·y·rend·ser* class system
osztozik *aws·taw·zik* share (with)
Osztrák-Magyar Monarchia *awst·raak·mo·dyor maw·nor·hi·o* Austro-Hungarian Empire
osztriga *awst·ri·go* oyster
óta *äw·to* since
ott *awtt* there
otthon *awtt·hawn* home
óvoda *äw·vaw·do* kindergarten
óvszer *äwv·ser* condom
ózonréteg *äw·zawn·ray·teg* ozone layer

Ö, Ő

ő *ëü* he · she
öcs *euch* younger brother
ők *ëük* they
Ön *eun* you sg pol
önálló *eun·aal·läw* self-employed
öngyújtó *eun·dyü·y·täw* cigarette lighter
önkiszolgáló *eun·ki·sawl·gaa·läw* self-service
önkiszolgáló mosószalon *eun·ki·sawl·gaa·läw maw·shäw·so·lawn* launderette
Önök *eu·neuk* you pl pol
önző *eun·zēū* selfish
öreg *eu·reg* old (person)
örökre *eu·reuk·re* forever
összekever *eus·se·ke·ver* mix ⓥ
összeütközés *eus·se·ewt·keu·zaysh* crash ⓝ
ösvény *eush·vayn'* path
ősz *ëüs* autumn · fall
őszibarack *ëü·si·bo·rotsk* peach
őt *ëüt* her · him
övé *eu·vay* his
övsömör *euv·sheu·meur* shingles

P

padlizsán *pod·li·zhaan* aubergine · eggplant
padló *pod·läw* floor
palota *po·law·to* palace
pamut *po·mut* cotton
panasz *po·nos* complaint
páncélszekrény *paan·tsayl·sek·rayn'* safe ⓝ
pap *pop* priest
papír *po·peer* paper
　—**bolt** *po·peer·bawlt* stationer
paprika *pop·ri·ko* capsicum · bell pepper · paprika
pár *paar* pair (couple)
paradicsom *po·ro·di·chawm* tomato
parkol *por·kawl* park a car ⓥ
　—**ó** *por·kaw·läw* car park
párna *paar·no* pillow
　—**huzat** *paar·no·hu·zot* pillowcase
párt *paart* party (politics)
parti *por·ti* party (night out)
pástétom *paash·tay·tawm* pie
patak *po·tok* stream
pecsenye *pe·che·nye* steak (beef)

pékség *payk-shayg* bakery
példa *payl-do* example
pelenka *pe-len-ko* diaper • nappy
péntek *payn-tek* Friday
pénz *paynz* money
—**érmék** *paynz-ayr-mayk* coins
—**tárca** *paynz-taar-tso* purse
—**tárgép** *paynz-taar-gayp* cash register
—**táros** *paynz-taa-rawsh* cashier
—**váltás** *paynz-vaal-taash* exchange money
penzió *pen-zi-āw* boarding house
perc *perts* minute
peron *pe-rawn* platform
petefészek *pe-te-fay-sek* ovary
petefészek-ciszta *pe-te-fay-sek-tsis-to* ovarian cyst
pezsgő *pezh-gēū* champagne
piac *pi-ots* market
pici *pi-tsi* tiny
pihen *pi-hen* rest ⓥ
pillanat *pil-lo-not* second ⓝ
pillangó *pil-lon-gāw* butterfly
pincér *pin-tsayr* waiter
pincérnő *pin-tsayr-nēū* waitress
pirítós *pi-ree-tāwsh* toast
piros *pi-rawsh* red
piszkos *pis-kawsh* dirty
plakát *plo-kaat* poster
poggyász *pawd'-dyaas* baggage • luggage
—**címke** *pawd'-dyaas-tseem-ke* luggage tag
—**kiadó** *pawd'-dyaas-ki-o-dāw* baggage claim
—**megőrző automata** *pawd'-dyaas-meg-ēūr-zēū o-u-taw-mo-to* luggage lockers
pók *pāwk* spider
polc *pawlts* shelf
polgárjogok *pawl-gaar-yaw-gawk* civil rights
polgármester *pawl-gaar-mesh-ter* mayor
politika *paw-li-ti-ko* policy • politics
politikus *paw-li-ti-kush* politician
pólóing *pāw-lāw-ing* T-shirt
pont *pawnt* point (score)
pontosan *pawn-taw-shon* exactly
pontot szerez *pawn-tawt se-rez* score ⓥ
por *pawr* powder
póréhagyma *pāw-ray-hoj-mo* leek

posta *pawsh-to* mail ⓝ
—**fiók** *pawsh-to fi-awk* PO box
—**hivatal** *pawsh-to-hi-vo-tol* post office
—**i irányítószám** *pawsh-to-i i-raa-nyee-tāw-saam* postcode
—**költség** *pawsh-to-keult-shayg* postage
—**láda** *pawsh-to-laa-do* mailbox
próbafülke *prāw-bo-fewl-ke* changing room (in shop)
probléma *prawb-lay-mo* problem
programmagazin *prawg-rom-mo-go-zin* entertainment guide
prostituált *prawsh-ti-tu-aalt* prostitute
pulyka *pu-y-ko* turkey
puska *push-ko* gun
puszi *pu-si* kiss (friendly) ⓝ

R

'R' beszélgetés *er be-sayl-ge-taysh* collect/reverse-charge call
rab *rob* prisoner
radioaktív hulladék *raa-di-āw-ok-teev hul-lo-dayk* nuclear waste
ragasztó *ro-gos-tāw* glue
rágógumi *raa-gāw-gu-mi* chewing gum
ragtapasz *rog-to-pos* Band-Aid
ragyogó *ro-dyaw-gāw* brilliant
rák *raak* cancer
rakpart *rok-port* quay
randevú *ron-de-vū* date (romantic)
rave buli *rayv bu-li* rave ⓝ
recept *re-tsept* prescription
régészeti *ray-gay-se-ti* archaeological
reggel *reg-gel* morning
—**i** *reg-ge-li* breakfast
—**ire fogyasztott gabonanemű** *reg-ge-li-re faw-dyos-tawtt go-baw-no-ne-mēw* cereal
—**i rosszullét** *reg-ge-li raws-sul-layt* morning sickness
régi *ray-gi* ancient • old (thing)
rekeszizom *re-kes-i-zawm* diaphragm
rendel *ren-del* order ⓥ
rendőr *rend-ēūr* police officer
—**ség** *rend-ēūr-shayg* police • police station
rendőr-főkapitányság *rend-ēūr-fēū-ko-pi-taan'-shaag* police headquarters
rendszám *rend-saam* license plate number
répa *ray-po* carrot

repül *re·pewl* fly ⓥ
 —őgép *re·pew·leü·gayp* airplane
 —őjárat *re·pew·leü·yaa·rot* flight
 —őtér *re·pew·leü·tayr* airport
 —őtéri adó *re·pew·leü·tay·ri o·daw* airport tax
rész *rays* part (component)
részmunkaidős *rays·mun·ko·i·deüsh* part-time
részeg *ray·seg* drunk
retek *re·tek* radish
ritka *rit·ko* rare (uncommon)
rokkantkocsi *rawk·kont·kaw·chi* wheelchair
roma *raw·mo* Roma (people)
romok *raw·mawk* ruins
rossz *rawss* bad • wrong
rózsaszín *raw·zho·seen* pink
röplabda *reup·lob·do* volleyball
rubeola *ru·be·aw·lo* rubella
rúg *rúg* kick ⓥ
rugó *ru·gäw* spring (coil)
ruha *ru·ho* dress ⓝ
 —szárítókötél *ru·ho·saa·ree·taw·keu·tayl* clothesline
 —tár *ru·ho·taar* cloakroom
ruhásszekrény *ru·haash·sek·rayn'* wardrobe
ruházat *ru·haa·zot* clothing
rúzs *rúj* lipstick

S

sajt *shoyt* cheese
 —üzlet *shoyt·ewz·let* cheese shop
sakk *shokk* chess
sakktábla *shokk·taab·lo* chessboard
sál *shaal* scarf
saláta *sho·laa·to* lettuce • salad
sampon *shom·pawn* shampoo
sár *shaar* mud
sárga *shaar·go* yellow
sárgabarack *shaar·go·bo·rotsk* apricot
sarok *sho·rawk* corner
sátor *shaa·tawr* tent
 —cövek *shaa·tawr·tseu·vek* tent peg
sebesség *she·besh·shayg* speed
 —mérő *she·besh·shayg·may·reü* speedometer
segít *she·geet* help ⓥ
segítség *she·geet·shayg* help ⓝ
selyem *she·yem* silk
semmi *shem·mi* nothing

serpenyő *sher·pe·nyeü* frying pan
sérülés *shay·rew·laysh* injury
sétál *shay·taal* walk ⓥ
síel *shee·el* ski ⓥ
 —és *shee·e·laysh* skiing
siet *shi·et* (be) in a hurry
sífelvonó *shee·fel·vaw·naw* chairlift (ski)
sír *sheer* grave ⓝ
sír *sheer* cry ⓥ
sisak *shi·shok* helmet
síszemüveg *shee·sem·ew·veg* goggles (ski)
sivatag *shi·vo·tog* desert
Skócia *shkáw·tsi·o* Scotland
smink *shmink* make-up
só *sháw* salt
soha *shaw·ho* never
sok *shawk* many
sokáig nyitvatartó vegyesbolt *shaw·kaa·ig nyit·vo·tor·táw ve·dyesh·bawlt* convenience store
sonka *shawn·ko* ham
sor *shawr* queue ⓝ
sorrend *shawr·rend* order ⓝ
sós keksz *shawsh keks* cracker (biscuit)
sovány tej *shaw·vaan' te·y* skim milk
sötét *sheu·tayt* dark
sötétlila *sheu·tayt·li·lo* purple
sör *sheur* beer
 —öző *sheu·reu·zeü* beer cellar
Spanyolország *shpo·nyawl·awr·saag* Spain
spárga *shpaar·go* asparagus
specialista *shpe·tsi·o·lish·to* specialist
spenót *shpe·náwt* spinach
spontán vetélés *shpawn·taan ve·tay·laysh* miscarriage
sport *shpawrt* sport
 —bolt *shpawrt·bawlt* sports store
 —oló *shpawr·taw·láw* sportsperson
 —terem *shpawrt·te·rem* gym (room)
stílus *shtee·lush* style
stoppol *shtawp·pawl* hitchhike
strand *shtrond* beach
 —on játszott röplabda *shtron·dawn yaat·sawtt reup·lob·do* beach volleyball
súlyok *shú·yawk* weights
süket *shew·ket* deaf
sürgős *shewr·gëush* urgent
süt *shewt* fry
sütemény *shew·te·mayn'* cake
sütő *shew·teü* oven
Svájc *shvaa·y·ts* Switzerland
Svédország *shvayd·awr·saag* Sweden

Sz

szabad *so·bod* free (available)
  —ság *so·bod·shaag* holidays • freedom
  —téri múzeum *so·bod·tay·ri mü·ze·um* open air museum
szabály *so·baa·y* rule ⓝ
  —talanság *so·baa·y·to·lon·shaag* foul ⓝ
szabó *so·bāw* tailor
szag *sog* smell ⓝ
száj *saa·y* mouth
szakács *so·kaach* chef • cook
szakmai önéletrajz *sok·mo·i eun·ay·let·royz* CV • résumé
szalámi *so·laa·mi* salami
szállás *saal·laash* accommodation
szálloda *saal·law·do* hotel
szalonna *so·lawn·no* bacon
szalvéta *sol·vay·to* napkin • serviette
szám *saam* number
számítógép *saa·mee·täw·gayp* computer
számla *saam·lo* account • bill • check
számol *saa·mawl* calculate • count
számológép *saa·maw·läw·gayp* calculator
szappan *sop·pon* soap
  —opera *sop·pon·aw·pe·ro* soap opera
száraz *saa·roz* dry ⓐ
szardínia *sor·dee·ni·o* sardine
szárít *saa·reet* dry (clothes) ⓥ
szárított *saa·ree·tawtt* dried
szárny *saarn* wing
szauna *so·u·no* sauna
szavaz *so·voz* vote ⓥ
száz *saaz* hundred
  —alék *saa·zo·layk* per cent
szédül *say·dewl* (be) dizzy
szegény *se·gayn* poor
  —ség *se·gayn·shayg* poverty
szégyenlős *say·dyen·leüsh* shy
szék *sayk* chair
székesegyház *say·kesh·ej·haaz* cathedral
székrekedés *say·k·re·ke·daysh* constipation
szekrény *sek·rayn* cupboard
szél *sayl* wind
  —védő *sayl·vay·dēü* windscreen
széles *say·lesh* wide
szem *sem* eye
  —csepp *sem·chepp* eye drops
  —ész *se·mays* optometrist
személy *se·may* person
  —i igazolvány *se·may·yi i·go·zawl·vaan'* identification card (ID)

szemét *se·mayt* garbage • rubbish
  —vödör *se·mayt·veu·deur* garbage can
szemüveg *sem·ew·veg* glasses (eye)
szénanátha *say·no·naat·ho* hay fever
szennyezés *sen'·nye·zaysh* pollution
szent *sent* saint
  —ély *sen·tay* shrine
szép *sayp* beautiful • nice
szeptember *sep·tem·ber* September
szerda *ser·do* Wednesday
szerelem *se·re·lem* love (romantic)
szerelő *se·re·lēü* mechanic
szerencsés *se·ren·chaysh* lucky
szeret *se·ret* like • love
  —ő *se·re·tēü* lover
szerzetes *ser·ze·tesh* monk
szerződés *ser·zēü·daysh* contract
szeszes italokat árusító üzlet *se·sesh i·to·law·kot aa·ru·shee·täw ewz·let* liquor store
szex *seks* sex (activity)
  —izmus *sek·siz·mush* sexism
sziget *si·get* island
szikla *sik·lo* cliff • rock
  —mászás *sik·lo·maa·saash* rock climbing
szilva *sil·vo* plum
szilveszter *sil·ves·ter* New Year's Eve
szín *seen* colour
  —darab *seen·do·rob* play (theatre)
  —ház *seen·haaz* theatre
szív *seev* heart
  —baj *seev·bo·y* heart condition
  —leállás *seev·le·aal·laash* cardiac arrest
  —roham *seev·raw·hom* heart attack
  —ritmusszabályozó *seev·rit·mush·so·baa·yaw·zāw* pacemaker
szivar *si·vor* cigar
szó *sāw* word
szoba *saw·bo* room
  —szám *saw·bo·saam* room number
szobor *saw·bawr* statue
szobrászat *sawb·raa·sot* sculpture
szójababsajt *sāw·yo·bob·shoyt* tofu
szójaszósz *sāw·yo·sāws* soy sauce
szójatej *sāw·yo·te·y* soy milk
szokás *saw·kaash* custom
szokatlan *saw·kot·lon* unusual
szoknya *sawk·nyo* skirt
szombat *sawm·bot* Saturday
szomjas *sawm·yosh* thirsty
szomorú *saw·maw·rū* sad
színész *se·nays* actor
színésznő *see·nays·nēü* actress

szoros *saw·rawsh* tight
szótár *sáw·taar* dictionary
Szovjetunió *sov·yet·u·ni·áw* Soviet Union
szőlő *seü·leü* grapes • vineyard
　—tő *seü·leü·teü* vine
szörfözés *seur·feu·zaysh* windsurfing
szövetek *seu·ve·tek* tissues
sztrájk *straa·y·k* strike ⓝ
szúnyog *sú·nyawg* mosquito
szurkoló *sur·kaw·láw* fan (sport)
szüksége van *sewk·shay·ge von* need ⓥ
szükséges *sewk·shay·gesh* necessary
születési anyakönyvi kivonat
　sew·le·tay·shi o·nyo·keun'·vi ki·vaw·not birth certificate
születési hely *sew·le·tay·shi he·y* birthplace
születési idő *sew·le·tay·shi i·dëū* birthdate
születésnap *sew·le·taysh·nop* birthday
szülők *sew·lëūk* parents
szünet *sew·net* break • intermission
szürke *sewr·ke* grey
szűrt *sëürt* filtered

T

tabletta *tob·let·to* pill
táborhely *taa·bawr·he·y* camp site
tag *tog* member
takarítás *to·ko·ree·taash* cleaning
takaró *to·ko·ráw* blanket
tál *taal* bowl
talál *to·laal* find
találkozik *to·laal·kaw·zik* meet
talált tárgyak hivatala *to·laalt taar·dyok hi·vo·to·lo* lost-property office
talán *to·laan* maybe
tanács *to·naach* advice
tanár *to·naar* teacher ⓜ
tanárnő *to·naar·nëū* teacher ⓕ
tánc *taants* dancing
　—ház *taants·haaz* dance house
　—műhely *taants·mëw·he·y* dance workshop
　—ol *taan·tsawl* dance ⓥ
tanul *to·nul* learn
tányér *taa·nyayr* plate
tapasztalat *to·pos·sto·lot* experience
tapogat *to·paw·got* feel (touch)
társ *taarsh* companion
társadalmi jólét *taar·sho·dol·mi yáw·layt* social welfare
társaság *taar·sho·shaag* company (firm)
tartozik *tor·taw·zik* owe

táska *taash·ko* bag
tavasz *to·vos* spring (season)
távirányító *taav·i·raa·nyee·táw* remote control
távirat *taav·i·rot* telegram
távoli *taa·vaw·li* remote
taxi *tok·si* taxi
　—állomás *tok·si·aal·law·maash* taxi stand
te *te* you sg inf
teáskanál *te·aash·ko·naal* teaspoon
tegnap *teg·nop* yesterday
　—előtt *teg·nop·e·lëütt* day before yesterday
tehén *te·hayn* cow
tej *te·y* milk
　—föl *te·y·feul* sour cream
　—szín *te·y·seen* cream
tél *tayl* winter
tele *te·le* full
telefon *te·le·fawn* telephone ⓝ
　—ál *te·le·faw·naal* telephone ⓥ
　—fülke *te·le·fawn·fewl·ke* phone box
　—kártya *te·le·fawn·kaar·tyo* phonecard
　—központ *te·le·fawn·keuz·pawnt* telephone centre
teljes munkaidejű *tel·yesh mun·ko·i·de·yëw* full-time
teljesen béna *tel·ye·shen bay·no* quadriplegic
temetés *te·me·taysh* funeral
temető *te·me·tëū* cemetery
templom *temp·lawm* church
tenger *ten·ger* sea
　—en túl *ten·ge·ren·túl* overseas
　—ibeteg *ten·ge·ri·be·teg* seasick
　—ibetegség *ten·ge·ri·be·teg·shayg* travel sickness
　—part *ten·ger·port* coast • seaside
teniszpálya *te·nis·paa·yo* tennis court
tér *tayr* square (town)
térd *tayrd* knee
terhes *ter·hesh* pregnant
　—ségi teszt *ter·hesh·shay·gi test* pregnancy test kit
terítékért felszámolt díj *te·ree·tay·kayrt fel·saa·mawlt dee·y* cover charge
térkép *tayr·kayp* map
termálfürdő *ter·maal·fewr·dëū* thermal bath
termel *ter·mel* produce ⓥ
termés *ter·maysh* crop
természet *ter·may·set* nature
　—gyógyászat *ter·may·set·dyáw·dyaa·sot* naturopathy

—**tudós** *ter·may·set·tu·dawsh* scientist
test *tesht* body
tesz *tes* put
teszt *test* test ⓝ
tészta *tays·to* pasta
tételes *tay·te·lesh* itemised
tetvek *tet·vek* lice
tévé *tay·vay* TV
ti *ti* you pl inf
tilos *ti·lawsh* prohibited
tiltakozás *til·to·kaw·zaash* protest ⓝ
típus *tee·push* type
tiszta *tis·to* clean • pure
tisztít *tis·teet* clean ⓥ
titkár *tit·kaar* secretary ⓜ
titkárnő *tit·kaar·neū* secretary ⓕ
tó *tāw* lake
tojás *taw·yaash* egg
tolmács *tawl·maach* interpreter
tolvaj *tawl·vo·y* thief
tonhal *tawn·hol* tuna
torna *tawr·no* gymnastics
—**terem** *tawr·no·te·rem* gym (hall)
torok *taw·rawk* throat
torony *taw·rawn'* tower
toxikus hulladék *tawk·si·kush hul·lo·dayk* toxic waste
több *teubb* more • several
tök *teuk* pumpkin
tökéletes *teu·kay·le·tesh* perfect
tömlő *teum·lēū* inner tube
törődik *teu·rēū·dik* care (for someone)
töröl *teu·reul* cancel
történelem *teur·tay·ne·lem* history
történelmi *teur·tay·nel·mi* historical
történet *teur·tay·net* story
törülköző *teu·rewl·keu·zēū* towel
törvény *teur·vayn'* law
törvényes *teur·vay·nyesh* legal
tranzitváró *tron·zit·vaa·rāw* transit lounge
trikó *tri·kāw* singlet
tucat *tu·tsot* dozen
tud *tud* know (a fact) • be able
tudomány *tu·daw·maan'* science
tükör *tew·keur* mirror
túl *tūl* too (much)
túladagolás *tūl·o·do·gaw·laash* overdose
tulajdonos *tu·lo·y·daw·nawsh* owner
túlsúly *tūl·shü·y* excess (baggage)
túra *tū·ro* tour
—**bakancs** *tū·ro·bo·konch* hiking boots
—**útvonal** *tū·ro·ūt·vaw·nol* hiking route
turista *tu·rish·to* tourist
—**iroda** *tu·rish·to·i·raw·do* tourist office
—**osztály** *tu·rish·to·aws·taa·y* economy class
tüdő *tew·dēū* lung
tüntetés *tewn·te·taysh* demonstration (protest)
tűz *tēwz* fire
—**hely** *tēwz·he·y* stove
tűzifa *tēw·zi·fo* firewood

U, Ú

uborka *u·bawr·ko* cucumber
udvarház *ud·vor·haaz* manor house
ugyanaz *u·dyon·oz* same
új *ū·y* new
újév napja *ū·y·ayv nop·yo* New Year's Day
ujj *u·y* finger
újrafelhasznál *ū·y·ro·fel·hos·naal* recycle
—**ható** *ū·y·ro·fel·hos·naal·ho·tāw* recyclable
újság *ū·y·shaag* newspaper
—**árus** *ū·y·shaag·aa·rush* newsagency • newsstand
—**író** *ū·y·shaag·ee·rāw* journalist
Új-Zéland *ū·y·zay·lond* New Zealand
ultrahang *ult·ro·hong* ultrasound
unalmas *u·nol·mosh* boring
unoka *u·naw·ko* grandchild
unott *u·nawtt* bored
Úr *ūr* Mr
urasági kastély *u·ro·shaa·gi kosh·tay* mansion
úszás *ū·saash* swimming (sport)
úszik *ū·sik* swim ⓥ
uszoda *u·saw·do* swimming centre
úszómedence *ū·sāw·me·den·tse* swimming pool
úszószemüveg *ū·sāw·sem·ew·veg* swimming goggles
út *ūt* road • way
után *u·taan* after
utas *u·tosh* passenger
utazás *u·to·zaash* journey • travel • trip
—**i csekk** *u·to·zaa·shi chekk* travellers cheque
—**i iroda** *u·to·zaa·shi i·raw·do* travel agency
utca *ut·tso* street
—**i piac** *ut·tso·i pi·ots* street market
úti cél *ū·ti tsay·l* destination
útikönyv *ū·ti·keun'v* guidebook
útlevél *ūt·le·vayl* passport
útlevél száma *ūt·le·vayl saa·mo* passport number
útvonal *ūt·vaw·nol* itinerary • route

Ü, Ű

üdítőital *ew·dee·teü·i·tol* soft drink
üdvözöl *ewd·veu·zeul* welcome ⓥ
ügyfél *ewj·fayl* client
ül *ewl* sit
ülés *ew·laysh* seat (place)
ünneplés *ewn·nep·laysh* celebration
ünnepnap *ewn·nep·nop* holiday
üres *ew·resh* empty • vacant
üresedés *ew·re·she·daysh* vacancy
üveg *ew·veg* bottle • glass • jar
üzenet *ew·ze·net* message
üzlet *ewz·let* business • shop
 —**asszony** *ewz·let·os·sawn'* businesswoman
 —**ember** *ewz·let·em·ber* businessman
 —**i út** *ewz·le·ti üt* business trip
 —**vezető** *ewz·let·ve·ze·teü* manager (business)

V

vacsora *vo·chaw·ro* dinner
vadászat *vo·daa·sot* hunting
vág *vaag* cut ⓥ
vágódeszka *vaa·gäw·des·ko* chopping board
vagy *voj* or
vagyonos *vo·dayw·nawsh* wealthy
vaj *vo·y* butter
Vajdaság *vo·y·do·shaag* Voivodina
vak *vok* blind
 —**vezető kutya** *vok·ve·ze·teü ku·tyo* guide dog
vakáció *vo·kaa·tsi·äw* vacation
vakbél *vok·bayl* appendix (body)
valaki *vo·lo·ki* someone
valami *vo·lo·mi* something
válasz *vaa·los* answer ⓝ
választ *vaa·lost* choose
választás *vaa·los·taash* election
váll *vaall* shoulder
vallás *vol·laash* religion
 —**os** *vol·laa·shawsh* religious
valutaátváltás *vo·lu·to·aat·vaal·taash* currency exchange
vám *vaam* customs
van neki *von ne·ki* have
vár *vaar* castle
vár *vaar* wait for

város *vaa·rawsh* city • town
 —**háza** *vaa·rawsh·haa·zo* town hall
 —**központ** *vaa·rawsh·keuz·pawnt* city centre
 —**rész** *vaa·rawsh·rays* suburb
 —**térkép** *vaa·rawsh·tayr·kayp* town map
várószoba *vaa·räw·saw·bo* waiting room
varr *vorr* sew
varrótű *vor·räw·tëw* sewing needle
vas- és edénybolt *vosh aysh e·dayn'·bawlt* hardware store
vasaló *vo·sho·läw* iron (for clothes)
vásárlás *vaa·shaar·laash* shopping
vasárnap *vo·shaar·nop* Sunday
vásárol *vaa·shaa·rawl* shop ⓥ
vastag *vosh·tog* thick
vasútállomás *vo·shüt·aal·law·maash* railway station
vászonneműk *vaa·sawn·ne·mëwk* linen (sheets etc)
vécé *vay·tsay* toilet
 —**papír** *vay·tsay·po·peer* toilet paper
védett faj *vay·dett fo·y* protected species
vég *vayg* end
vegetáriánus *ve·ge·taa·ri·aa·nush* vegetarian
vékony *vay·kawn'* thin
vélemény *vay·le·mayn'* opinion
velem *ve·lem* with me
vendégház *ven·dayg·haaz* guesthouse
vendéglátás *ven·dayg·laa·taash* hospitality
ventilátor *ven·ti·laa·tawr* fan (machine)
vér *vayr* blood
 —**csoport** *vayr·chaw·pawrt* blood group
 —**nyomás** *vayr·nyaw·maash* blood pressure
 —**szegénység** *vayr·se·gayn'·shayg* anaemia
 —**vizsgálat** *vayr·vizh·gaa·lot* blood test
verekedés *ve·re·ke·daysh* fight
véres *vay·resh* rare (food)
verseny *ver·shen'* race (sport)
 —**bicikli** *ver·shen'·bi·tsik·li* racing bike
 —**pálya** *ver·shen'·paa·yo* racetrack
vese *ve·she* kidney
vesz *ves* buy • take
veszélyes *ve·say·yesh* dangerous
veszélyeztetett faj *ve·say·yez·te·tett fo·y* endangered species
vészhelyzet *vcys·he·y·zet* emergency
vezet *ve·zet* drive ⓥ
vezetéknév *ve·ze·tayk·nayv* surname

vezető *ve*·ze·tēū *leader* • *guide*
vicc vits *joke* ⓝ
vidék *vi*·dayk *countryside*
vígjáték *veeg*·yaa·tayk *comedy*
vihar *vi*·hor *storm*
világ *vi*·laag *world*
—**egyetem** *vi*·laag·e·dye·tem *universe*
Világbajnokság *vi*·laag·bo·y·nawk·shaag *World Cup*
világos *vi*·laa·gawsh *light (colour)*
villa *vil*·lo *fork*
villamos *vil*·lo·mawsh *tram*
villanófény *vil*·lo·nāw·fayn' *flashlight* • *torch*
villany *vil*·lon' *electricity*
virág *vi*·raag *flower*
—**por** *vi*·raag·pawr *pollen*
virsli *virsh*·li *sausage (thin)*
visel *vi*·shel *wear*
vissza *vis*·so *back (position)*
—**tér** *vis*·so·tayr *return (come back)*
—**térítés** *vis*·so·tay·ree·taysh *refund*
—**utasít** *vis*·so·u·to·sheet *refuse* ⓥ
visz vis *carry*
viszketés *vis*·ke·taysh *itch* ⓝ
vitaminok *vi*·to·mi·nawk *vitamins*
vitatkozik *vi*·tot·kaw·zik *argue*
viteldíj *vi*·tel·dee·y *fare*
víz veez *water*
vízesés *veez*·e·shaysh *waterfall*
vizesüveg *vi*·zesh·ew·veg *water bottle*
vízhatlan *veez*·hot·lon *waterproof*
vízisíelés *vee*·zi·shee·e·laysh *waterskiing*
vízum *vee*·zum *visa*
—**hosszabbítás** *vee*·zum·haws·sob·bee·taash *visa extension*
vonal *vaw*·nol *dial tone*
vonat *vaw*·not *train* ⓝ
vonattal szállított posta *vaw*·not·tol *saal*·lee·tawtt *pawsh*·to *surface mail (land)*

vödör *veu*·deur *bucket*
vőlegény *vēū*·le·gayn' *engaged (for a man)* • *fiancé*
völgy veulj *valley*
vörösbor *veu*·reush·bawr *red wine*

Z

zab zob *oats*
zajos *zo*·yawsh *noisy*
zaklatás *zok*·lo·taash *harassment*
zár zaar *lock* ⓝ
—**va** *zaar*·vo *closed*
zászló *zaas*·lāw *flag*
zavarban van *zo*·vor·bon von *(be) embarrassed*
zene *ze*·ne *music*
—**kar** *ze*·ne·kor *orchestra*
zeneműbolt *ze*·ne·mēw·bawlt *music shop*
zenész *ze*·nays *musician*
zivatar *zi*·vo·tor *thunderstorm*
zoknik *zawk*·nik *socks*
zöld zeuld *green*
zöldség *zeuld*·shayg *vegetable*
—**es** *zeuld*·shay·gesh *greengrocer*
zuhany *zu*·hon' *shower*

Zs

zseb zheb *pocket*
—**kendő** *zheb*·ken·dēū *handkerchief*
—**kés** *zheb*·kaysh *pocket knife*
—**tolvaj** *zheb*·tawl·vo·y *pickpocket*
zsemle *zhem*·le *bread roll*
zsidó *zhi*·dāw *Jewish*
zsinór *zhi*·nāwr *string*
zsírban sült *zheer*·bon shewlt *fried*
zsúfolt *zhū*·fawlt *crowded*

INDEX

A

abbreviations	10
accents	13
accidents	183
accommodation	53, 57, 89
addresses	55, 125
addressing people	99, 189
adjectives (grammar)	18, 111, 121
adverbs (grammar)	121
age	95, 103
airport	43
alcohol	102, 158, 165
allergies	173, 189, 194
alphabet	13
ambulance	183
amounts	32
animals	88, 156
architecture	140
area codes (phone)	77
arranging to meet	127
art	139
articles (grammar)	15
asking someone out	129
assault	184
ATMs	38, 81, 84
automatic (car)	48

B

babies	93, 193
banking	81
bar	105, 165
bargaining	69
basic language (food)	157
basic language (general)	97
beach	155
beliefs	137
be (verb)	16
bicycle	52
bill (restaurant)	159
birthday	95
blind travellers	91
boat	47
body diagram	195
body language	107
booking (accommodation)	58
booking (tickets)	40
books (shopping)	71
border crossing	53
breast-feeding	95
business	89
bus	44

C

calendar	34
camera	73
camping	57, 64, 153
cancelling (tickets)	42
car	48
caravan	64
car diagram	51
case (grammar)	22
CDs	72
cellphone	79
change rooms	144, 152
changing money	37, 43, 81
charges (admission)	86
charges (banking)	82
charges (beach)	155
charges (horse riding)	147
charges (medical)	188
charges (sport)	145
checking in (transport)	43
checking in (accommodation)	58
checking out (accommodation)	62
check (banking)	37
check (restaurant)	159
chemist	196
cheques	37
children	93
cinema	110, 123
circus	124
closing time	86
clothes	69
coach station	44
collect calls	77
communications	75

251

comparing things (grammar)	17
complaints (accommodation)	62
complaints (general)	38, 42, 48
complaints (photographs)	74
complaints (restaurant)	160
complaints (shopping)	68
compliments (accommodation)	63
compliments (flirting)	129
compliments (food)	164
computers	80, 90
concessions (prices)	86, 93
conditions (health)	189
conferences	89
confirming (tickets)	42
consonant sounds	12
consulates	186
contact details	89, 108
contraceptives	193
credit cards	37, 68, 81, 185
cultural differences	137
cultural tips	45, 66, 97, 99, 100, 102, 105, 114, 189
customs	54, 138
cycling	52

D

dance house	112, 124
dancing	110, 125
dates (calendar)	35
days of the week	34
deaf travellers	91
debit cards	37, 68
decimals	31
declarations (customs)	54, 76
delays (transport)	41
demonstratives (grammar)	26
dentist	187, 197
destinations	44, 53
dictionary English–Hungarian	199-228
dictionary Hungarian–English	229-50
digital photography	73
dining out	123
directions	55
disabled travellers	91
discounts	86, 93
diseases	188
doctor	183
double consonants	12
drinking	102, 125, 158, 165, 168
drugs (illicit)	120, 128, 185

drugs (medical)	186
duty-free	44

E

eating out	157
education	104
egész	31
elevator	59
email	80
embassies	186
emergencies	183, 187
endearments	135
entertainment	123
entertainment guides	71
environment	121
etiquette tips	see *cultural tips*
European Union	37, 120
euros	37
exchange rates	38
excuses (romance)	135
extreme sports	145

F

facilities (camping)	64
facilities (hotels)	59
false friends	132, 164, 172
family	98, 105
fares (taxi)	47
farewells	99, 107, 136
feelings	115
film (photographic)	73
films (cinema)	109, 112, 123
fines	185
finger counting	32
Finno-Ugric languages	9
fishing	146
food	157-82
food (local specialities)	157, 160
food (preparation)	164, 169
football (soccer)	149
foreign exchange	81
forints	37
formality (speech)	117
forms (customs)	53
four-wheel drive (hire)	48
fractions	31
fuel (car)	50, 52
future (grammar)	21
future (time)	36

G

galleries	139
garage (petrol station)	50
gay travel	123, 184
getting closer (romance)	132
glasses	188
going out	110, 123
goodbyes	97, 136
goulash	161
grammar	15
greetings	97
guarantee (shopping)	68
guesthouse	57
guidebooks	72, 85
guides	85, 88, 154

H

hairdressing	70
halal (food)	171
have (verb)	21
health (children)	95
health (general)	187
health (women)	187, 193
hiking	153
hire (bicycle)	52
hire (car & motorbike)	48
hire (mobile phone & cellphone)	79
hire (sporting equipment)	145, 152
hobbies	109
holidays	102
homestays	65, 66
horse riding	147
hospital	187, 190
hotel	57
hotel room diagram	61
Hungarian literature	10
Hungarian-speaking areas	9

I

ice-skating	148
illness	168, 187
Illyés, Gyula	10
injections	188, 194
injuries	189
insurance (car & motorbike)	49
insurance (health)	188
insurance (travel)	184

interests	109
Internet	80, 90
introductions	97
invitations	125, 129

K

keys (accommodation)	60
keys (car)	51
kissing (greeting)	99
kitchenware	170
Klezmer music	112
kosher (food)	171

L

language difficulties	27
language map	8
lawyer	186
leaving	136
life jackets	47, 146
lift (elevator)	59
locals (staying with)	65
lost	154, 184
love	100, 134

M

Magyars	9
mail	75
making conversation	100
manual (car)	48
maps	49, 55, 85, 153
map (language)	8
markets	67, 169
measures	32, 169
medication (children)	94
medication (general)	187
meeting people	97
meeting up	127
meetings (business)	89
menstruation	193
menu	158, 162, 164, 175-82
messages (leaving & collecting)	59
mobile phone	79
money	37, 81, 100, 185
months	34
Monty Python	108
motorbike	48
museums	139
music	72, 109, 123

INDEX

253

N

nationalities	103
negative (grammar)	24
newspapers	72
nonsmoking (section)	159
nouns (grammar)	18, 22, 26
numbers	29

O

occupations	104
one-way tickets	40
opening time	86
opinions	116, 117
ordering (food)	160, 171
ordering (taxi)	47
outdoors	153

P

pálinka	166
parking (car)	50
parts of the body	195
party (entertainment)	124
passports	53, 63
past (time)	35
payment (methods of)	37, 59, 68
PestiEst & *Pesti Műsor*	71
petrol	50, 52
pharmacist	187, 196
phone	77, 183
photography	73, 85
pick-up lines	129
pill (the)	193
plane	43
plays (theatre)	112, 124
plural (grammar)	18, 22
police	183
politics	100, 118
possession (grammar)	23
postage	68, 75
poste restante	76
post office	75
postpositions (grammar)	25
pregnancy	193
prepositions (grammar)	22, 25
prescription (medical)	186
present (time)	35
problems (banking)	84
problems (car & motorbike)	51
problems (language)	27
problems (medical)	187
problems (phone)	78
problems (romance)	135
pronouns (grammar)	23
pronunciation	11
pub	165
public phone	77
puppet theatre	124

Q

quantities (food)	169
questions (grammar)	25

R

rape	184
reading (books)	71, 110
reading Hungarian	13
receipts	68, 188
recommendations (accommodation)	57
recommendations (restaurant)	159
refunds	69
rejections (romance)	131
religion	100, 137
renting (accommodation)	65
repairs (bicycle)	52
repairs (camera)	70
repairs (car & motorbike)	51
repairs (general)	70
requests (accommodation)	59
reservations (accommodation)	58
reservations (restaurant)	158
responding to invitations	126
restaurants	105
return tickets	40
reverse-charge calls	77
robbery	184
Roma	112, 120, 127, 138
romance	129
room in private house	57
Rubik's Cube	109
Rubik, Ernő	109

S

safe (securing valuables)	59
safe sex	133
school	95
scores (sports)	143

seasons	35
seating (cinema/theatre)	114
seating (transport)	40
self-catering	169
senior travellers	91
service station	50
sex	133, 190
shaking hands	97, 99
shopping (general)	67
shopping (food)	169
sickness	168, 187
sightseeing	85
signs (accommodation)	59
signs (emergencies)	183
signs (general)	84
signs (immigration)	54
signs (road)	49
signs (train)	46
signs (water)	155
SIM cards	79
size (clothes)	69
smoking section	159
soccer	149
social issues	118
souvenirs	74
special diets	161, 171, 173
speed limits	50
sport	109, 141
stamps	75
street diagram	56
studying	104
subtitles	113
supermarket	67, 170
supplies (camping & walking)	153
swimming	152, 155
syllables	13
symptoms (medical)	189

T

table setting diagram	163
taxi	47, 62, 168
taxi (disabled)	92
teachers	96
telling the time	33
tennis	151
thanking people	97
theatre	110
theft	185
tickets	40
ticket dispensers (banking)	83

titles (for people)	99, 189
toasts	66, 168
toilets	168, 184
tongue twisters	28
tourism	85
tours	87
tracks (walking)	153
train	46
transferring money	82
transport	39, 56
travellers cheques	37, 68, 81, 185
trips	87
two (number)	30

U

unikum	166

V

vacations	102
vaccinations	188
valuables	63
vampires	174
vegan	172
vegetarian	171
verbs (grammar)	18
visas	53, 185
vowel harmony	14, 22
vowel sounds	11

W

water (drinkable)	64, 154
water sports	152
weather	155
weights (amounts)	32, 169, 188
well-wishing	106
wheelchairs	91
wine	74, 102, 167
withdrawing money	81
women travellers	100, 144, 184
word endings	14, 22, 25
word order	10, 26
word stress	13
work	100, 104
writing Hungarian	13

Y

youth hostel	57

KEY PATTERNS

Where's (a market)?	*Hol van (egy piac)?*	hawl von (ej *pi*·ots)
Where can I (buy a padlock)?	*Hol tudok (venni egy lakatot)?*	hawl *tu*·dawk (*ven*·ni ej *lo*·ko·tawt)
How much is it (per night)?	*Mennyibe kerül (egy éjszakára)?*	*men*'·nyi·be *ke*·rewl (ej *ay*·so·kaa·ro)
I'm looking for (a hotel).	*(Szállodát) keresek.*	(*saal*·law·daat) *ke*·re·shek
Do you have (a map)?	*Van (térképük)?*	von (*tayr*·kay·pewk)
Is there (a toilet)?	*Van (vécé)?*	von (*vay*·tsay)
I'd like (the menu).	*(Az étlapot) szeretném.*	(oz *ayt*·lo·pawt) *se*·ret·naym
I'd like (to buy a phonecard).	*Szeretnék (telefonkártyát venni).*	*se*·ret·nayk (*te*·le·fawn·kaar·tyaat *ven*·ni)
Could you please (write it down)?	*(Leírná), kérem.*	(*le*·eer·naa) *kay*·rem
Do I have to (pay)?	*Kell érte (fizetni)?*	kell *ayr*·te (fi·zet·ni)
I need (assistance).	*(Segítségre) van szükségem.*	(*she*·geet·shayg·re) von *sewk*·shay·gem